Frecce

Mario Giordano

ATTENTI AI BUONI

Truffe e bugie
nascoste dietro la solidarietà

MONDADORI

Dello stesso autore

in edizione Mondadori:

Silenzio, si ruba
Chi comanda davvero in Italia
Waterloo! Il disastro italiano
L'Unione fa la truffa

http://www.mondadori.com/libri

ISBN 88-04-51229-6

I edizione aprile 2003

Indice

Attenti ai buoni

Allora il re dirà a quelli che stanno alla sua destra: Venite, benedetti del Padre mio, ricevete in eredità il regno preparato per voi fin dalla fondazione del mondo. Perché io ho avuto fame e mi avete dato da mangiare, ho avuto sete e mi avete dato da bere; ero forestiero e mi avete ospitato, nudo e mi avete vestito, malato e mi avete visitato, carcerato e siete venuti a trovarmi. Allora i giusti gli risponderanno: Signore, quando mai ti abbiamo veduto affamato e ti abbiamo dato da mangiare, assetato e ti abbiamo dato da bere? Quando ti abbiamo visto forestiero e ti abbiamo ospitato, o nudo e ti abbiamo vestito? E quando ti abbiamo visto ammalato o in carcere e siamo venuti a visitarti? Rispondendo, il re dirà loro: In verità vi dico: ogni volta che avete fatto queste cose a uno solo di questi miei fratelli più piccoli, l'avete fatto a me.

MATTEO 25,34-40

Questo libro è dedicato a tutti quelli che aiutano il prossimo sinceramente, perché continuino a farlo.

Questo libro è dedicato a tutti quelli che usano la scusa del prossimo per aiutare se stessi, perché smettano di farlo.

Questo libro è dedicato soprattutto ai miei figli, a cui vorrei raccontare una storia che comincia così: «C'era una volta, in un paese lontano, un lupo. E tutti avevano paura di questo lupo, perché era un lupo buono...».

I
United colors of beneficenza
Quando la truffa è una festa

Ormai la beneficenza è diventata un optional di lusso: non c'è festa vip che non ne sia adeguatamente dotata. Champagne e carestia, lustrini e «oh poverini», metti lì un soldo per il negretto e guarda quant'è bello questo sexy *bustier* di pizzo elasticizzato. È la nuova moda che imperversa dalla Costa Smeralda alle terrazze romane, dove ormai si confondono regolarmente bel mondo e Terzo mondo, nobili e oboli, offerte e profferte. Dove vince chi esibisce la scollatura più attraente e, insieme, il caso umano più commovente. Un contributo per l'Africa? Non si nega a nessuno. Se non finanzi almeno due orfanotrofi manco ti puoi sedere in salotto. E il sostegno ai bimbi poveri va esibito in passerella proprio come l'ultimo abito lungo di Giorgio Armani. «Che bel décolleté.» «Sì, è per aiutare le piccole vittime dell'Afghanistan.» «E quei gioielli?» «Sto correndo in soccorso dell'Etiopia.»

«Meno trasgressioni, quest'estate il Billionaire sarà virtuoso» annuncia Flavio Briatore appena sbarca a Porto Cervo all'inizio di luglio del 2002. E subito si mette a organizzare (per beneficenza, s'intende) una cena super riservata: discoteca vippissima, Luisa Corna con il neofidanzato, Samantha De Grenet con regolare calciatore, Paola Barale in versione se-ti-prendo-non-rispondo-più-di-me, Daniela Santanché come-sempre-in-gran-forma-e-splendidamente-vestita-Cavalli, danze sfrenate, cocktail riservati, braccialetti in oro, borsette Louis Vuitton, sfilata di Armani, e poi alla fine un po' di euro da raccogliere per gli orfanelli di Arzachena. Colletta e foto ufficiale a cura di Simona Ventura (col permesso assai disinteressato di Dolce&Gabbana).

Siate chic, fate la carità. E infatti: che ci fanno Natalia Estrada e Alba Parietti all'Old Fashion Café in una notte di mezza estate? Risposta facile: un balletto sensuale e un'adozione internazionale. E che ci fa Mick Jagger a Parigi dallo stilista preferito di Naomi Campbell? Una festa *fetish*, sesso, filo, alta moda e champagne per raccogliere fondi a favore dell'Aids. Liz Taylor sbarca a Venezia, si aggiudica un lussuoso cachet e una lussuosissima suite al Lido? Sì, per l'asta di beneficenza dell'Amfar (sempre Aids, che va di moda). Carlo Rossella svolazza tra Manuela Arcuri e Claudia Koll? Sì, per aiutare i bambini poveri.

Ecco, i bambini poveri. Siamo a Firenze, 21 giugno 2001. Le cronache di «Dagospia» recitano così: «L'Eva Herzigova si lecca il rossetto con Jo Champa, la Cristina Parodi inalbera un pancione da doglie, Federica Panicucci semina il panico. Ci sono Afef e Rania di Giordania, così, tanto per dare un tocco di etno-noia alla soirée, la Miuccia Prada con la testolina addobbata da un cerchietto ricoperto di brillanti e Martina Colombari che indossa un abituccio talmente trasparente e inesistente che vale la Tac». *Post scriptum* del rigoroso cronista: «In questo momento Diego Della Valle sta godendo come un porcellino». È tutto meraviglioso, davvero vippissimo, anche il rossetto di Jo Champa, la testolina di Miuccia Prada e Della Valle che gode come un porcellino: peccato soltanto che queste sobrie esibizioni si manifestino non in un club privé, ma fra i trentasei tavoli della tombola benefica per i minori affamati. Child Priority si chiama il party. Testualmente vuol dire: i bambini vengono prima di tutto. E come no: prima di tutto.

Godete, ballate, bevete un'altra *caipirinha* e ricordatevi l'obolo. Ma sì, che così la festa vien meglio, e il titolo sul giornale pure. Il direttore del Tg5 Enrico Mentana sposa

Michela Rocco di Torrepadula, matrimonio davvero cult, proibitissima roba da miliardari, castello blindato, paparazzi sugli elicotteri e benedizione dall'alto delle Tod's di sua scarpità Diego Della Valle. E gli ospiti che fanno? Scelgono: o regalano un'oliera al modico prezzo di 4 mila euro (come da apposita lista nozze) oppure imbustano 50 euro per i bambini ammalati di leucemia. Dio, quanta bontà. Quasi come al Convivio, grande raduno organizzato nel giugno del 2002 a Milano da Versace per aiutare l'Anlaids Sezione lombarda con vestaglie di Pratesi, jeans in raso di Trussardi, pantaloni in renna di Coccapani e improvvisate danarose dello sceicco del Kuwait.

«Aprite il portafogli, il mondo ha bisogno di voi» strilla Milla Jovovich invitando tutti al tradizionale charity party voluto da Bulgari all'Arsenale di Venezia (settembre 2002). Serata allegra, racconta Daniela Fedi sul «Giornale», con Marta Marzotto che discetta di profilattici («Ne so pochissimo: ho avuto cinque figli») e Helen Taylor che si presenta con un collo appesantito da «sei file sei» di enormi diamanti. «L'Aids è una tragedia, dobbiamo fare qualcosa» esclama Sophie Dahl mentre esibisce una nuova linea esaltata da un abito di Valentino. «Strepitoso il cerchietto che ferma i capelli della Jovovich» continua la Fedi. «Da lì pendono due brillanti da 32 carati l'uno (costo 1,9 milioni di dollari)» che ballonzolano «quando l'attrice si mette a saltare come un canguro sul palco.» Per beneficenza, ovviamente. Tutto, compreso il canguro, solo per beneficenza.

Per i suoi primi quarant'anni di asole, il sarto Valentino si concede un megaparty a Los Angeles: la partecipazione di Tom Hanks e Steven Spielberg è assicurata dal comitato di beneficenza che naturalmente patrocina il raduno. Ci sono anche Claudia Schiffer, Naomi Campbell, Bruno Vespa e Fabrizio Del Noce. Manca invece l'attesa Liz Taylor: evidentemente nessuna Cooperativa di Altruismo s'è potuta permettere di pagare il suo cachet. Il megaparty, raccontano i re del gossip, è finito in un megaflop (totale soldi utilizzati per la solidarietà: non pervenuto). Non è riuscita meglio, del resto, l'impresa di Rocco Barocco, Gai Mattiolo e Renato Balestra, che per la Pasqua 2002 hanno organizzato una festa con asta a base di uova firmate. Dolce, tanto dolce e amara sorpresa per gli acquirenti: le uova sono di polistirolo. Da cioccolatai c'è solo la figura degli organizzatori.

Ma che importa? La carità rende sempre. E allora, avanti. Natale ormai è diventato una gara fra società di comunicazione a chi s'inventa la mancetta più intelligente: un'offerta per i terremotati? Una per il Biafra? L'Argentina affamata? Non c'è problema: qualsiasi rinuncia in nome del bene rende in immagine assai più del classico panettone-champagne. E costa anche meno. Giorgio Armani devolve all'Alto Commissariato Onu per i Rifugiati, Gianfranco Ferré all'Opera Cardinal Ferrari, Mila Schön al Progetto Gemma, Mariella Burani alla Croce Rossa, Samsonite, Ferragamo, Blumarine e Missoni a Medici Senza Frontiere. Uno studio di pubbliche relazioni annuncia via cartoncino che «la pace è l'unico dono per loro per noi tutti, perciò abbiamo deciso di regalare 50 aquiloni ai bambini di Kandahar». Nota il sito internet «Dagospia» il 4 gennaio 2002: «Al di là del raccapriccio grammaticale (non è chiaro chi siano "loro" e nemmeno "noi tutti", ma pazienza) c'è la fondamentale domanda: che se ne fanno i poveri bambini di Kandahar degli aquiloni visto che se si mettono a correre per farli volare rischiano di saltare sulle mine antiuomo *made in Italy* come i cappotti di Armani?».

Ma lo sfavillio di luci benefiche delle feste religiose impallidisce di fronte a quello che succede nelle feste laiche tra zaffiri, smeraldi, rubini, diamanti e cuori d'oro. Ormai si tratta di un format depositato alla Siae dei vip, vedi alla voce: charity party. Il modello storico di riferimento è il gran ballo annuale della Croce Rossa. «400 invitati, grandi nomi della politica, cultura, economia, aristocrazia e spettacolo. Amori e segreti delle star», come strilla il settimanale «Chi» nel luglio del 2002. E «Gente» riferisce: «Le dive hanno avuto modo di sfoggiare i loro capi più belli». E avanti con le foto: «Pamela Prati indossa un abito completamente trasparente creato apposta per lei da Blumarine», «Milly Carlucci ne ha scelto uno rosso a sirena con la scollatura a V», «Nancy Brilli ha preferito indossare un Laura Biagiotti ampio e con lo strascico che la stilista ha creato in pochissimo tempo» (appositamente per la Croce Rossa, *ça va sans dire*).

E così, fra pagine di abito lungo di sartoria (Valeria Marini) e abito corto di Armani «molto sexy» (Patrizia Pellegrino), pappardelle con il sugo, timballo di asparagi, il prezioso completo ideato per Marta Flavi dallo stilista Renato Balestra, lo smoking del principe Giovannelli, l'effetto tattoo, la coreografia patriottica con tavoli e menu ispirati al risorgimento, Fendi, Krizia, Eliana Miglio «con un vestito fiabesco di Giò Guerrieri» e la «linea sirena» di Enrica Bonaccorti nell'«elegante capo firmato Gattinoni», chi si ricorda più che cos'è davvero la Croce Rossa? Fra tanti drappeggi (e tante pagine di giornale) la bandiera quasi scompare del tutto: eccola lì, in fondo a una foto, dietro le spalle del presidente Maria Pia Garavaglia, che aspetta, fra uno strass e un lamé, di contare i soldi raccolti per un paio di orfanotrofi di Kabul. Ma anche l'Afghanistan, ridotto così, sembra soltanto uno dei tanti orpelli di una serata da *haute couture*. In fondo è vero: l'Afghanistan in quel momento è di moda almeno quanto il lamé: cioè più della seta, appena un po' meno della Parietti, che arriva a portare il suo generoso contributo alla solidarietà con un seno scoperto. «Sì, lo so, si vede tutto ma non posso farci niente. È il vestito che mi sta troppo stretto» dice mentre le tette le ballano al vento della solidarietà, in bella mostra, soprattutto, per le macchine fotografiche. Che sacrifici, a volte, si devono sopportare per la Croce Rossa.

Poche settimane dopo si replica a Montecarlo, gran galà internazionale, mille invitati «tutti ospiti lusingati di banchieri, finanzieri, gioiellieri», come recita la cronaca impeccabile del «Corriere della Sera». «Un fiume in piena di chiffon e tante, troppe, mise leopardate.» C'è Monica Bellucci «in abito strizzatutto Dolce e Gabbana e collier Cartier con brillanti grandi come noci»; c'è Ivana Trump «superaccessoriata con la figlia stangona Ivanka»; e c'è, naturalmente, la famiglia reale quasi al completo con Carolina che scende ingioiellata dalla limousine e Alberto che concede ai taccuini spianati rivelazioni clamorose sul suo futuro: «Non ho intenzione di rimanere celibe». Poi arrivano il principe Ranieri, Ernst di Hannover, altri abiti Chanel e taffettà.

E così, archiviato in fretta il fastidioso pensiero di crocerossine, ferite, bende, trincee e di quella prima linea insanguinata che dev'essere assai meno comoda della Salle des Etoiles allo Sporting Club del principato, ci si può finalmente interrogare sul vero tema centrale della serata Croce Rossa: «Dov'è Stephanie? Arriverà oppure no?».

Per fortuna, a distrarre tutti dal lacerante dilemma, ecco la cena. «Lo spettacolo deve andare avanti» spiegano i cronisti elencando la lunga lista delle portate che comprende, fra l'altro, cofanetto di perle di storione del Mar Caspio in coppe ghiacciate, filetti di sogliola ai medaglioni di aragosta reale e carciofi al vino bianco liquoroso, raviolone di crostacei al tartufo nero pressato, cialda agli spugnoli biondi «des Gourmets» e «Tatin di pesche-noci caramellate con salsa di albicocche moscate al Sauternes». E via, su tutto champagne come se piovesse: forse le offerte non sono state generose, il vino invece sicuramente sì. Poi danze, musiche, naturalmente, fuochi d'artificio per allietare le «signore non più signorine che esibiscono iperboliche acconciature biondo platino» con «ai lobi patrimoni inestimabili». Avanti, bontà loro: si balla fino all'alba. Poi tutti al Jimmy'z, per concludere: l'aiuto al prossimo non concede un attimo di tregua.

Annota Umberto Pizzi, per il «Cafonal» di Roberto D'Agostino:

> Affetta da neo-scemismo, ansiosa di eccessi propiziatori, aspirando a vivere da divini mondani secondo i tempi, la socialità italiana è diventata un grande circo di feste e di beneficenza, una luc-

cicante e villana kermesse dove tutto, sieropositivo compreso, fa spettacolo. Per questa accozzaglia di gente annoiata con tanto tempo libero, che non sa che cosa fare delle sue ore, e delle sue ansie, che ricorda con nostalgia l'era della canasta e delle visite ai poveri, le raccolte di carta stagnola e di abiti smessi, il cui unico sacrificio è il lusso, i party di beneficenza sono una bella botta di protagonismo. Che soddisfazione essersi messi in mostra sui giornali e alla tv, e per di più su un problema così importante, così drammatico. Con la scusa dei buoni sentimenti ci troviamo davanti a una banda del buco di piccoli borghesi semiricchi, semifamosi, semiseri, che mette su delle pestilenze in cui si può permettere di fare qualunque cosa, anche il più bieco, anche il più sfarzoso gigantismo autopromozionale. È sempre una beneficenza all'italiana, che gioca sul presenzialismo e non sul gesto reale. Nel senso che offrono poco cash, ma ricevono molti flash.

In fondo non è difficile: balli&sballi, ti guadagni una copertina, ti conquisti un amore da «Novella 2000», magari ti diverti pure. E se qualcuno prova a obiettare che sei troppo frivolo, tu ribatti pronto: «Ma no, cavo, io lo faccio pev beneficenza». È la parola chiave, l'abracadabra, il novello passe-partout che apre tutte le porte, la summa dell'ipocrisia, il lavasbianca delle coscienze, funziona meglio del Dash. Come quando a New York vendettero all'asta le mutande usate di Madonna per finanziare la ricerca contro i tumori. Come quei negozianti, ragionieri e commercialisti che si spogliano per il calendario di quartiere, per imitare i grandi fratelli tariconi, e poi, vergognandosi della ributtante esposizione di adipe e peli, si giustificano: «Lo facciamo per raccogliere fondi in favore di...». «La solidarietà come alibi per togliersi le voglie senza far strillare i sensi di colpa» scrive Massimo Gramellini sulla «Stampa». «È l'elemosina dei complessati.»

Un'elemosina che, a volte, non è nemmeno gradita. «Le briciole dei banchetti dei Vip non le vogliamo» hanno scritto i cittadini di Lula, in Sardegna, quando Flavio Briatore ha pensato di porgere loro un assegno da 64 mila euro, ricavato dalla serata inaugurale pseudobenefica del Billionaire. La lettera è finita sulla «Nuova Sardegna».

«Siamo semplicemente costernati e a dir poco offesi da questa che consideriamo una provocazione. Questi soldi offerti da chi sperpera enormi quantità di denaro alle spalle della povera gente sono una beffa che non possiamo accettare. Ci chiediamo seriamente da chi sia nata questa iniziativa umanitaria. La dignità e l'orgoglio di un paese stanno anche nel non accettare le briciole di nessuno, ma considerare il pane un diritto di tutti e non solo di chi lo inzuppa nello champagne.» E quando due politici di Pescara, uno di An e uno di Rifondazione comunista, hanno posato nudi per un calendario a favore dell'Associazione Don Orione, la medesima Associazione Don Orione immediatamente si è dissociata con tanto di fax a «Striscia la notizia»: tenetevi i vostri soldi e, per carità, rimettetevi i vestiti.

Ma il meccanismo non è facile da fermare: *business is business*, e la beneficenza è diventata il più grande dei business. Michelle Hunziker si spoglia per la copertina di «Max», foto provocanti, labbra rosse e cosce al vento? Sì, ma è per Emergency. Cesare Lanza scrive un libro sui «Peccati» con interviste «senza reticenze» a (pensate un po') Manuela Arcuri, Luisa Corna, Laura Freddi, Sabrina Ferilli e Susanna Torretta (titolo per quest'ultima: *Lo so, io sono un'allumeuse*)? Sì, ma poi annuncia: «La mia royalty andrà ai bisognosi». Persino i giocatori della Juventus, fra una puntata in discoteca e un festino al Tocqueville, trovano il tempo per fare i buoni e mettono all'asta la T-shirt di Del Piero e la canotta di Trezeguet. Incasso regolarmente consegnato ai bimbi malati del Gaslini (fotografo al seguito, s'intende). E Franco Califano? Sì, proprio lui, l'autore del *Cuore nel sesso*, il decalogo del vero macho, lui, il trapanatore di femmine, lui, tra una della sue canzoni e una delle sue indimenticabili massime («Se ami poco, ama da chiavatore»), che fa? Un'offerta alla Fondazione Don Bosco. Ma certo: eros, trippa, canzoni maledette, luci rosse e carità ai salesiani. Tutto il resto è noia.

La verità è che ognuno cerca di fare del bene essenzialmente a se stesso. Sophie, la massaggiatrice dell'eros center Viva Lain di Torino, posa nuda per un calendario e dice che è per beneficenza: forse venderà più copie. Axen, pornostar ucraina, ex fidanzata di Ronaldo, inaugura il Misex e dice che è per beneficenza: forse le aumenteranno il cachet. Il dj Diaco pubblica una compilation musicale con il sindaco di Roma Walter Veltroni e dice che è per beneficenza: forse in radio lo faranno ascoltare di più. C'è chi organizza una giornata a favore di una comunità per tossicodipendenti e poi presenta la nuova linea di gioielli Arkano, con testimonial Flavio Briatore: chi ne trarrà più vantaggio? Le gemme, gli ex drogati, o il testimonial Briatore? C'è chi organizza una giornata a favore di Nicaragua e Madagascar e poi fa pubblicità alle corse di go-kart, con testimonial una raffica di mezzi vip da Yuri Chechi a Dodi Battaglia: chi ne trarrà più vantaggio? Il Nicaragua, il Madagascar, il kart o i mezzi vip che si saranno divertiti come pazzi per un pomeriggio al volante? E quando il miliardario inglese padrone della Virgin, Richard Branson, nel marzo del 2000 annuncia un progetto finanziato dal governo per l'utilizzo di dirigibili capaci di individuare le mine antiuomo, qualcuno si chiede immediatamente: perché un dirigibile e non un aereo o un elicottero, ben più pratici per la ricognizione? Be', chiaro: su un dirigibile il logo Virgin si vede di più.

Nell'autunno del 2002, durante la settimana della moda milanese, viene molto pubblicizzata una festa a favore dell'Anffas. La madrina è Susanna Messaggio, intervengono decine di volti noti, dalla iena Berry a Gerry Scotti, passando per la solita schiera di para-veline, letterine o aspiranti tali. «Abbiamo raccolto un miliardo e mezzo» annunciano trionfanti gli organizzatori, che, si scopre, fanno capo a un'azienda che monopolizza la serata. Il suo nome? Tubi Tucker. Vi dice qualcosa? Pochi giorni dopo, il titolare, Mirco Eusebi, la sua convivente e sei dirigenti della società finiscono in carcere. L'accusa è: truffa. «Striscia la notizia» ne svela i meccanismi. Alcune vittime raccontano di essere state sottoposte a violenze fisiche e psicologiche, vere e proprie «messe nere» con candele, drappi, schiaffi, depilazioni, guinzagli di fil di ferro, secchiate d'acqua gelata e altre torture. Mirco Eusebi, ritenuto responsabile di tutto ciò, amava presentarsi ai suoi fedelissimi con il rosario al polso e un dipinto di Gesù alle spalle. Non perdeva occasione per dire quanti soldi la sua società impiegava per fare del bene.

Nel luglio del 2002 Raidue organizza «Voci per la pace», una specie di versione partenopea di Live Aid. Il pretesto: aiutare i bambini-soldato della Sierra Leone. Sfilano Valeria Marini, Ornella Vanoni, Katia Ricciarelli, Claudio Amendola, Anna Valle e Maria Grazia Cucinotta, modestamente presentata come «la stella più luminosa del cinema italiano». Lo spettacolo si svolge così: sfila un vip, poi la poesia di un bambino soldato della Sierra Leone, poi un altro vip, poi un altro bambino-soldato, poi c'è l'attore che dice alla cantante (tra le risatine del pubblico): «Cara, devi imparare a usare il diaframma». Poi un vip, poi un bambino-soldato, poi due vip. E così via, come scrive Sebastiano Messina sulla «Repubblica», «tra una frase e una canzone, un raccontino e una musichetta» che lasciano alla fine in sospeso solo una domanda: «Esiste un limite al folle mixaggio fra le tragedie dell'umanità e il varietà televisivo?».

Il 31 ottobre 2002, giovedì, trema la terra in Molise. Il 2 novembre, sabato, gli show della sera si mettono in lutto. Vip in parata e lacrime di circostanza, staffette e paillette, la maglia di Totti e la telefonata in diretta di Pietro Taricone. «Troppa ipocrisia» sentenzia Maurizio Costanzo. Nel palazzetto dello sport di San Giuliano di Puglia sono allineate 26 bare bianche. «Il varietà non si addice al dolore» ribadisce Sebastiano Messina. «Tentare di farli convivere è come camminare con una sigaretta accesa in una santabarbara: basta un attimo e salta tutto per aria.» Per il terremoto del Molise, sia detto per inciso, si mobilitano pure il Consiglio regionale della Sardegna (che vota un impegno a realizzare opere di pubblica utilità nelle zone devastate) e l'Istituto case popolari di Trapani, che, incurante delle case e delle scuole che cadono a pezzi in Sicilia, si mette in testa di progettare la scuola crollata. «Niente di strano» commenta Massimo Gaggi sul «Corriere della Sera». «Davanti a disgrazie di grande impatto emotivo e mediatico la corsa a guadagnarsi uno spazio sotto i riflettori della ricostruzione è abituale almeno quanto lo scaricabarile delle responsabilità per l'accaduto.»

In principio, in Italia, era stata «Missione Bontà». Ricordate? Correva l'anno 1988: Celentano, «Fantastico», il Dash, mille lire e le infermerie del Kenya. I geni della Procter&Gamble, autentici veterani del Vietnam pubblicitario, annunciarono subito: «Le vendite sono cresciute del 10 per cento». Da allora nessuno è più riuscito a frenare lo sviluppo folgorante del supermarket del cuore d'oro: orologi e foresta amazzonica, detersivi e pulizia dei fiumi, peperoni, pomodori e sclerosi multipla, magliettine colorate e lotta all'Aids, benzina e bollini per rifare il tetto della chiesa parrocchiale. Dalla Erg alla Benetton, dalla lotta ai tumori ai dentifrici, s'è mescolato di tutto: abbùffati in uno dei ristoranti del «Gambero Rosso» e aiuti il Kosovo, bevi il latte della Ferilli e costruisci una scuola in Eritrea, manda un sms e contribuisci alla ricerca sul cancro. I tecnici l'hanno definito «marketing della bontà». I preti missionari un'«operazione oscena». Ma, nel frattempo, la tecnologia avanza e si sono trovate anche nuove strade. L'ultima: la beneficenza on line «che permette a ogni utente, grazie ai suoi sponsor giornalieri, di fare donazioni gratuitamente». Basta un click sul mouse per mettere insieme gli antincendi Gielle e il Wwf, la sfida all'Aids e Biotrans Trasporti, la Lega contro i Tumori e Blocksystem l'antifurto sicuro, Itek - Alta tecnologia e l'Aquilone Blu che lotta e vive insieme a noi contro il disagio infantile. *La coscienza si lava sul web* titola l'«Espresso». E spiega: «Gli americani lo chiamano "slactivism", l'attivismo fiacco. Consiste nel fare beneficenza on-line, cliccando sul banner degli sponsor. Per sentirsi molto buoni senza alzarsi dalla poltrona. E senza aprire il portafoglio».

Ma c'è invece chi il portafoglio lo apre, eccome. Ted Turner, il fondatore della Cnn, in un solo anno ha donato un miliardo di dollari alle Nazioni Unite e 14 milioni di dollari a 426 diverse associazioni umanitarie. Bill Gates è diventato il più grande benefattore del pianeta facendo affluire nelle casse della sua fondazione circa 30 mila miliardi di vecchie lire da destinare quasi tutte a borse di studio per poveri intelligenti. La novantenne miliardaria Brooke Astor ha offerto oltre 200 milioni di dollari (cioè 400 miliardi delle vecchie lire) per finanziare associazioni benefiche culturali e per riparare le case del distrutto quartiere del Queens. Lo speculatore pentito George Soros sposa la causa no global e versa 500 milioni di dollari (1000 miliardi delle vecchie lire) per aiutare il prossimo. «C'è da fidarsi?» si chiede Anais Ginori sul «Venerdì di Repubblica». Appunto: c'è da fidarsi?

Prendete Beppe Grillo, per esempio. Va in giro per l'Italia a costruire predicozzi contro la telemodernità, insegna a diffidare dei marchi, è diventato il guru dell'alternativo, il nemico delle multinazionali, il profeta della no global verità. E poi, una sera di giugno, anno di grazia 2002, dove te lo trovi? All'happening della Samsung, nota multinazionale, accanto e in virtù di un nuovo plasma ad altissima definizione, megaschermo e megagettone d'ingaggio, show a contratto per i manager della convention. Un onore per chiunque, quasi una vergogna per un predicatore come lui. E infatti all'ingresso, come riferisce Giorgio Gandola sul «Giornale», «gli organizzatori dell'evento hanno dovuto sottoporre (non senza imbarazzo) agli invitati una liberatoria da firmare in cui era messa nero su bianco la consegna del silenzio. Con la sottolineatura che la "prestazione artistica di questa sera non può essere trascritta, registrata, riprodotta, fotografata o filmata, neppure parzialmente". Un Grillo parlante in incognito».

Quelli che appaiono buoni sono pericolosi. Perché, come diceva Flaiano, «colui che ruba deve far mostra di amare i bambini e temere Iddio». Rousseau, maestro della pedagogia democratica e popolare, educava così: «Non istruite il figlio del villico, perché non è opportuno che sia istruito». Il papà dell'*Emilio*, che voleva adottare l'Umanità, abbandonò poi i suoi cinque figli all'orfanotrofio di Parigi. Marx santificò il proletariato, ma sposò un'aristocratica e passò la vita a cercare di evitare che le sue figlie convolassero a nozze con poveri manovali. Il padre dell'Illuminismo, Diderot, illuminava così il prossimo: «L'uomo del popolo è il più stolto e il più malvagio di tutti gli uomini». E il suo compagno di enciclopedia, D'Alembert, completava: «La moltitudine è ignorante». Alla faccia dell'*égalité*.

Tempi passati? Mica tanto. Prendete Alessandro Del Piero, quello con la faccia buona, l'intelligente del gruppo, il primo della fila quando c'è da iscriversi al Cepu o da regalare le magliette sudate ai bambini malati del Gaslini. Ebbene, proprio lui. Capita un giorno che si trovi a contendere un pezzo di collina a La Nostra Famiglia, associazione che si prende cura dei disabili: lui ci vuole costruire la sua quarta villa, gli altri un centro di riabilitazione. Risultato? «Del Piero ha acquistato il terreno a 19 mila lire» ha spiegato a «Libero» la presidentessa dell'associazione disabili, Zaira Spreafico, «e ci ha rivenduto la metà di quello che ci serviva a 27 mila lire al metro». Campione sì, ma di guadagno: 8 mila lire al metro quadrato, il 30 per cento in più, netto totale di circa 420 milioni. Alla faccia della bontà. Da uno che incassa 10 miliardi l'anno, 27 milioni al giorno, un milione e 200 mila lire l'ora, ci si poteva attendere ben altro che la cresta sulla pelle degli handicappati. «Per me» taglia corto Zaira «è stata una delusione.»

Attenti ai buoni. Novembre 2002. Sophia Loren viene premiata al Quirinale per il suo grande impegno a favore della lotta contro il cancro. «Che bello, perché non viene a testimoniarlo in trasmissione, visto che abbiamo un'intera puntata dedicata al tema?» le chiede Mara Venier da «Domenica In». «Eccome no» risponde la diva. Ma poi chiede un gettone (di 150 mila euro, circa 300 milioni di lire, secondo il sito Internet «Dagospia»): l'impegno va bene, l'assegno va molto meglio. E siccome l'assegno non arriva... «Spiacenti, l'aereo riparte, non posso esserci. Sarà per un'altra volta.» E tanti saluti.

Jovanotti dopo aver affrontato la lotta titanica con il debito del Terzo mondo, si sceglie un obiettivo più alla portata: la lotta al traforo del Gran Sasso. Titolo della manifestazione: «Una montagna di musica per l'acqua». Compenso pattuito: 200 milioni di vecchie lire, circa. Forse si riesce a evitare il buco nella montagna, sicuramente si evita il buco nei conti correnti del medesimo Jovanotti. Il suo compagno di canzoni impegnate David Bono degli U2 si fa annunciare come testimonial di spicco alla «festa del Sofficino» in Costa Smeralda. Povero Bono: dai viaggi nel cuore dell'Africa ai viaggi di capitan Findus. E il buon Ezio Greggio, dopo aver dato agli italiani lezioni di moralità dalla tribuna intoccabile di «Striscia la notizia», che fa? Ma certo, è lui o non è lui, ma certo che è lui: va a rifugiarsi a Montecarlo. Dove, in barba al Gabibbo, dev'essere tutto assai più divertente che in Italia. Persino pagare le tasse, lì, è roba da ridere.

Dai buoni mi guardi Iddio, che dai cattivi mi guardo io. Avete mai fatto caso ai parlamentari con il cuore in mano? Sono fantastici: scoprono il drammatico problema del carcere solo quando c'è da andare a visitare un detenuto eccellente: così poi, all'uscita, raccontano tutto al cronista (se non se lo sono portato dietro facendolo passare per un assistente) e si guadagnano la foto sul giornale. Ma che bontà, ma che bontà. Un giorno Erika e Omar e l'altro la Circe della Versilia, un giorno Lady Poggiolini e l'altro Vanna Marchi. Il marocchino detenuto per spaccio non se lo fila nessuno, ma se tra le sbarre s'intravede un briciolo di notorietà, ecco la fila dei buoni che s'allunga. E i calciatori? Avete visto che spettacolo? Scendono in campo con la maglietta dell'Unicef, minuto di silenzio, messaggi di solidarietà, fiori, fair play, commozione. Poi si tolgono la divisa «vogliamoci bene» del giorno e cominciano a randellarsi come fabbri. Insulti, veleni, aggressioni, risse e polemiche. Più all'inizio si mostrano buoni più dopo diventano cattivi. Ecco perché bisogna diffidare di chi si mostra buono.

Quando (gennaio 2002) la Microsoft ha proposto di donare un miliardo di dollari di materiale informatico alle scuole più povere degli Stati Uniti, un giudice americano ha bloccato l'operazione: era solo un modo per mettere fuori commercio i concorrenti della Apple Computer. Quando (settembre 1999) la Swish Jeans ha liquidato Naomi Campbell con una nota scritta – «Quest'anno anziché lei vestiamo sedici bambine del Kenya» –, qualcuno ha pensato che con un cachet di 35mila dollari forse si potevano vestire un po' più di sedici bambine. Quando la Philip Morris, la più grande multinazionale del tabacco, ha fatto beneficenza contro il cancro, numerose associazioni si sono ribellate: «Che fa? Prende in giro?». E quando (maggio 2001) un imprenditore di trentadue anni, Charles Low, amministratore delegato della Surpluzz, ha annunciato che avrebbe messo all'asta sua mamma per aiutare i ragazzi senza casa («Il miglior offerente si aggiudica per tre mesi le premure della signora»), molti si sono chiesti: è beneficenza o deficienza? O forse soltanto un pessimo modo di farsi pubblicità? Intanto, la mamma all'asta è finita sui giornali. Low pure, e la Surpluzz di conseguenza.

Il bene in effetti è una splendida forma di pubblicità, come in Italia ha insegnato United Colors of Benetton. Mani bianche e nere che s'intrecciano, guerra all'Aids, inno all'uguaglianza, lotta all'handicap, foto che superano la réclame e diventano soltanto immagine, pura immagine da consumare fra convenzioni dei diritti del bambino e carta dei diritti umani. A Ponzano Veneto ci hanno costruito un impero, così, e ci prosperano. Anche se un giorno un giornalista del «Corriere della Sera» ha raccontato che in Turchia un'azienda che produceva per la Benetton faceva lavorare bambini senza regole, senza protezione, a 6600 lire al giorno. Sfruttamento, ma che importa? Alla Benetton non ne sapevano nulla. Clic, un altro scatto di Toscani: come sono belli questi bimbi bianchi e neri, fanno vendere il cachemire, le magliette, pure le canottiere. E poi si può anche andare sui giornali e in tv a professare idee assai progressiste. Il bene, a dire il vero, è diventato uno splendido modo per andare sui giornali e in tv. Anche per questo bisogna diffidarne.

II

Sulla strada (sbagliata)

Quando la truffa ti aspetta sotto casa

Elegante, molto curata. Avete presente il classico mendicante? Ecco, tutta diversa. Nessuna gonna lacera, nessun foulard in testa. Niente piattino in plastica. Al posto dei soliti cartoni scritti a pennarello («Ho fame», «Aiutatemi a vivere», «Ho tre creature da mantenere» ecc.) mostra una cartellina assai professionale, da geometra al catasto. Dentro, un lungo elenco di nomi, cognomi, qualifiche e relativi importi: «È la lista dei donatori» dice per far sentire l'interlocutore in buona compagnia. Poi chiede un aiuto per operare ai reni il figlio di quattordici mesi. Commozione assicurata. La mano corre al portafoglio. «A me bastano pochi spiccioli.» Ma sì. «Per lei sono meno di un caffè, per il mio piccolo sono la vita.» Tenga, e coraggio. Buona fortuna. Chi riesce a dire di no?

3 agosto 2002. La polizia di Ventimiglia scopre nell'ordine che: a) la donna ha sì un figlio ma non di quattordici mesi; b) questo figlio gode di ottima salute; pertanto c) egli non deve subire nessuna operazione e tanto meno ai reni, che funzionano benissimo; d) la lista dei donatori custodita nella cartellina da geometra al catasto è composta da nomi ben assortiti ma totalmente inventati; e soprattutto e) la gonna che la «mendicante» indossa non è lacera per alcuni validi motivi, il primo dei quali è che la donna potrebbe vestire ogni giorno Armani e Christian Dior. Altro che «buona fortuna»: una vera fortuna è quella che si è messa da parte lei.

Al commissariato, l'inventrice dell'«operazione figlio

con i reni malati» parla con soddisfazione della sua attività imprenditoriale. Quasi avesse trovato una nuova professione: la trivellatrice dei buoni sentimenti. In realtà la professione non è per nulla nuova, sebbene lei l'abbia portata a livelli difficilmente eguagliabili. «Lavoro solo mezza giornata» dice agli agenti, guardandoli dall'alto del suo ottimamente retribuito part-time dell'elemosina. «Al pomeriggio in genere mi godo il sole sulla spiaggia. Il sabato e la domenica? No, resto a casa ad accudire il mio bambino.» Orari comodi, poco stress. E alla fine del mese? Stipendio in busta: 9 mila euro, 18 milioni delle vecchie lire. Netti. Proprio così: 9 mila euro netti, esentasse ed esentutto. Chissà come l'avranno presa gli agenti che ogni giorno rischiano la vita per circa un decimo di quella cifra.

«Hannah è malata di leucemia»

Far leva sulla malattia è un vecchio trucco. Funziona sempre. Dappertutto.

Nell'autunno 2002 a Urban, nell'Ohio, migliaia di persone si commuovono per la storia della piccola Hannah: la mamma la mostra a tutti, volto smagrito, capelli rasati a zero. «È malata di leucemia, sta per morire» dice tra le lacrime. Si mobilitano tutti: giornali, telegiornali, show, associazioni, singoli cittadini, intere famiglie che rompono il salvadanaio per regalare un briciolo di speranza a quella bambina che a ogni passaggio in tv appare più consumata.

In poche settimane vengono raccolti almeno 10 mila dollari. Subito dopo, la verità: nessuna leucemia, nessuna chemioterapia, Hannah è sana come un pesce. I capelli? Un semplice taglio ultramarine. Il volto scavato? Una rigida dieta. «È stata solo una piccola bugia» cerca di giustificarsi la donna, quando la polizia la interroga. «È stato il più terribile dei tradimenti» accusano tutti coloro che si erano commossi. Il particolare più drammatico: per rendere la menzogna più credibile e i suoi occhi più spenti, la mamma aveva fatto credere alla stessa Hannah di essere davvero malata. Tanto valgono 10 mila dollari…

Così si spartiscono le offerte

«Si fa metà ciascuno. Oggi è stata una giornata fruttuosa.» I due responsabili della Pubblica Assistenza Niguarda si telefonano sempre verso sera dopo aver contato i soldi raccolti dai volontari. Ore e ore passate con la cesta in mano. «Siate gentili, un'offerta per comprare un'ambulanza nuova.» Chissà che non si possa salvare una vita. Davanti all'ospedale e al cimitero si soffre, e quando si soffre si è sempre disposti a donare qualcosa. In poco tempo si possono mettere insieme senza difficoltà 2 o 3 milioni delle vecchie lire. A fine giornata l'incasso si fa interessante. «Allora, d'accordo: metà ciascuno» si ripetono i responsabili. «Tranquillo, non scopriranno mai nulla.» Troppo ottimismo.

In realtà la polizia scopre tutto: intercetta le telefonate, indaga e scoperchia l'illecito traffico di buoni propositi. Scoppia lo scandalo Soccorsopoli. Milano, 17 maggio 2002. In fretta tutto viene messo a tacere. Ne parla «Il Giorno» con alcuni articoli. Ne parliamo noi a «Studio aperto», con un paio di servizi. Gli altri giornali tacciono, i grandi tg si disinteressano. È come se fosse un argomento tabù. Parola d'ordine: «Non sparate nel mucchio». Ma, qui, non si spara nel mucchio. Qui si fanno nomi, cognomi, ci sono prove, documenti, intercettazioni. C'è anche un pentito, un volontario che confessa: «È tutto vero. Purtroppo non ci sono controlli e si specula sulla solidarietà». Perché non si vuole fare chiarezza? Si pensa davvero, in questo modo, di difendere i volontari veri e la vera solidarietà?

Ricordo uno dei miei primi giorni a Torino. Anno 1985. Studente universitario, pieno di idee e forse anche un po' di ideali, pochi soldi in tasca, ma l'animo ancora umido della terra grassa di provincia. Persino Torino mi sembrava bella, gentile, accogliente, vista così, con quei miei occhi, quasi morbida. In via Cernaia mi ferma un ragazzo. Mi chiede soldi: s'inventa una storia che in confronto Camilleri è una noia. Il succo: è rimasto senza benzina, deve tornare a casa, «ma, guarda, te li restituisco», e mi mette in mano un indirizzo, un numero di telefono e la fotocopia di una carta d'identità. Naturalmente, i soldi glieli ho dati. Naturalmente, non li ho mai più rivisti. Nella mia innocenza ho anche provato a telefonare a quel numero, a verificare la carta d'identità. Tutto falso. Adesso vorrei dirgli, se mai potesse leggere queste pagine: caro amico, lo sai che sei un vampiro? Mica per quelle dieci o ventimila lire (anche se per me allora non erano poche), no. Tu hai rubato molto di più: da quel giorno via Cernaia mi è sembrata assai meno morbida. E Torino, e la vita.

Faciteme 'sto piacere: ritirate 'sti soldi

«Faciteme 'sto piacere» chiedeva Sophia Loren nei panni di madrina. E come potevano gli italiani dirle di no? «L'ultima buona azione della lira» si chiamava l'iniziativa. Mirava a trasferire i residui spiccioli di nemmeno troppo gloriosa storia valutaria dalle nostre tasche alle casse della Ricerca sul Cancro: 35 mila grandi contenitori nelle banche e nei supermercati, 100 mila salvadanai nelle farmacie, nei distributori, alle Poste e perfino nei McDonald's, 18 mila bustine svuotatasche distribuite in tutta Italia, premiata regia dell'agenzia Armando Testa, foto firmate Fabrizio Ferri, collaborazione di tutti, dai commercianti di Novi Ligure alle Ipercoop, dall'Omnitel Vodafone all'Associazione Presepe.it - Amici del Presepe. «Ci sono voluti cinque mesi solo per piazzare tutti i raccoglitori» hanno spiegato orgogliosi gli organizzatori.

A svuotarli, invece, ci hanno messo assai meno due fratelli di Acerra. Li hanno scoperti nel luglio del 2002, quando per la verità l'ultima lira avrebbe dovuto essere già da tempo dissolta nel paradiso delle buone azioni. Agenzia Italia, ore 16.55 del 19 luglio: «A. e F.P., pregiudicati e dipendenti di una ditta che ha ricevuto in subappalto la gestione della raccolta dei bidoni di latta esposti dal dicembre scorso in molti negozi e supermercati, sono stati sorpresi in flagranza di reato mentre all'interno di un garage aprivano i contenitori per fare incetta di monetine. Solo nella giornata di ieri, secondo la stima degli inquirenti, i fratelli pregiudicati avrebbero intascato tre milioni di lire, il corrispettivo di 1500 euro in monetine».

«Da parte nostra abbiamo preso tutte le misure possibili per evitare truffe e furti» spiega Mario Mezzanotte, responsabile del progetto «L'ultima buona azione della lira» per conto dell'Associazione Italiana per la Ricerca sul Cancro. È chiaro: ci sono 70 miliardi di vecchie lire in ballo, bisogna stare molto attenti. Ma perché, allora, mentre la consegna dei bidoni era stata effettuata da 3 mila volontari, il ritiro è stato appaltato a una ditta esterna? E, soprattutto, perché questa ditta esterna a sua volta ha subappaltato il servizio ad altre piccole imprese locali, compresi i due fratelli pregiudicati di Acerra? E quanti altri fratelli pregiudicati non di Acerra l'hanno fatta franca in altri garage che, al contrario di questo, sono rimasti chiusi al momento della spartizione? Chi controlla? E soprattutto: come?

Il 23 settembre 2002 «Striscia la notizia» denuncia: molti contenitori, diversi mesi dopo la fine della campagna, non sono ancora stati ritirati. Gli inviati del tg satirico trovano:

a) un bidone grande e due piccoli in un'officina. Testimonianza del garagista: «Ho scritto la prima lettera ad aprile. Nessuno si è fatto vivo. La gente si lamenta»;

b) un bidone piccolo in un bar. Testimonianza di un cliente: «È una vergogna, ci ho messo parecchi soldi lì dentro per fare un piacere a Sophia Loren»;

c) un contenitore grande e altri tre piccoli in una banca;

d) un contenitore grande e pesantissimo in un centro

commerciale. Testimonianza del titolare: «Nessuno si è fatto vivo da gennaio».

Nota bene. Tutti i contenitori sono strapieni di soldi.

«L'operazione ritiro si è configurata da subito molto più complessa del previsto» si giustifica l'Airc, l'Associazione Italiana per la Ricerca sul Cancro, con un comunicato. «La dilatazione dei tempi è riconducibile a una serie di problemi sorti in corso d'opera e amplificati enormemente a causa del volume di monete raccolte. Siamo i primi a esserne rammaricati e preoccupati.» Ma il professor Umberto Tirelli, uno dei più bravi oncologi italiani, dal suo centro di Aviano si lamenta: «I soldi fermi? Una cosa da biasimare. Ne avremmo bisogno. Ogni giorno mille pazienti si ammalano di cancro: alcuni, grazie a quelle lire, potrebbero essere salvati». Non è possibile, evidentemente, se le lire rimangono lì.

«Facitece 'o piacere» conclude l'inviato di «Striscia», accarezzando una delle tante montagne di monete dimenticate e facendo il verso a Sophia: «Venite a ritirare i soldi».

Il problema, fra l'altro, è che più si allungano i tempi, più crescono le possibilità che nell'operazione s'intrufolino vari pregiudicati di Acerra e non. «C'è gente che dona col cuore per aiutare gli altri. E c'è chi non esita ad approfittarne» ammette Mezzanotte. «Accade spesso.» Esatto: accade spesso. Forse un po' troppo.

Fermate le bocce

Per mettere un maxisalvadanaio sul bancone del panettiere o del bar sotto casa non occorre nessuna autorizzazione. Basta una scodella, una scritta, una buona motivazione, sebben che sia inventata: un-neonato-gravemente-malato-che-necessita-di-un'operazione-che-si-può-fare-soltanto-negli-Stati-Uniti? Il-ruandese-che-ha-perso-mamma-e-papà-su-una-mina-e-adesso-è-arrivato-in-Italia-ma-deve-andare-dal-dentista-e-nessuno-si-accolla-la-parcella (tanto meno il dentista)? Ma sì, tutto fa brodo: un faccione (possibilmente nero), due lacrimoni, mettetevi la mano sulla coscienza. Un'indagine dei carabinieri ha dimostrato che per un solo bambino, in un solo giorno, in questo modo sono stati raccolti 20 mila euro, 40 milioni di vecchie lire. Praticamente, un business.

Torre Annunziata, gennaio 1999: *Dietro la beneficenza c'è la truffa*. Inchiesta su 18 associazioni di assistenza a piccoli disabili, 98 indagati: raccoglievano i soldi con la foto di un bambino epilettico e la frase a effetto («Aiutaci a salvarlo»), ma i genitori del bambino non vedevano una lira.

Ancona, ottobre 1996: *Infanzia: alibi per la truffa*. Scoperta una vera e propria holding dei buoni sentimenti. Raccoglievano miliardi di lire, ma gli istituti di beneficenza pubblicizzati non esistevano.

Diano Marina, giugno 1995: *L'elemosina ai bimbi? Un bluff*. Denunciato un rappresentante: si spacciava per volontario e distribuiva ai negozianti cassette per le elemosine a favore dei poveri. «A tradirlo è stato l'eccesso di zelo: per rendere il tutto più veritiero l'imbroglione appiccicava alle cassette un numero di telefono. Diceva che era dell'istituto benefico. Invece era il suo personale.»

È il bollettino dello scandaletto, il mattinale degli avvoltoi. Quelli che, non avendo più nulla da rubare, rubano la generosità della gente. Zorro al contrario. Troppo facile. «I soldi raccolti per strada non arrivano mai a destinazione» dice a «Donna Moderna» Mario Luciano Sabella, presidente dell'Unione Ciechi di Milano. E le foto strazianti? Il bambino in carrozzella? Il giovane smunto che sta morendo di Aids? La ragazza che se non viene operata entro una settimana sicuramente muore? Come rimanere insensibili? «Un comportamento del genere dovrebbe già suonare come un campanello d'allarme» risponde Massimo Oldrini, della Lila, la Lega Italiana per la Lotta all'Aids. «Un'associazione benefica autentica non ricorre a questi mezzi, che offendono la dignità dei malati.»

Fermiamo le bocce s'intitola una delle più belle inchieste della rivista «Terre di mezzo». Le bocce sono, per l'appunto, i maxi o mini salvadanai che ormai si trovano un po' dappertutto. «A Roma, Milano e in molte città del Centro e Nord Italia» scrive il giornale di strada «i padroni sono due enti: l'Anabadi, Associazione Nazionale Bambini Disagiati, e Amore del Bambino. Sono entrambe composte ufficialmente da volontari, si occupano di due cose: primo, raccolgono soldi per il viaggio della speranza; secondo, li versano alla famiglia del bambino.» Poi scelgono il beneficiario della successiva raccolta. «Qualcosa però non quadra.»

E certo che non quadra: è il Far West. Non esiste nessuna legge, nessuna regola. L'Authority per il volontariato, che dovrebbe verificare il comportamento di queste organizzazioni, sta muovendo solo ora, con notevole ritardo, i suoi primi e inadeguati passi: ci ha impiegato cinque anni (dal 1997 al 2002) per mettere su un ufficio, chissà quanto ci metterà per beccare un truffaldino, ammesso che mai ci possa riuscire, ammesso che si decida che sia questo il suo compito. «È una partita» scrive «Terre di mezzo» «che si fa senza arbitro: chi garantisce che la cifra raccolta sia quella dichiarata dall'associazione? Chi conta le bocce e assicura che tutte siano aperte davanti ai genitori dei bimbi malati? E poi: la scelta dei bimbi da aiutare. Nessuna delle due associazioni ha un comitato scientifico capace di valutare se un viaggio all'estero è davvero necessario. Chiediamo troppo?»

La storia di Alice

La storia più impressionante è quella di Alice. Gli appelli per salvare la piccola cominciano nel 1998. «Deve subire il trapianto di polmone presso il Jackson Memorial Medical Center di Miami in Florida» spiega il cartello esposto nei supermercati. «La nostra è una corsa contro il tempo, perché se la somma non verrà recuperata entro il 14 settembre il polmone, che è già a disposizione e ibernato, sarà donato a un altro bambino compatibile». Firmato:

«Amore del Bambino - Associazione per l'aiuto dei bambini disagiati». La foto, di corredo come si usa, è commovente: Alice, 11 anni, è su una sedia a rotelle, un cuscino per sorreggerle la testa, tubicini di plastica che le escono dal naso.

Del suo caso si occupano anche tv e giornali. La bimba che ha bisogno di un polmone «ibernato» fa notizia ai «Fatti vostri», al telegiornale della terza rete, sul «Giorno» e sul «Giornale». Qualcuno scrive addirittura che in Florida ad attendere la piccola Alice c'è un polmone «surgelato». Manca capitan Findus e il quadro è completo. La storia ha tutti gli ingredienti che ci vogliono per bucare il velo piatto dell'anonimato: la famiglia povera, le origini meridionali, il padre che lavora in una cava di calcare, lei che soffre da quando aveva quattro anni, le operazioni riuscite, la speranza, la malattia che miracolosamente si blocca, e ora quest'ultimo viaggio costosissimo che servirebbe a completare il prodigio. E chi potrebbe mai opporsi al completamento di un prodigio? In pochi mesi viene raccolta una cifra record: 1 miliardo e 300 milioni di vecchie lire.

Alice può essere dunque salvata? Il polmone che l'aspetta può essere scongelato, come recita la versione ufficiale? Al Medical Center cascano dalle nuvole: «Questa paziente non solo non è stata operata, ma non è mai stata neanche visitata nel nostro centro» dice Giovanni Piedimonte, della University of Miami, uno dei due professori che, stando alle indicazioni, avrebbe dovuto effettuare l'intervento sulla piccola. «Non esiste, come si può immaginare, nessun polmone ibernato: è impossibile mantenere organi vitali per tanto tempo. Di conseguenza sono preoccupato che qualcuno stia usando i nostri nomi per secondi fini.» E l'altro professore indicato come salvatore? Si chiama Antonio D. Pinna. Rintracciato al Jackson Memorial trasecola: «Non so nulla di questa paziente. E poi io non faccio neppure trapianti di polmone».

«Ma allora», si chiede «Terre di mezzo», «se non esiste

il polmone ibernato, se nessuno aspetta Alice in America per operarla, a che giova raccogliere 1 miliardo e 300 milioni di lire?» Il papà della bambina accusa l'associazione: «È stata un'idea loro per accelerare i tempi». L'associazione replica: «I soldi andranno comunque alla famiglia. Ma la campagna non è andata a buon fine e Alice non sarà operata». La campagna non è andata a buon fine? Con 1 miliardo e 300 milioni? E che cosa bisognava mettere dentro quei salvadanai per farla andare a buon fine? O meglio: qual è il fine di queste campagne? Ed è davvero un buon fine?

Un Inno alla Vita

«Vuole aiutare la nostra associazione?» Ragazzi sorridenti, targhetta in vista. Luoghi preferiti: ospedali, parcheggi, supermercati, fiere. Oggetti in vendita: un po' di tutto. Spugnette, fiori di plastica, confezioni per il pronto soccorso. Soprattutto penne stilografiche. Roba piuttosto inutile. Costo di fabbrica dell'inutilità: pochi centesimi di euro. Costo di vendita dell'inutilità: 5-10 euro. Guadagno netto: 150-200 mila euro al mese, oltre 2 milioni di euro l'anno. Praticamente, un altro business.

I ragazzi sorridenti, targhetta in vista, raccontano storie da strappare il cuore: giovani-ridotti-in-carrozzella-che-se-non-vengono-operati-muoiono-nel-giro-di-pochi-giorni, uomini-che-sono-rimasti-paralizzati-e-ora-non-hanno-più-niente-da-mangiare-e-c'è-un'intera-famiglia-ridotta-sul-lastrico eccetera. Asciugate le lacrime, inghiottito il groppo che sale in gola, che cosa resta da fare a uno che sente parole simili? Mano al portafoglio e generosa donazione: per sentirci con la coscienza a posto di fronte al ragazzo sorridente con la targhetta in vista, siamo pronti, senza battere ciglio, a pagare una simil-Bic al prezzo di una Montblanc.

Nel 1996 la guardia di finanza di Torino scopre che dietro questo business si muovono quattro strane società:

l'Inno per la Vita, sede a Roma e filiali in giro per l'Italia, l'Uilcap (Unione Italiana Lavoratori Categorie Protette), la Handicap Europea e l'Unic (Unione Nazionale Invalidi Civili). In un caso è uno dei capi a dipingere le cartoline augurali che poi i ragazzi vendono in strada; in un altro dirige l'associazione il proprietario dell'azienda che fabbrica i fiori di plastica. Praticamente una holding perfetta, il management della mano tesa: si scopre che il consiglio d'amministrazione di questa Beneficenza S.p.A. ha stabilito con rigore i criteri con cui vengono divisi i denari. Il 20 per cento rimane ai ragazzi con la targhetta sempre in vista; un altro 20 per cento va ai capiarea che organizzano la raccolta in città e, d'estate, in riviera; il restante 60 per cento viene spartito tra i capi e i produttori, quando le due cose non coincidono. E agli handicappati? «Non sono stati trovati segni di opere di bene» recita il rapporto delle Fiamme gialle «salvo l'acquisto di una carrozzella.»

Esatto: una carrozzella. Incassano 200 mila euro netti al mese, più di 2 milioni l'anno. E agli handicappati comprano una carrozzella. Ci viene un dubbio: a che cosa serve quella carrozzella? Che cos'è? Un insulto? Uno sfregio? Una necessità contabile? Un errore? «Scusi, capo, mi sono sbagliato: sa quei 200 mila euro che abbiamo raccolto per i disabili? Mi è venuto in mente che, anziché andare in vacanza alle Seychelles o regalare una Mercedes alla sua amante, si poteva anche aiutare un disabile per davvero. Sì, lo so che è una follia. Giuro che non lo farò più.» Davanti al giudice i responsabili sfilano in silenzio: c'è chi patteggia, chi si prende la condanna, chi, beneficenza per beneficenza, si affida ai benefici del rito abbreviato.

Dalle carte del tribunale viene fuori, come se non bastasse, la ciliegina sulla torta dello scandalo: in alcuni casi, per far su più soldi, le associazioni, invece di inventarsele, usavano storie vere orecchiate al bar, senza il consenso dei diretti interessati. Come quella di un bambino malato di tumore al cervello («Qualcuno me l'ha raccontata.» «Ma chi?» «Ma che t'importa?» È una bella storia commovente, fattura bene, si può colorire, arricchire di particolari lagnosi, e pazienza se i genitori non sono stati avvertiti). Avanti, «Compra una biro per il bambino con il cervello devastato».

Quel bambino non sapeva di essere malato di tumore. Venne a scoprirlo un giorno, vedendo dei ragazzi sorridenti, con la targhetta in vista, che mostravano la sua foto. Non volle curarsi più.

Io, volontario dell'Alapime

«A volonterosi 18/28enni proponiamo lavoro di distribuzione materiale cartaceo. Anche primo impiego. Disponibilità anche per universitari. T. 02-6697606, ufficio.» Il giornalista di «Terre di mezzo» telefona, prende appuntamento, va al colloquio, si fa assumere. E il lavoro comincia. Ecco il suo racconto.

Ore 8.55 del mattino. Ufficio della Rbm. Fuori scalda il motore un pulmino che ha già caricato tre o quattro ragazzi. Dentro l'ufficio ci sono Katia, la mitica plurisegretaria, Ralph, l'autista del pulmino su cui andrò io, e un signore pelato con barba bianca. È il boss, ma non si presenta. Alla fine partiamo solo Ralph e io... Dopo un paio di curve chiedo dove siamo diretti. «In periferia a Milano» risponde Ralph. Però poi prendiamo l'autostrada per Venezia e mi ritrovo in campagna: a Marne, sconosciuta frazione di Filago, in provincia di Bergamo. Durante il viaggio Ralph mi spiega in che cosa consiste il lavoro. Prima di ora nessuno mi aveva detto nulla. «Raccogliamo soldi per un'associazione che si chiama Alapime: associazione laica assistenza per la prevenzione indigenti malati ed emarginati. Ma tu il nome alla gente non lo leggere per intero, se no non finisci più. Si dice così: sono un volontario dell'associazione, sto raccogliendo soldi per questo scopo... e a chi fa l'offerta regaliamo una litografia: 12 mila lire le piccole, 24 mila lire le grandi. Tu prendi 3 mila su ogni litografia piccola venduta, 6 mila per le grandi. Se ne vendi 30 c'è un premio di produzione di 12 mila lire e una litografia in regalo. Heé, ma tu non lo dire alla gente che prendi dei soldi, eh?»

Il viaggio continua. Salta fuori una pila di fotocopie, non del tutto leggibili. «Tu gli mostri quest'articolo e dici che raccogliamo i soldi per Francesco che è malato di leucemia» mi spiega Ralph. Poi arriviamo a Marne, quartiere di villette e cascine. Ralph mi fa vedere la zona che devo battere. Comincio a «lavorare». Ma la gente non è nata ieri, non si fida. E io rimango a secco. Solo un signore mi compra una stampa con tanti fiori colorati contro il parere della moglie che replica al mio «Sono un volontario» con un secco: «Non ci credo». All'appuntamento con Ralph mi mostro deluso. «Non è il lavoro che fa per me. E poi mi sembrava di mentire: dici che sei un volontario, ma tieni per te i soldi. Il volontariato è una cosa gratuita.» «Ma dài, nessuno fa niente per niente...» «Sì, ma pensavo fosse almeno un lavoro a ritenuta d'acconto. Invece è in nero.» «Vedi» chiarisce Ralph, «siamo volontari, per questo non c'è bisogno di pagare la ritenuta. Comunque, se proprio la vuoi te la faccio, ma poi guadagni di meno. Vuoi regalare i soldi allo Stato?» La Volkswagen si ferma a Trezzo sull'Adda. Ralph insiste per pagarmi il salario: 6 mila lire. Peccato che ne debba spendere subito 4300 per l'autobus che mi riporta a Milano.

Quei piazzisti della bontà

Nasce da una segnalazione così, da un'esperienza in presa diretta l'inchiesta di «Terre di mezzo» sui *Piazzisti di bontà nelle strade d'Italia*. È la più vasta e ricca che sia mai stata realizzata sull'argomento. I giornalisti di strada si presentano in tutti gli uffici, si fanno assumere, telefonano, salgono sui camioncini della falsa beneficenza. Ne viene fuori un quadro aberrante: «Scopriamo che» scrive il giornale «come nell'avventura di Pinocchio i falsi ciechi e i finti storpi proliferano. Nella sola città di Milano cinque società, con una dozzina di agenzie, reclutano disoccupati senza grosse prospettive. Con il miraggio di alti guadagni li mandano sulla strada a raccogliere fondi per conto di non meglio identificati "enti benefici". L'inserzione promette mari e monti, ma chi lavora non è garantito in nulla. Non solo. Chi si arruola impara a chiedere soldi in modo lamentoso e patetico. Mentre i dirigenti delle agenzie, il Gatto e la Volpe appunto, si trovano in tasca decine di milioni al mese. Esentasse, o meglio, in nero, perché raccolti a titolo di volontariato». E soprattutto: «Non si riesce mai a capire dove vanno a finire le offerte».

Nel viaggio dentro il sottobosco del Gatto e la Volpe si scopre un po' di tutto. C'è la «volontaria» informatissima che per tranquillizzare dice: «Io ho lavorato all'Aido, l'Associazione Donatori di Sangue». (Domanda: «Ma l'Aido non è l'Associazione Donatori Organi?». Risposta: «Boh, per me è tutto lo stesso».) C'è «il volontario» manageriale che spiega: «Raccogliamo fondi per la Pia Opera Buon Consiglio di Cerignola. Produce gadget: cartoline, fiori finti, stampe. Si lavora in squadra, c'è un caposquadra che si occupa di tutto, ti porta lui in giro. Orario: 9-18.30. Paghiamo in percentuale: il 30 per cento del venduto». E c'è persino il volontario ma-che-ci-sto-a-fare-io-qui, che risponde al telefono dell'Aisep, sedicente associazione che si occupa di ciechi, ma manco sa dire che cosa significa l'acronimo. «Associazione... italiana... Bah.» E, per togliersi d'impiccio, suggerisce di telefonare a un altro numero.

Un giovane neolaureato scrive da Bologna:

> Ho risposto a un annuncio: «Associazione di assistenza sociale ricerca due telefoniste dalle 18 alle 20». Per telefono mi rispondono che in effetti sono pronti ad assumere anche personale maschile «addetto alla consegna di materiale riguardante i nostri assistiti handicappati». Mi presento all'appuntamento e scopro di trovarmi nella fantomatica associazione di volontariato Unione Italiana Handicappati. Mi riceve il titolare, Gennaro Riccio, il quale mi spiega sbrigativamente che la sua associazione potrebbe essere composta da soli volontari, ma che «per ragioni di cuore» egli preferisce far guadagnare 70-100 mila lire al giorno ai disoccupati come me. Il gioco è semplice: le ragazze telefoniste contattano cittadini ai quali si propone di acquistare gadget per 30 mila lire (cravatte e foulard che scoprirò vengono prodotti dalla ditta G.R. di Modena, la cui titolare è la moglie di Riccio). A me spetta la consegna a domicilio e il 15 per cento del ricavato. In cambio devo lasciare al sottoscrittore una lettera di ringraziamento sulla quale si promette di finanziare con il denaro raccolto numerosi servizi.

Dopo due giorni di lavoro, il neolaureato bolognese si licenzia. Ma continua a indagare. E scopre che «l'Uih è stata radiata dall'Albo regionale delle associazioni di volontariato», ma, nonostante questo, «vi sono istituzioni del Comune di Bologna che seguitano ad affidarle il servizio di trasporto di utenti handicappati».

Nasce così il manifesto contro «il Gatto e la Volpe» contro quelli che «chiedono soldi e non ti dicono mai bene che cosa fanno». «Truffano i cittadini: approfittando del buon cuore di ciascuno» sta scritto. Sottoscrivono la Caritas, il Pime, la Cgil, la Cisl, il Gruppo Abele, le Acli, la Cnca, l'Ufficio Volontariato del Comune di Milano, la Fivol (Federazione del Volontariato) e il Comitato Difesa dei Consumatori. Anche la polizia sembra seguire con interesse la pista del business della solidarietà: poche settimane dopo, vengono messi sotto inchiesta i capi di due associazioni del giro «Posso venderle una penna». Uno di loro è stato accusato di aver maltrattato un ragazzo poliomielitico (ottimo per chi raccoglie fondi a favore degli handicappati!). Ma intanto il piazzismo della bontà continua: denunce, appelli, indagini. Sembra tutto inutile. Lo scandalo prosegue, indisturbato, sotto gli occhi di tutti.

La confessione

Parla Salvatore, un veterano della raccolta fondi.

Ho lavorato sia per il Pane Quotidiano, sia per l'Anpv, Associazione Nazionale Privi della Vista. Poi ho smesso, perché non ne potevo più di raccontar palle alla gente. Quando arrivi, la prima cosa che ti insegnano è la storiella: «In Italia c'è un cieco ogni 200 persone, quindi ci sono 250 mila ciechi. Per comprare un cane guida ci vogliono 7 milioni. Signora, non le chiediamo 7 milioni ma solo un'offerta...». Poi un po' alla volta impari il mestiere: bisogna fermare la persona a cui si chiedono i soldi. Non farla parlare, non darle tregua... Il volontario, cioè chi vende le stampe o i fiori o le cartoline, prende una percentuale sul venduto. Al Pane Quotidiano per esempio era il 30 per cento; all'Anpv invece le cartoline venivano 7 mila lire, di cui solo mille spettavano al volontario. Così uno cerca di venderne il più possibile ... Al Pane Quotidiano per i primi tre o quattro giorni si accontentano che gli porti 100 mila lire. Poi ti calcano di brutto: o porti 300 mila o ti lascio giù dal furgone, dicono. L'Anpv invece vorrebbe usare un più moderno sistema di incentivi: dopo 22 pezzi venduti al volontario vanno 2 pezzi in omaggio, dopo 33, 3 omaggi, dopo 44, 4 omaggi e così via ... Le inventano tutte: figurati che nei periodi più caldi, cioè Natale, Pasqua e Ferragosto, tra i venditori si ingaggia una gara per chi vende di più. Una volta i premi sono stati, primo: settimana per due a Madonna di Campiglio; secondo: telefonino di marca tutto spesato; terzo: 200 pezzi, che se uno è bravo e riesce a venderli a 10 mila lire l'uno fanno due milioni ... Un'agenzia è organizzata a forma di piramide: in basso stanno i venditori che si dividono in passaggisti e semaforisti. I primi, maschi, chiedono le offerte sul marciapiede e prendono i «passaggi», cioè vengono portati ogni ora in una nuova zona dal capogruppo che ha la macchina... Le ragazze invece sono messe ai semafori perché sono più convincenti dei maschi ... Il concetto è: uno bravo non ha bisogno di un buon prodotto per vendere. Certo: vendere è più facile con il pacchetto piccolo di cartoline, è meno ingombrante la gente lo ficca in tasca e via... Mentre quando hai una stampa grande così... I giorni? Il lunedì mai: è morto, la gente deve tornare al lavoro, meglio lasciar perdere; da martedì a sabato sempre. A volte si organizzano le trasferte: si va per alcuni giorni in un posto di montagna, sul lago, si batte una zona. Si dorme in pensione e si mangia fuori. Lì si guadagna oltremodo: quando vai in un paese piccolino con le orchidee e i fiori secchi te li comprano tutti. È la festa del paese: sono ignoranti, vedono dei volontari e perdono la testa...

Aiutiamo i diritti internazionali (lo certifica il morto)

Il 10 novembre 2002 un'inviata della trasmissione di Italia Uno «Le iene» risponde a uno dei tanti avvisi pubblicati su un giornale d'inserzioni gratuite. «Cercasi ragazze 20-40 anni, con una buona dialettica per interviste. Guadagno minimo: 10 euro l'ora.» La ragazza chiama. Al telefono le spiegano: «Facciamo interviste e promozioni dal vivo». «Vendite porta a porta?» chiede lei. «Non dica str...» la interrompono in malo modo. L'appuntamento è fissato per il mattino seguente.

Si presenta un signore. Dice di essere responsabile di un'associazione internazionale di volontariato per i diritti umani, la Fidh. «Chiediamo soldi a scopo benefico» dice. E poi spiega: «Devi sapere che quasi tutte le associazioni di volontariato hanno degli sponsor, come me, che fanno una specie di contratto...». Chiarisce che non si tratta di un lavoro di interviste né di un lavoro di vendita. Anzi, a dirla tutta, non si tratta nemmeno di un lavoro: è, formalmente, volontariato. Anche se è un volontariato un po' particolare: «All'associazione non gliene frega un ca...». E «tu puoi guadagnare anche un miliardo».

Chiarito il concetto, seguono le istruzioni tecniche. «Nell'impatto tu hai un tesserino che si capisce che sei una volontaria. E gli dici: buongiorno signora, per i diritti umani dei bambini, una firma di sostegno. Questa è la scusa.» Mostra il foglio. «Questo non serve a un ca... È solo un modo per poterli fermare, per spiegargli che vogliamo dare una mano. Se uno non dà niente scrivi comunque 10 euro, perché l'altro vede che quello prima ha dato 10 euro... Il fatto è che ce li pigliamo quasi tutti noi i soldi. All'associazione gli conviene perché se noi guadagniamo bene, una goccia, una goccia gliela diamo a loro.»

Finito il colloquio lascia la ragazza davanti a un ospedale. Ripassa dopo due ore. «Ho raccolto 16 euro» dice lei. E così viene a conoscere l'esatta ripartizione delle percentuali: metà se li può tenere, metà li dà allo «sponsor». Ma quest'ultimo quanti ne girerà davvero all'associazione di volontariato di cui è, per l'appunto, sponsor? La «iena» va a chiederlo alla Fidh, direttamente nella loro sede. E si sente rispondere: «Mai avuto uno sponsor, mai conosciuta questa persona». Ma come? Mi ha anche fatto vedere un foglio che lo autorizzava a raccogliere soldi a nome vostro... «Sono fogli fotocopiati.» Cioè fasulli? «Probabilmente sì.» Ma qui c'è la firma del vostro presidente. «Macché presidente.» Quella, al massimo, è la firma di un ex presidente. In effetti risulta morto molto prima che il foglio di «autorizzazione» fosse stampato...

Diritti dell'infanzia e diritti d'autore

Il volume si presenta bene. Titolo: «Annuario per i diritti dell'infanzia nel mondo». In copertina due bambini di colore, teneri e sofferenti. Abbracciati. Sembra che chiedano protezione. Il più piccolo ha lo sguardo perso nel vuoto. L'altro ti fissa serio. «E tu, cosa fai?» scrive Carlo Giorgi in *Falsa solidarietà*. «Non dài 50 mila lire alla signorina che cerca di rifilartelo?» Ma certo. «Ovviamente apri il portafoglio. Quindi, ma solo dopo, apri anche l'annuario. Lo sfogli, lo leggi e incomincia a tormentarti l'antipatico sospetto di essere stato fregato.»

In effetti: l'«Annuario dei diritti dell'infanzia nel mondo» è una rivista di 58 pagine, supplemento del «Notiziario della salute oggi», Editrice Diffusione Nazionale. Venduto porta a porta. I soldi, spiega la medesima rivista, restano alla rivista stessa: i diritti dell'infanzia non si toccano, i diritti d'autore meno ancora. Tutti i testi riportati sono di seconda mano: «A pagina 32» spiega Giorgi «una nota microscopica, modello "coda di paglia", confessa che i redattori hanno colto a man bassa (e in modo arbitrario) dalle pubblicazioni dell'Unicef». La sigla Unicef, in effetti, ricorre un po' dappertutto: nei titoli, negli articoli, sempre scritta in maiuscolo. Ma i responsabili dell'Organizzazione delle Nazioni Unite cascano dal pero: «Non abbiamo mai autorizzato questo annuario. E comunque a noi non viene nemmeno una lira. Abbiamo denunciato gli autori, ma ogni tanto li becchiamo a vendere in una città diversa. Roma, Milano, Umbria, Campania: appena sentono puzza di bruciato si spostano». La direttrice dell'annuario, però, si stupisce di tanto stupore: «Cinquantamila lire per articoli copiati? E che c'è di strano?».

Ma certo: che c'è di strano? È tutto regolare, davvero: citazioni, permessi, timbri del tribunale. Qualche venditore della rivista addirittura replica seccato: «All'Unicef dovrebbero essere contenti: diffondiamo le loro idee». Sono idee buone, e dunque è tutto lecito: anche avvolgere un poveretto nella melassa della bontà, anche fargli credere che se non compra quella rivista è un po' responsabile della fame nel mondo (o ci dai il tuo contributo o uccidi un negretto), anche usare il marchio passe-partout dell'Unicef e incassare così denaro per arricchire il «Notiziario della salute oggi», pregiata rivista della rinomata Editrice Diffusione Nazionale.

È tutto lecito. Qualche tempo fa a Milano la società Il Seminatore di Remo Pizzardi ha cominciato a pubblicare la rivista «Vivi, vocazioni e volontariato». Sessantaquattro pagine a colori, molte foto, grafica accattivante, un sacerdote citato come consulente, l'intento dichiarato di raccontare «vocazioni religiose e sociali che diano un senso alla vita». Primo servizio: otto pagine dedicate al seminario della diocesi di Milano. Poi una serie di associazioni: Ceas (Centro Ambrosiano di Solidarietà), Abio (Associazione per il Bambino in Ospedale), Celim (organizzazione non governativa), Casa Gerico eccetera.

Ma che bella iniziativa. Oh perbacco, finalmente qualcuno che parla del bene, non come quei signori del telegiornale che danno sempre cattive notizie. Bravo Pizzardi. Ci voleva. Anche se, per la verità, ci piacerebbe che ci spiegasse come mai ogni associazione citata nella sua rivista appena la rivista usciva riceveva la telefonata dell'ufficio vendite, e di conseguenza pure un bel pacchetto di copie da acquistare. Ceas: 25 copie. Abio: 50 copie. Celim: 10 copie. Casa Gerico: 10 copie. «Ma come? Abbiamo parlato di voi e voi non comprate?» Praticamente un obbligo. Solo la trovata di un'impiegata troppo intraprendente? O una semina nella filosofia del seminatore? «Un equivoco» risponde il Pizzardi alla rivista «Terre di mezzo» che lo va a cercare. Un equivoco? Davvero? Ed è un equivoco anche il fatto che sulla copertina di «Vivi, vocazioni e volontariato» appaia la scritta «Il 10 per cento all'Opera di San Francesco»? Ed è un equivoco anche che all'Opera di San Francesco dicano: «Ah sì? Noi, ne sapevamo nulla»?

Ma quanti equivoci in nome della bontà.

La carità? È ridotta a uno straccio

«Per te è solo un abito da buttare. Per lui è una fortuna.» Chi non si commuove all'idea di liberare in un colpo solo l'armadio e la coscienza? Sbatti via un po' di giacche smesse, quelle scarpe che si stanno sfasciando in punta, i pantaloni beige che li avrò indossati sì e no un paio di volte ma mi vanno stretti in vita, quel maglioncino a rombi che proprio non è più di moda e magari, che ne dici caro?, ci metto anche la polo che ti ha regalato la zia Rosalinda, quella (si sa) ha dei gusti davvero terribili. Non c'è neanche bisogno di andare alla discarica. Servizio a domicilio. E appena hai richiuso la porta, puoi tirare un sospiro da giovane marmotta: «Anche oggi ho fatto la mia buona azione».

La raccolta di abiti usati è uno dei business più fiorenti delle nostre ricche città. Ancora una volta: tutto lecito, tutto regolare. Tutto sgradevole. Tutto giocato sulla superficie scivolosa degli specchietti per le allodole, sfruttando l'immagine di chi non ha nulla e utilizzando i rimorsi di chi sa di avere troppo, frullando il tutto e riducendolo a una partita contabile, dare e avere puramente commerciale. Profumo di santità spruzzato come deodorante per coprire l'odore dei soldi.

Chi pensa che uno, uno soltanto dei suoi maglioncini smessi possa finire sulle spalle di un profugo infreddolito è, naturalmente, un illuso. O meglio: ci può anche finire, ma a patto che il profugo infreddolito abbia la possibilità di andare al mercato e comprarsi il medesimo maglioncino a prezzo da strozzino. A recuperare il materiale che esce dalle nostre cantine sono infatti delle aziende commerciali. Professionisti del camioncino, piazzisti della raccolta. Girano, ammucchiano e poi dividono. In genere ogni carico prende tre strade diverse: gli abiti nelle migliori condizioni sono ceduti a grossisti che poi li rivendono sul mercato dell'usato (nei paesi del Terzo mondo, certo, a prezzi concorrenziali con le imprese locali, ma anche a Londra e a Parigi); gli stracci di cotone finiscono spesso nelle autofficine, che li pagano a peso d'oro; il resto va a Prato, dove esistono ben 171 aziende dedicate al business del riciclaggio.

Tutto bene, tutto perfetto. Ma il volontariato che c'entra? Che cosa sono quelle sigle che compaiono sopra le nostre porte? Perché ricoprire di solidarietà il quotidiano gesto del pattume da buttare? Perché trasformare questi moderni rigattieri in angeli della bontà? E perché eleggere a esempio di generosità chi si fa soltanto il corredo nuovo al cambio di stagione? Non è, in fondo, una truffa anche questa?

«Se crede che andando a mio nome qualcuno mi dia due sacchetti di roba si sbaglia» dice uno dei raccoglitori. Ecco spiegato: «beneficenza» è la parola magica, l'apriti sesamo, la chiave che spalanca le porte (e gli armadi, e le cantine), la sirena che richiama il grande pubblico, come la cubista scosciata nelle discoteche alla moda. Tutto qui. Per questo il raccoglitore commerciale si presenta a nome di un'associazione benefica dopo aver pagato alla medesima associazione una certa cifra a mo' di royalty: è il supermercato della solidarietà usata, il borsino del tetraplegico, una sottospecie di suk dove si tratta il prezzo delle sigle di handicappati e malati di tumore. Quelle più prestigiose, come l'Anpv (Associazione Nazionale Privi della Vista) valgono 10-15 mila euro l'anno: tu sborsi, ti assicuri il marchio per ogni tipo di raccolta, fai il pieno di stracci e, di conseguenza, di soldi. L'Anpv non ti basta? I privi della vista sono già stati venduti? Non ti preoccupare: c'è una sigla per tutti i gusti, dalla sanità all'ecologia, profughi e tubercolotici, sordi, ciechi, poliomielitici italiani, europei o del Terzo mondo. Puoi scegliere l'acronimo che più ti si confà.

La rivista «Terre di mezzo» ha censito ben trentun diverse associazioni che si mettono a disposizione dei raccoglitori. Ci sono: l'Anprha, Associazione Promotrice (*sic!*) di Ragazzi Handicappati; l'Euro-invalidi; l'Onu, che forse non casualmente qualcuno potrebbe confondere con l'Organizzazione delle Nazioni Unite ma che in realtà è una più sconosciuta Organizzazione Nazionale Umanitaria; l'Unione Profughi Invalidi Mutilati Civili; l'associazione

Noi e il Cancro; la Cooperativa Primavera; Uspa (Un Sorriso per l'Ambiente); la Croce Italia di Bari che però raccoglie i vestiti a Milano e l'Organizzazione Somalo-etiopica di Soccorso e Riabilitazione.

A Torino le vie sono spesso tappezzate dai volantini dei Lebbrosi di Marituba nei quali si fa riferimento a una parrocchia il cui parroco dice di aver diffidato i responsabili dell'associazione da almeno dieci anni. Sempre nel Nord Italia «raccoglie» la Fondazione Vincenzo Cardinale per gli handicappati della Guinea Conakry: ora, a parte la bizzarria di occuparsi degli handicappati della Guinea Conakry quando non siamo in grado di mettere a norma le fermate della metropolitana di Milano, non si può fare a meno di notare che il numero di telefono scritto sull'avviso è in disuso e l'indirizzo inesistente. Poi c'è l'Antmic, l'Associazione Nazionale Tubercolotici Mutilati Invalidi Civili che opera a Milano ma ha sede a Napoli (nella casa privata del suo presidente). E l'Operazione Papua Nuova Guinea Fondazione Ing. Strohmenger. Quest'ultima risale al 1973: allora venne fondata con le migliori intenzioni dall'ingegner Strohmenger che voleva aiutare le missioni dei frati cappuccini. «Un pezzamificio» ha raccontato egli stesso a «Terre di mezzo» «mi ha proposto di raccogliere vestiti a mio nome, promettendomi una lira ogni 25 chili. Il contratto è durato poco, le raccolte non autorizzate invece continuano da trent'anni.»

Che problema c'è? Ti serve una sigla per fare affari migliori? Basta che apri l'elenco e puoi scegliere quella che preferisci: Ntp, Mc (Mutilati Civili), Aricep (Invalidi Civili e Poliomielitici), Asdn, Crmfu, Unic, Aph (Progetto Handicappati). Che cosa commuove di più? Il catalogo è ampio. Per chi ama l'hard, si offre il cancro. Per i nostalgici, la tubercolosi. Per gli esotici, il morbo di Hansen. Siete alternativi? Nessun problema: abbiamo la Raccolta Ecologica. Siete credenti? Pronta all'uso, l'Unione Mondiale Giovani Cattolici. Va di moda il pensionato? Le proponiamo l'Anisea (Associazione Nazionale Invalidi Senili e Anziani). Va tutto bene. Però qualcuno deve spiegarmi chi è che si commuove, chi è che si lascia convincere, chi è che corre a riempire sacchetti davanti a questa sigla, che al confronto anche i «promotori dell'handicap» sembrano più credibili, la Guinea Conakry è accettabile, l'Operazione ing. Strohmenger per la Papuasia un bijou. Qualcuno mi deve spiegare chi si fa in quattro per aiutare un'associazione che si presenta come Aici: Associazione Italiana Combattenti Interalleati. Che fa? Fornisce vitto e alloggio ai resti della Quinta Armata? Aiuta il soldato Smith a passare la linea gotica? Organizza uno stage per spiegare al sergente Jones che lo sbarco di Anzio ormai fa parte dei libri di storia?

Quando si cade nella rete

Nuove tecniche, vecchi trucchi: che cosa c'è di meglio di Internet per ingannare il cuore tenero del mondo? In un giorno imprecisato da un luogo imprecisato viene lanciato un messaggio in bottiglia dentro l'oceano cibernetico. Kaycee Nicole Swenson invoca aiuto e conforto: «Sto lottando contro la leucemia, sono allo stadio terminale». La foto è bella: bionda, capelli lunghi, sorriso triste. Il suo caso commuove. Cominciano ad arrivare risposte, e-mail, parole di solidarietà, attestati di amicizia. Si mobilitano le associazioni, le istituzioni, gli intellettuali e soprattutto tanta gente comune. Kaycee dialoga con tutti. Pur nella disperazione, riesce sempre a trovare una battuta, una parola scherzosa, un moto giovanile. Racconta che ha bisogno di denaro per affrontare il «viaggio della speranza» e il conto corrente dell'apposita fondazione, nata per l'occasione, viene inondato. Scende in campo persino il «New York Times» che in prima pagina narra questa storia drammatica e insieme meravigliosa, che unisce amore e dolore, la sofferenza e la solidarietà, il mondo che produce il male e il mondo che si riscatta con il bene. Tra i giovanissimi il caso di Kaycee spopola. Qualcuno si innamora di lei. E piange quando nel maggio 2001 sul sito di Kaycee

Nicole Swenson compare un fiore, una rosa rossa, e uno straziante messaggio che ne annuncia la morte.

Ma in realtà Kaycee non è morta. Per la verità, «quella» Kaycee non è mai esistita. È un'invenzione del computer, una figura virtuale, uno splendido castello di microchip creato per imprigionare sentimenti reali. Dietro quel computer c'è sì una Swenson, ma è una signora piuttosto *agée*, e soprattutto dotata di una salute di ferro. Niente malattia, niente leucemia, niente operazione né viaggio della speranza. Nel sangue della signora c'è un unico valore sballato: quello del cinismo. «Ho realizzato tutto questo per vedere la risposta emotiva della gente a richieste di aiuto in Internet» ha spiegato sul suo sito. E i soldi girati alla fondazione? Sono un test pure quelli? Una prova?

Anche le strade del web possono nascondere inganni come le strade delle nostre città. Appelli a donare midollo osseo. Appelli a donare sangue. Appelli a trovare denaro. Quante e-mail del genere ci scaricano ogni giorno addosso i nostri computer? Gira e fai girare, più ne mandi e più sei buono. Se non puoi fare niente, se non c'è un fondo cui far affluire denaro, perlomeno inonda amici e parenti che hanno la sventura di stare nella tua mailing list. E pazienza se i casi descritti non esistono. Come non è mai esistito Brian, il bambino di Buenos Aires «che ha una malformazione congenita al cuore e necessita di un trapianto», che pure ha occupato le nostre caselle postali elettroniche per anni e ogni tanto per via di qualche ciber-ritardatario ancora le occupa. Pazienza. «I messaggi nelle bottiglie virtuali si moltiplicano incontrollati. E non si possono praticamente fermare» scrive Giancarlo Mola su Repubblica.it. Ma anche il suo, in fondo, è solo un avviso che si perde nel mare della rete.

Per favore, non fate l'elemosina

Imparare a chiedere l'elemosina non è mica difficile. E poi, se il talento naturale non basta, si può sempre imparare. A Berlino, qualche tempo fa, un gruppo di senzatetto aveva organizzato un «Corso professionale per barboni di domani», come diventare mendicanti efficienti in tre lezioni. «Vestito così non raccatterai mai niente» spiega l'insegnante a Emanuele Novazio della «Stampa». E poi *docet*. Prima lezione: «Meglio una camicia con pochi bottoni, no ai jeans sì ai pantaloni di feltro, scarponi invece delle scarpe da ginnastica e sempre senza lacci». Seconda lezione: i posti. «Attenti ai grandi magazzini, soprattutto d'estate, la stazione del metrò è meno vistosa. I carrelli del supermarket? Con un po' di fortuna funziona una volta su mille.» Terza lezione: la fuga. «Se ti dicono di andar via, al primo invito fai finta di nulla, al secondo sparisci perché al terzo ti mettono le mani addosso.» Costo del programma: 180 marchi. Possibilità di guadagno: illimitate. *Pecunia*, a differenza dei barboni, *non olet*.

Il numero dei mendicanti, da qualche tempo, si moltiplica. E gli appelli a non mendicare pure. «Non fate l'elemosina, non è cristiana» dice il direttore Elvio Damoli, della Caritas italiana (Bologna, 1996). «Non fate l'elemosina, non è di sinistra» dice il progressista Tony Blair (Londra, 1997). «Ben detto» concorda don Luigi Ciotti, patron dei diseredati. «È miope l'offerta ai ciechi fuori dai supermercati» si lamentano all'Unione Ciechi (Torino, 1994). E, nel luglio 2002, la questura di Rimini dà alcuni consigli ai cittadini per evitare di incoraggiare lo sfruttamento di minori che fanno accattonaggio nelle strade: «Tenete in tasca il vostro portafoglio». E per dissuadere i più generosi citano l'esempio di tre piccoli marocchini fermati cinquanta volte in pochi mesi: «Tutte le volte scappano dall'istituto e tornano a chiedere la carità». Se gli date ancora soldi – è il messaggio – li rovinate.

«Non bisogna dare l'elemosina agli accattoni, specialmente ai bambini che vengono sfruttati per questo» dichiara nell'ottobre del 2002 don Guerino Di Tora, direttore della Caritas romana. «Non bisogna farsi vincere dall'emotività. L'elemosina spesso serve soltanto a tacitare la nostra coscienza.» Il quotidiano «Il Messaggero» svela l'esistenza di vere e proprie «carovane della disperazione», trasferte organizzate dalla Romania al Lazio per pendolari della questua. Il viaggio costa 100 euro, ma con i bambini si arriva a guadagnare 150 euro in poche ore. Le foto di Francesco Toiati svelano una donna che zoppica vistosamente mentre chiede la carità e poi, appena finito il «lavoro», cammina spedita verso il campo nomadi. «I falsi storpi sono in strada dal lunedì al venerdì» scrive Maurizio Salticchioli. Poi scatta la settimana corta: «Al sabato ai semafori ci sono solo le donne». L'unica cosa certa è che di spontaneo in quel gesto di tendere la mano c'è ben poco: «Roma è stata divisa come una torta. Le bande si sono spartite anche gli incroci senza semaforo. L'organizzazione ha assunto dimensioni imprenditoriali: che a nessun povero vero venga in mente di fare qualche straordinario al semaforo vicino a casa. Si rischia di finire storpi davvero».

Nell'agosto del 2000 l'arcivescovo di Torino avverte con tanto di lettera scritta: troppe mani fuori dal tempio per l'ostensione della Sindone, «i pellegrini sono invitati a rifiutare l'offerta di materiale propagandistico e a non aderire alle richieste di qualsivoglia elemosina». Del resto la diocesi piemontese non è nuova a iniziative di questo genere: nel 1992 aveva fatto affiggere alla porta di tutte le chiese un cartello rivolto ai mendicanti: «Caro fratello che vendi ed elemosini, è mio dovere informarti che a partire da domenica prossima invitiamo tutti i cristiani a non dare più soldi o comprare merce all'entrata e all'uscita dalle messe». In trenta pagine di un apposito librettino *Olio e vino*, elaborato con l'aiuto di economisti celebri e persino sondaggisti, si spiega che «la beneficenza di centinaia di migliaia di torinesi spesso alimenta affittacamere e persone senza scrupoli, e, seppure indirettamente, favorisce l'illegalità e l'emarginazione sociale».

Un invito all'egoismo? Naturalmente no. La Caritas e le parrocchie sul medesimo librettino suggeriscono di «salvaguardare una corretta immagine di carità cristiana e promuovere segni di prossimità e di condivisione più adeguati». I «segni di prossimità e di condivisione più adeguati» sono naturalmente quelli che passano per i centri gestiti dalla medesima Caritas, come da apposito, condiviso e adeguato elenco. E qui viene un dubbio: dalla padella alla brace?

III

Che (brutto) spettacolo

Quando la truffa sale sul palcoscenico

Settembre 2001: attentato alle Torri gemelle. L'America si commuove. Le star di Hollywood organizzano il «Tributo agli eroi», il nuovo Live Aid, grandioso spettacolo che viene trasmesso in diretta da trenta stazioni via cavo: ci sono Robert De Niro, Tom Cruise, Bruce Springsteen, George Clooney con Jack Nicholson, Brad Pitt, Sylvester Stallone, Cindy Crawford, Danny De Vito, Julia Roberts e tanti altri. In poche ore vengono raccolti oltre 30 milioni di dollari. Incasso devoluto in beneficenza.

Pochi giorni dopo, Diana Ross e Liza Minnelli cantano *God Bless America* e *New York, New York* in uno stadio da baseball: incasso devoluto in beneficenza. Britney Spears e Jennifer Lopez incidono un disco: incasso devoluto in beneficenza. Sul palco del Madison Square Garden il 20 ottobre si ritrovano insieme Mick Jagger, Paul McCartney e Bono Vox, altro megaconcerto, incasso (naturalmente) devoluto in beneficenza: 35 milioni di dollari per il fondo Robin Hood.

È una mobilitazione senza precedenti. Concerti, serate, show, Telethon e maratone televisive. Non c'è artista che si sottragga, sotto la bandiera a stelle e strisce. Le note dell'inno, le lacrime agli occhi, una mano sul cuore e l'altra sul portafoglio. Nel giro di un amen i centri di raccolta vengono fuori come i porcini sotto i castagni nel mese di settembre: ci sono quelli più strutturati come il Liberty Fund della Croce Rossa o l'11 September Fund. Ma ci sono anche quelli assai particolari come il Fund of World

Trade Center Greenmarket Farmers per aiutare gli agricoltori che hanno avuto grosse perdite in seguito agli attentati (ma che perdite avranno avuto gli agricoltori a Manhattan?). E persino il fondo dell'ente protezione animali che raccoglie denari per i cani delle Twin Towers rimasti senza padrone: in poche settimane alle sue casse affluiscono un milione e 300 mila dollari, oltre due miliardi e mezzo di vecchie lire.

Con i soldi per l'11 settembre pagano gli studi sul paesaggio

La generosità è straordinaria. I guai, però, cominciano ben presto. Il primo a finire sotto accusa è proprio uno dei fondi che sembravano più seri, quello della Croce Rossa. A fine ottobre del 2001, non sono ancora passati due mesi dalla tragedia, il ministro della Giustizia dello Stato di New York, Elliot Spitzer, punta il dito: «La Red Cross ha raccolto fondi per centinaia di milioni di dollari che il pubblico intendeva offrire alle vittime dell'11 settembre e ora vedo che questi fondi sono stati sequestrati per i progetti a lungo termine dell'organizzazione». La presidentessa, Bernardine Healy, viene chiamata davanti al Parlamento e candidamente ammette di avere intenzione di destinare il denaro, almeno per due terzi, non alle persone colpite dagli attacchi terroristici, bensì ad altri fini. «Ma erano stati versati per l'11 settembre...» obiettano i deputati. E lei: «Dobbiamo poter aiutare le vittime di domani». La risposta irrita tutti. Bernardine Healy è costretta a dimettersi.

Poche settimane dopo, è il dicembre del 2001, «Newsweek» pubblica un'inchiesta dal titolo *Sangue e soldi*. Sottotitolo: *Dove sono finiti i denari raccolti per l'11 settembre?* Risposta: la maggior parte, purtroppo, ristagna sui conti correnti delle associazioni. Negli stessi giorni il «Chronicle of Philanthropy», un giornale di Washington dedicato al volontariato, attacca: a distanza di quasi cento giorni dall'attentato ben cinque fondi creati per le vittime non hanno ancora distribuito un cent. Finisce sotto accusa persino l'ente creato e vigilato dal celebratissimo sindaco Rudolph Giuliani: 113 milioni di dollari raccolti, 66 milioni (ben oltre la metà) mai arrivati a destinazione.

Lasciare inutilizzato per molto tempo il denaro che dovrebbe servire per l'emergenza fa nascere parecchi dubbi. Ma ancor più dubbi nascono vedendo come è stato speso quello che non è rimasto inutilizzato. Per esempio: è giusto che uno offra soldi per i figli dei pompieri eroi e poi si trovi a finanziare i commercianti dell'aeroporto di New York? Per la verità è successo anche di peggio: il Neediest Fund ha versato circa 25 mila dollari al Jewish Museum di New York per alcune conferenze sul mondo islamico e la tolleranza. E l'11 September Fund, che insieme alla Croce Rossa ha raccolto circa la metà dei 2,3 miliardi di dollari donati in totale, non ha esitato a spendere i soldi destinati alle vittime per ricerche dal titolo «Effetti degli attacchi sulle condizioni di salute della donna incinta» (500 mila dollari) o «Come orientarsi nel nuovo paesaggio di Manhattan» (37 mila dollari).

Nel settembre del 2002, a un anno di distanza dalla tragedia, si possono tirare le prime somme del charity fallimento dell'11 settembre. In tutto sono stati raccolti 2,3 miliardi di dollari, circa 2 miliardi e mezzo di euro, cioè 5 mila miliardi delle vecchie lire. Secondo un'inchiesta del «Washington Post» ai familiari delle vittime sono finiti 650 milioni di dollari, cioè neppure il 29 per cento del totale. Un altro 24 per cento (561 milioni di dollari) è stato utilizzato per scopi «diversi», compresi gli studi sulla donna incinta e sul nuovo paesaggio di Manhattan. Il resto, nell'ipotesi migliore, giace inutilizzato. «È stato il più grande esercizio di carità pubblica della storia» sostiene Joshua Gotbaum, capo dell'11 September Fund. Dimentica di aggiungere che l'esercizio non è venuto molto bene.

«Il 42 per cento dei cittadini è deluso del modo in cui sono stati utilizzati i soldi e ha perso fiducia nelle nostre organizzazioni» commenta Stacy Palmer, direttore del

«Chronicle of Philanthropy». E un professore di sociologia della George Washington University, Amitai Etzioni, spiega: «Dopo gli attentati c'è stato un gran desiderio della gente di fare del bene e di diventare meno egoista e materialista. Ma quell'impulso è stato sprecato. Risultato? Il 95 per cento dei buoni sentimenti generati dall'11 settembre è scivolato via come l'onda sulla sabbia». Una ricerca rivela che persino le donazioni di sangue sono diminuite: il 20 per cento di chi offrì il plasma dopo l'11 settembre, a dodici mesi di distanza non ha ripetuto il gesto. Si capisce: non si fida più.

Centodue raccolte per i terremotati del Molise

31 ottobre 2002: un violento terremoto colpisce il Molise. Gli italiani rimangono impressionati, soprattutto dalla vicenda della scuola di San Giuliano di Puglia: crolla il soffitto delle aule, decine di bambini vengono schiacciati, i vigili del fuoco lavorano un'intera notte per salvarli, molti escono vivi tra lacrime e applausi in diretta tv. Ventisei non ce la fanno. Le loro piccole bare bianche allineate dentro il palazzetto dello sport di un paese ormai fantasma commuovono tutti. Parte la raccolta di fondi, anzi per la verità ne partono in contemporanea non una, non due, non dieci e nemmeno venti, ma ben 102. C'è il conto corrente Rai-Caritas, l'immancabile joint venture Tg5-«Corriere della Sera», l'altrettanto immancabile partita degli azzurri. Ci sono le varie iniziative locali e quelle nazionali, «Un euro per ogni alunno» e via contando. Ce n'è, insomma, per tutti i gusti. E la risposta è come al solito generosa: in soli cinque giorni vengono raccolti 50 milioni di euro, dopo dieci giorni sono già 300 milioni (600 miliardi delle vecchie lire). In pratica 30 mila euro, circa 60 milioni di lire per ognuno degli sfollati.

«Ma chi gestirà questi soldi?» si chiede subito un po' perplesso il settimanale «Vita». E «la Repubblica» del 9 novembre parla già esplicitamente, a tutta pagina, di «caso aiuti»: «Un fiume di denaro nei conti correnti per le vittime del sisma, ma la mancanza di un'unica regia rischia di vanificare il tutto». «Quei fondi? Rischiamo di non vederli mai» denuncia il vicesindaco di San Giuliano, Massimo Di Cera. E anche il parroco di Larino avanza dubbi sulla possibilità di sfruttare a dovere la generosità degli italiani.

La diffidenza, d'altra parte, è in qualche modo giustificata. Proprio nei giorni in cui affluiscono le offerte per i terremotati, e la Nazionale si appresta a giocare la sua partita di beneficenza, esce la notizia di un'altra raccolta per un altro disastro e con un'altra partita di beneficenza della Nazionale. Precedente poco incoraggiante, per la verità. «L'amichevole» scrive «Il Venerdì di Repubblica» «venne organizzata sulla scia dell'emozione per i 147 morti di Sarno, la devastante frana del 5 maggio 1998. Italia-Spagna, allenatore Zoff, stadio Arechi di Salerno, 17.810 spettatori paganti: finì 2-2 con doppietta di Pippo Inzaghi, gol di Pedro, rigore di Raul. E consentì di recuperare 430 milioni di vecchie lire, l'incasso.» E fin qui tutto bene. Epperò «da allora, 18 novembre '98, quei soldi non sono arrivati a nessuno dei sette comuni coinvolti dalla tragedia». Ma come? «L'emozione si è spenta alla tesoreria centrale della Regione Campania. La Federcalcio inviò il bonifico sul conto corrente 40/5 del Banco di Napoli e il 4 marzo '99 i 430 milioni sono stati regolarmente registrati. Ma da lì non si sono più mossi.» Proprio così: non si sono più mossi: problemi burocratici, «capitoli di spesa», coordinate bancarie. A quanto pare. E buona fortuna, Molise (che sei partito così male).

La partita per Linate? Una vergogna

Settembre 2002. Derby del cuore per le vittime di Linate. Per ricordare i 118 morti dello schianto nella nebbia dello scalo milanese scendono in campo Milan e Inter, e soprattutto tanti tifosi. A San Siro c'è tutto quel che ci vuole per la commozione: il minuto di silenzio, la sfilata dei familiari, le lacrime, il ragazzo che piange il padre («Mi dispiace non essere mai andato allo stadio con lui»), la moglie che piange il marito («Lui qui ci veniva sempre...»), dolore in flashback, il «ricordo che si trasforma in orgoglio», la coraggiosa compagna dell'unico superstite, abbracci sofferti per una ferita che si rinnova. L'angoscia di guardare indietro, la certezza concreta di poter guardare avanti con qualche soldo e una speranza in più.

A questo, tutti ne eravamo convinti, servirà l'incasso: 400 mila euro, 800 milioni delle vecchie lire. E invece il Comune di Milano la pensa diversamente: «Nel pieno rispetto delle vittime dell'8 ottobre» proclama l'assessore Aldo Brandirali «vogliamo devolvere la somma allo sviluppo degli sport minori». E aggiunge: «Le cose del mondo dello sport meritano rispetto e solidarietà». Eccome no: le cose del mondo dello sport meritano rispetto e solidarietà. Ma forse non ne meritano un po' anche i parenti delle vittime di Linate? «Se avessero saputo che la partita era a favore degli sport minori, molti dei partecipanti al derby sarebbero rimasti a casa» risponde un consigliere d'opposizione. Difficile dargli torto.

Ma il Comune di Milano riesce persino a far di meglio, anzi di peggio. Infatti dopo qualche giorno rivela: altro che sport minori, altro che palestre per i ragazzini, campi da calcio nei quartieri a rischio per strappare minori alla strada (iniziative pur sempre lodevoli anche se forse da realizzare non proprio con quei soldi lì). Niente di tutto questo: l'incasso della partita del cuore andrà ai grandi club. Avete capito bene: ai grandi club. Così i denari versati nelle casse di San Siro per le vittime di Linate vengono destinati, rispettivamente, alla società di basket che milita in serie A, ai professionisti dell'hockey, ai campioni della Asystel Pallavolo. «Vorremmo solo ricordare» nota «Studio Aperto» del 31 ottobre 2002, denunciando lo scandalo «che l'unico sopravvissuto di quella tragedia è ancora in ospedale, ha subìto più di dieci interventi, ha bisogno di cure. E siccome non è morto, non ha mai visto una lira da nessuno.»

Pavarotti non la canta giusta

La scuola viene inaugurata proprio da lui, il maestro in persona, Big Luciano, l'ugola più celebre del mondo, con il cuore in Italia e il portafoglio a Montecarlo. Nel 1997 vola a Mostar, portandosi dietro la valigia piena dei bigliettoni raccolti in uno dei suoi megaconcerti in diretta tv, quei «Pavarotti & Friends», come si chiamano, pieni di ospiti, lustrini e stecche perdonate in nome della carità. Pavarotti arriva in Bosnia, taglia il nastro e versa l'obolo: 7 milioni di dollari, circa 14 miliardi di vecchie lire, una bella somma per costruire un centro melodico che dovrebbe ospitare star internazionali e gruppi locali. E che, soprattutto, dovrebbe dare la possibilità ai bambini della ex Iugoslavia di sentire una musica diversa da quella di mitra e bombe. Bei propositi, quasi uno slogan, parole che suonano meglio di una *Bohème*. Perciò le offerte sono state tanto generose.

Quattro anni dopo, una delle migliori inviate della televisione italiana, Gabriella Simoni di «Studio Aperto», ripassa dal Music Centre di Mostar (proprio quello finanziato con i soldi del «Pavarotti & Friends», inaugurato nel '97 dal maestro in persona, Big Luciano, l'ugola che ha un'estensione inferiore soltanto al suo certificato di residenza), e che cosa scopre? Che è una cattedrale nel deserto. Di bambini nemmeno l'ombra. I giovani? Girano alla larga. La sala di registrazione superattrezzata non solo non ha mai ospitato le star internazionali ma nemmeno ha visto esibirsi (tanto per dire) un Califano bosniaco, un Pupo croato, un Michele Zarrillo dell'Erzegovina. L'unico concerto organizzato in un anno è stato quello di Brian Eno: duecento persone ad ascoltarlo, meno che gli ospiti di un banchetto di nozze. Non c'è dubbio: il Music Centre di Mostar, costato 14 miliardi di vecchie lire, pagato dai telespettatori italiani, battezzato in pompa magna e arredato di tante speranze, giace inutilizzato. E appena quattro anni dopo, la costruzione è già un alternarsi di strumenti sofisticati e aule vuote, tecnologie d'avanguardia, polvere e porte chiuse. In compenso due funzionari dell'ente benefico internazionale che avevano gestito l'operazione (l'inglese War Child Uk) finiscono sotto inchiesta: avrebbero preso tangenti dalle imprese edili bosniache che hanno costruito quell'inutile edificio. Musica, maestro: ma è la solita solfa (delle bustarelle).

La notizia diviene pubblica nel maggio del 2001. Pavarotti si appresta proprio in quelle ore a ospitare un'altra volta tutti i suoi Friends per l'ennesimo megaconcerto: sfilano sul palco o nel parterre Valeria Marini, Mike Bongiorno, Ornella Muti, Marco Tronchetti Provera con la sua Afef, Donatella Versace, Michele Placido, Guido Barilla, Gianfranco Ferré. Sfila pure il maestro Luciano, che si fa ritrarre con un gruppo di bambinetti pakistani arrivati in Italia per prestare la loro sofferenza alla buona riuscita della manifestazione. Qualcuno, malignamente, guarda le Nike che portano ai piedi e si chiede: i bambinetti arriveranno davvero dal povero Pakistan o da qualche ricca ambasciata? Non importa, la sfilata deve continuare. E, sfilata per sfilata, il pubblico ministero di Modena Manfredi Luongo coglie l'occasione per sfilare dal suo cassetto un dossier sulla società che organizza la gran kermesse, la Pavarotti International Horse Show: 54 pagine al vetriolo, accuse pesanti, evasione Iva e diritti Siae, compensi non registrati e altre irregolarità. Il cantante avrebbe persino fatto pesare sul bilancio della beneficenza un orologio Cartier da 14 milioni e un vestito Armani da 7 milioni comprati durante uno shopping a New York («Le spiego: dovevo andare a un galà»), l'acquisto di un calciobalilla e le spese per il trasporto di una palestra da camera nella sua megavilla di Pesaro.

«Se do tutto al fisco che cosa mi resta poi per i bambini poveri?» si difende cascando giù dall'Irpef la segretariafidanzata-tuttofare Nicoletta Mantovani. E di fronte alle ragionevoli obiezioni della guardia di finanza («Perché non comincia a dare ai poveri l'equivalente di una palestra da camera?») dà in escandescenze e insiste: «Proprio non riesco a capire i motivi per cui la beneficenza viene tassata». Già: quali sono i motivi? Mentre l'interrogativo circola vizioso, la Nicoletta mette le mani avanti: per due mesi scarsi di lavoro, come appare dai bilanci, si porta a casa la bellezza di 370 milioni di vecchie lire. Ecco dimostrato che i mega-eventi come «Pavarotti & Friends» servono davvero a qualcuno, oltre che (s'intende) a Cartier, Armani e al calcio balilla: servono, infatti, sicuramente a chi li organizza. «È tutto in regola» continua ad assicurare Pavarotti. E infatti: lo diceva anche qualche mese prima, quando il fisco lo accusava di aver evaso le tasse con una fittizia residenza a Montecarlo. «È tutto in regola» ha ripetuto per anni. Poi ha dovuto risarcire lo Stato con un assegno di 25 miliardi di lire. Una figuraccia. Ma almeno allora in ballo c'era solo la sua faccia. Non quella dei bambini pakistani, assai più preziosa.

Simona Ventura, Monica Bellucci e le partite senza cuore

A guardare l'elenco delle ospiti sembra di leggere l'indice di «Novella 2000». Le prezzemoline ci sono tutte: da Alba Parietti a Maria Teresa Ruta, da Paola Barale a Sabrina Salerno passando per Rosalinda Celentano, Carmen Russo, Stefania Sandrelli, senza dimenticare una Simona Ventura non ancora baciata dalla grande popolarità e una Monica Bellucci ai tempi in cui posava nuda per i calendari e non s'atteggiava a surrogato di Sophia Loren. Anni Novanta, vari luoghi d'Italia: le starlette in cerca di gloria scendono in campo con la maglietta della Nazionale Attrici. Partite di beneficenza, naturalmente, incasso devoluto alla causa umana che in quel momento è in cima alla hit-parade delle cause umane, dalla Bosnia agli handicappati di casa nostra. Sembra perfetto. Ma non è così.

Maggio 1996. Il sindaco Mariano Turigliatto di un paese dell'hinterland torinese, Grugliasco, fa i conti e si accorge, per l'appunto, che i conti non tornano: «Per quella partita di beneficenza» rimugina «abbiamo venduto un sacco di biglietti. Come mai abbiamo incassato solo 16 milioni?» Gli organizzatori provano a metterlo a tacere inviandogli due carrozzelle per handicappati: «Volevi fare del bene? Eccoti servito». Ma quello, che è un tipo tosto, non apprezza: «Forse mi vogliono prendere in giro». In effetti, così pare.

Si muove la polizia, parte l'indagine e si scopre che dietro le partite del cuore c'è un'associazione ben strutturata, la Team. Il responsabile, Primo Camerini detto Franco, è un laziale dal certificato penale non proprio immacolato: la polizia elenca precedenti per appropriazione indebita, falso e lesioni personali. L'ultima sua trovata è semplicissima: chiama le star con la scusa della solidarietà, vende biglietti a più non posso, e poi sparisce nel nulla. E la solidarietà? A chi gli chiede conto delle promesse non mantenute, lui risponde scuotendo la testa: «Che ci volete fare? La beneficenza non tira più, abbiamo a malapena ripagato le spese».

Il primo scandalo di cui si trova traccia in archivio risale all'aprile del 1990, stadio Robbiano di Vercelli, partita del cuore per Anffas e Unicef: le due associazioni non incassano nulla, la Team di Camerini si mette in tasca 24 milioni di lire. *Nazionale Attrici, che figura*, titola «La Stampa». Sei anni dopo, la figura finisce in tribunale: quattro arresti, decine di interrogatori, udienze su udienze, qualche patteggiamento. Davanti al giudice sfilano tutte le starlette strappate a «Novella 2000». «Capii subito che si trattava di una mezza truffa» s'arrabbia la Parietti. «Mi sembrava una cosa seria. Non sospettavo nulla. E non mi sono mai chiesta dove andavano a finire i soldi» si schermisce Simona Ventura. «Ultimamente ho capito che qualcosa non andava» replica Eleonora Vallone. «Credevo di fare un gesto nobile» si difende l'ex miss Italia Nadia Bengala. «Denuncerò quelli che hanno tradito la mia fiducia» attacca Dalila Di Lazzaro.

Tutte candide come colombe, s'intende. Truffate, gabbate, generose e sfruttate. Madriterese dalle labbra siliconate, pronte a regalare tempo per gli altri, a sacrificarsi, a sgambettare in mutande per aiutare handicappati e profughi dei Balcani, missionarie della bontà, modelli di virtù in versione «Vanity Fair», esempio per i giovani, appena un po' patinate dame della carità. Roba da commuoversi. Non si commuove, però, il medesimo Camerini che, vista la mala parata, si presenta in tribunale con un bel fascicolo pieno di carte: «Guardate. È dimostrato che a guadagnare con la beneficenza non ero io, ma piuttosto queste signore» accusa. Ed elenca prezzo per prezzo l'intero tariffario delle star, cioè le cifre richieste in nome della solidarietà: un milione e mezzo a Dalila di Lazzaro, due milioni a Eleonora Vallone, poco più di tre milioni a Nadia Bengala e Simona Ventura eccetera. Altro che «gesto nobile», madriterese e «generosità»: le signorine, prima di stupirsi per tanto scandaloso inganno, avevano pensato bene di mettere a posto la loro coscienza con una bella parcella. La partita di beneficenza va bene, si capisce, ma la partita Iva vale di più.

«La partecipazione è motivato di divertimento»

Di fronte all'ingenuità delle labbra siliconate, viene quasi da rivalutare l'opera di Primo Camerini detto Franco. Il quale, dal canto suo, insiste. Vive, organizza e ancora lotta per il bene insieme a noi. Basta digitare il suo nome e su Internet compare il sito di Team Associazione Nazionale Italiana Calcio Cantanti e Attrici. Sede: piazza Unità d'Italia 18, Rieti. Staff: presidente, il suo nome, con tanto di cellulare al seguito: 348783... (Caso mai qualcuno avesse bisogno di una partita di beneficenza pronta consegna...) In alto c'è la foto di dodici ragazze, volti sconosciuti, maglia bianca e rosa, calzettoni blu, classica immagine («in piedi da sinistra, accosciati da destra...») da album Panini. Lui, Primo detto Franco, dev'essere quello a destra: tarchiato, grassottello, sciarpa pencolante.

Il sito, sfidando la sorte e anche un po' la lingua italiana, prosegue così:

> Il Team Associazione Nazionale Calcio Attrici e Cantanti è stato costituito nel 1988 e già può vantare un notevole successo ... Ha incontrato immediatamente il favore del pubblico ... La squadra composta da elementi con interessi diversi, quando si riunisce in campo, riesce quell'unità d'intenti [*sic*] che si concretizza nel devolvere il ricavato delle proprie prestazioni in opere sociali ... Le giocatrici compatibilmente ai loro ipegni [*sic*] professionali, variano da partita, anche se tutte vorrebbero essere presenti in ogni circostanza, in quando la partecipazione all'avvenimento sportivo è motivato [*sic*] di divertimento e rappresenta l'occasione per incontrarsi in una realtà diversa ... Nelle sue esibizioni il Team ha riscosso molti consensi, a dimostrazione della validità dell'iniziativa che non ha precedenti in campo femminile. Il successo va principalmente attribuito alla serietà ed al senso di responsabilità delle protagoniste, che si sono date una regola ben precisa: divertire e divertirsi per aiutare il prossimo.

Per informazioni, citofonare al Comune di Grugliasco o ad Alba Parietti.

Abbiamo provato a telefonare a Camerini. Ci ha risposto in modo piuttosto confuso. Le partite? «Sì, le organizzo ancora», ma poi non è stato in grado di dire quando, come, perché e soprattutto con chi. «L'ultima? Dev'essere stata al Nord.» E la prossima? «Forse a Battipaglia.» Il Team si chiama ancora Nazionale Italiana Calcio Cantanti e Attrici, ma la novità è che non è composta né da cantanti né da attrici: «Non posso permettermelo: ho contattato Manuela Arcuri, Francesca Rettondini e le sorelle Boccoli, ma mi chiedono cachet troppo alti». E allora? «Ingaggio ragazze qualunque, 500 euro a partita.» Ma se sono ragazze qualunque chi viene allo stadio a vederle? «In effetti viene meno gente.» Però giura di devolvere somme in beneficenza «da un minimo di 20 milioni a un massimo di 100». Farfuglia che «nell'ultimo Telethon il mio Team ha portato un sacco di soldi». Quanto? Non si sa. Ma lei ci guadagna con questa attività? «L'incasso del botteghino non lo tocco.» Sarà. «Serve per coprire le spese.» Sarà. «Però prendo una percentuale dagli sponsor.» Ecco, che meraviglia: gli sponsor. Consigli per gli acquisti (e anche un po' per la solidarietà).

Una luce per Betlemme, che pure è già illuminata

16 novembre 2001. Sul palco del «Maurizio Costanzo Show» compare il rappresentante diplomatico dell'autorità nazionale palestinese a Roma, Nemer Hammad. Descrive Betlemme in una situazione terribile, a quaranta giorni dal Natale: non c'è acqua, non c'è luce. Per colpa di quei cattivi israeliani non si può bere e nemmeno accendere una lampadina. Uno scenario da sgomento. E infatti Costanzo salta sullo sgabello e arriccia il baffo: ma come? Tutto il mondo sta preparando le luminarie per il Natale, vetrine sovraesposte, strade agghindate e fosforescenti, alberi e alberelli in ogni dove. E proprio lì, nel luogo della Natività, nemmeno una candela? Non sia mai: comincia la campagna «Una luce per Betlemme».

Encomiabile. Non fosse che a Betlemme di luci ce ne sono, eccome. E luminarie, e acqua potabile. Pochi giorni dopo sul palco del «Maurizio Costanzo Show» arriva un video girato per le strade che circondano la basilica della Natività: ci sono bambini che giocano, negozi che sembrano rubati a Broadway, case sfavillanti, alberi con tanto di addobbi a intermittenza. I problemi, naturalmente, restano, ma sono un po' diversi da quelli raccontati da Nemer Hammad. Costanzo prende atto e annuncia che la campagna di solidarietà «Una luce per Betlemme» è sospesa per carenza di materia con cui solidarizzare. «Gli italiani avevano già cominciato a versare generosamente» dice il giornalista. «I soldi verranno loro restituiti, uno per uno.» Ancora più encomiabile. Ma resta un dubbio: quanti si sarebbero comportati nello stesso e così corretto modo? E, d'altra parte, quante campagne di solidarietà partono fidandosi sulla parola di un Nemer Hammad qualsiasi? E quante finiscono senza che se ne sappia mai nulla? Per parlarne ci vorrebbe un'intera puntata del «Maurizio Costanzo Show».

Aiutate Telethon, ci guadagna Guardì

Usare il palcoscenico (qualsiasi palcoscenico) per cercare di fare il bene, del resto, non è sempre un fallimento. E soprattutto non è una novità. Negli Stati Uniti Telethon nasce nel 1966, a cura di Jerry Lewis, che organizza la prima maratona televisiva con lo scopo di raccogliere fondi e finanziare la lotta alla distrofia muscolare. Nel 1987 l'esperienza viene ripetuta in Francia. Nello stesso anno in Italia esordisce la già citata «Missione Bontà»: Dash e Celentano insieme per costruire una scuola a Kiongwani in Kenya, sotto la regia oculata della Procter&Gamble e con l'immensa cassa di risonanza garantita da «Fantastico», lo show del sabato sera. Raccolto: 3 miliardi di lire. Nel 1992 l'esperienza si ripete con «Mille lire per un aiuto», assistenza all'Etiopia: sempre Dash, sempre la Procter&Gamble, Pippo Baudo al posto di Celentano, anziché «Fantastico», «Domenica In»: raccolti 3 miliardi e mezzo di lire. Nel frattempo, però, sbarca in Italia la più grande delle maratone televisive, made in Jerry Lewis: il primo bando di concorso di Telethon viene pubblicato nel febbraio 1991. Lo scopo: finanziare la ricerca contro le malattie genetiche. Da allora Telethon in Italia è regolarmente proseguito e si è affermato: in dieci anni sono stati raccolti 192 milioni di euro (quasi 400 miliardi delle vecchie lire), circa 1000 i ricercatori sostenuti, 243 borse di studio assegnate, 30 banche di tessuti avviate, con 620 progetti su malattie neuromuscolari, 513 progetti su altre malattie genetiche, 124 progetti di terapia genica e modelli sperimentali finanziati. «Basterebbero le cifre» spiegano gli organizzatori «per dimostrare a chi ha donato soldi alla nostra causa la riuscita del suo investimento. Ma il Comitato Telethon Fondazione Onlus, nel ringraziare milioni di italiani che gli hanno dato fiducia, chiede loro uno sforzo aggiuntivo: quello di informarsi sul modo in cui il loro denaro è stato speso.»

In effetti quella di Telethon è una delle poche organizzazioni di beneficenza trasparenti: per ogni 100 lire che vengono donate, quasi 80 finiscono alla causa. Solo il 20 per cento viene destinato alle spese di organizzazione (nel 2001 è stato esattamente il 23 per cento: oltre 5 milioni di euro, cioè 10 miliardi delle vecchie lire). E, anche se a prima vista può apparire una cifra consistente, non è così. Gli altri fanno quasi tutti peggio. «Telethon funziona» conferma anche l'implacabile Milena Gabanelli dalla tribuna del suo «Report» (Raitre, 4 ottobre 2001). Ma poi la medesima Gabanelli solleva un altro dubbio, nemmeno troppo secondario, riguardo alla raccolta in tv: sulla trasmissione, che è considerata dalla Siae un varietà, la Rai deve pagare sostanziosi diritti agli autori. E questi diritti d'autore sono, in genere, fissati a minuto di trasmissione: passano sessanta secondi e, zac, scatta il tassametro. «L'autore che firma il programma, Michele Guardì [quello dei "Fatti vostri"], percepisce dall'emittente un compenso per il suo contratto di esclusiva e una cifra a minutaggio stabilita proprio dalla Siae che è di 153 mila lire a minuto. Se calcoliamo che queste maratone hanno una durata di oltre 30 ore, è evidente che si accumulano compensi faraonici.» Insomma, voi versate a Telethon, intanto zac, scatta il tassametro, e Guardì s'arricchisce.

Nel 2001, dopo l'attentato alle torri la maratona tv ha raggiunto il record di incassi: 22 milioni e 657 mila euro (quasi 45 miliardi di vecchie lire). «È giusto parlare di nuova carità» commenta il direttore organizzativo di Telethon, Niccolò Cantucci. Certo, è giusto. «Ma se parte la nuova carità, perché noi dobbiamo restare indietro?» si devono essere chiesti i pionieri della Procter&Gamble. Ed eccoli di nuovo lì, in prima fila, nel lugubre autunno 2001, dopo qualche anno di pausa, con la loro «Missione bontà». Testimonial d'eccezione: Marco Columbro su «Verissimo» e Carlo Conti a «Dom&Nika in». Non sono perfetti? Guardì, che nel frattempo è diventato uno degli uomini più ricchi del paese, dall'alto del suo conto corrente bancario osserva e sorride.

Il concerto truffa? Si organizza così

Fiutato il business di eventi come Telethon, qualcuno pensa di approfittarne. E via allora con gli show della solidarietà in ogni quartiere. Un caso finisce in tribunale a Trento, alla fine del 1998, ma non ne parla quasi nessuno a parte il giornale on line «Questotrentino.it». Eppure il meccanismo è clamoroso e probabilmente ancora oggi diffuso in tutto il paese. Perché non si fa nulla per fermarlo? Perché nessuno lo denuncia?

Funziona così. Per prima cosa bisogna creare una società con il nome credibile, tipo «Organizzazione spettacoli ditta tal dei tali». Si apre un ufficio in una città. Si nomina un finto direttore che si presenta alle varie associazioni di carità del luogo e propone: «Allestiamo uno spettacolo». Che spettacolo? Musica, danza, cabaret, non importa. Quel che importa è lo scopo: la raccolta di fondi destinati a una nobile causa. Così la gente si prenota e paga, anche se non è per nulla interessata a presentarsi in sala. È questo il motivo per cui gli autori della truffa chiedono la collaborazione delle associazioni. Anzi, di più: con esse viene redatto un vero e proprio contratto. Una somma fissa (5 milioni circa di vecchie lire) in cambio del diritto di usarne il nome per la vendita dei biglietti.

Una volta raccolti i quattrini, tocca allo spettacolo, che viene messo in piedi davvero: artisti da due soldi, cantanti sconosciuti, comici che non fanno ridere neanche la loro mamma quand'è di buon umore. Una serata di cabaret, tanto per dire, viene organizzata al cinema-teatro Roma di Trento per le 16.30 del pomeriggio; come artisti di grido arrivano tali Sardella e Faoro, sconosciuti ai più. Immaginarsi il pienone. All'organizzazione, del resto, va benissimo così. La platea affollata non interessa: i biglietti ormai sono stati venduti, l'incasso garantito. Girata la quota di soldi prevista dal contratto all'associazione che ha gentilmente fornito il marchio della solidarietà, restano solo da pagare un po' di spese, affitto, telefono, i ragazzi che sono andati in giro a piazzare i biglietti. Guadagno netto: almeno il 50 per cento. Un investimento così redditizio è difficile da trovare sul mercato.

«È una truffa» riporta «Questotrentino.it» «non tanto a carico dell'associazione (c'è di mezzo un contratto e non si discute) quanto del soggetto che acquista un biglietto o elargisce un'offerta. Non gli si specifica che il denaro viene raccolto da un'agenzia privata commerciale e ancor meno si quantifica il costo della raccolta: sarebbe ben dura spiegare a un donatore che delle 30 mila lire da lui pagate per un biglietto, 25 o 27 o persino 29 mila spariscono sotto la voce "spese per vendita dei biglietti e raccolta dei fondi".»

Due organizzatori di finti show, colti in flagrante a Trento, sono stati arrestati con l'accusa di associazione per delinquere finalizzata a truffa. Hanno patteggiato le condanne a cinque mesi (l'uno) e dieci mesi (l'altro) di carcere e si sono impegnati a risarcire alcune associazioni, tra cui Unicef, Associazione Nazionale Famiglie Contro il Cancro, Associazione Malati di Parkinson ed Ente Nazionale Sordomuti. Ma quante truffe del genere sono in corso in questo momento? E chi le controlla? Chi le denuncia?

No, Bob Geldof non è un santo

Nessuno. E in fondo viene quasi da dire che va bene così: questi truffatori di quartiere, piccoli re della stangata di provincia, pataccari senza futuro, risultano persino simpatici, se paragonati ai grandi business della beneficenza di cui abbiamo parlato in questo capitolo, a Pavarotti che lotta contro la fame nel mondo dopo aver abbondantemente sconfitto la sua personale, a Bruce Springsteen che usa le macerie delle Torri gemelle per scalare le hit parade, ai troppi Robin Hood che cercano nella disgrazia altrui un valido motivo per affermare se stessi. In questi trent'anni di rock benefico, del resto, siamo stati abituati a tutto: abbiamo avuto i concerti per il Bangladesh (1971), per il Nicaragua (1973), per il Sudafrica (1988). Siamo passati nel bagno di folla del Live Aid, «we are the world, we are the champions», siamo diventati tutti un po' *world* e un po' *champions* (e Bob Geldof è diventato un po' anche beato). Abbiamo visto i concerti dell'Amnesty Tour con Peter Gabriel, con quelli che contestavano la presenza di Claudio Baglioni, non ancora riciclato da Fabio Fazio e dunque non ancora abbastanza impegnato. Ci siamo sgolati per i concerti tibetani (1996-97), per il popolo cubano (1997) e persino per i diritti degli aborigeni australiani (maxiconcerto del 1997: ufficialmente «per appoggiare le rimostranze degli aborigeni nei riguardi del governo federale che prevede l'abolizione della norma che garantisce la coesistenza tra nativi sulla terra e permessi rilasciati ai possessori di bestiame per il pascolo»).

Dunque non ci stupisce più nulla. Nemmeno Woody Allen che organizza tre concerti di beneficenza per promuovere il suo ultimo film (luglio 2001). Nemmeno i frammenti sperduti dei Deep Purple che riemergono dagli archivi per suonare al centro sportivo La Pista di Camponogara in favore dell'Avis e poi commentano con testuale originalità: «Ma che bella cosa» (maggio 2001). Non ci stupiscono i mezzosoprano che solfeggiano contro l'Aids, i gospel che gorgheggiano contro la lebbra, e nemmeno l'idea di tirare fuori dalla naftalina gente come Bobby Solo e Fiordaliso per organizzare un concerto di solidarietà in favore delle vittime di Linate. Anche se, per la verità, un po' ci addolora: è mai possibile? Uno che ha perso un parente perché mancava un radar deve pure essere condannato a sentire *Una lacrima sul viso*? Lo strazio non è già abbastanza?

Anche se siamo ormai abituati a tutto, di fronte a certe cose il comune senso del pudore che dimora in noi ogni tanto ha ancora un moto di ribrezzo. E allora la domanda sorge spontanea come nelle vecchie trasmissioni di Lubrano: non è forse giunta l'ora di smetterla? Non c'è proprio altro modo per guadagnarsi un po' di spazio sui giornali e in tv? È necessario passare sui cadaveri dei negretti, sulle montagne del Tibet, sui morti di Linate, e persino sui pascoli contesi dagli aborigeni australiani, per ottenere la pubblica attenzione? Sommessamente, ne sarei un po' stufo. Stufo dei «concerti per un mondo migliore», degli «apostoli dell'impegno», dell'«alto contenuto simbolico», di san Bob Geldof, del Mandela Day, delle «magiche comunioni spirituali», di artisti che passano «dalla consolle ai temi sociali», di «minoranze da difendere» e «pubblico da sensibilizzare», delle schitarrate benefiche, dei si bemolle della solidarietà, do-re-mi-fa tanto bene al cuore, del rap che cancella il debito, del suo nome e mai più, del pacifismo da pentagramma. Come sarebbe bello vedere per una volta, almeno una volta, una volta sola, un artista che passa non dalla consolle all'impegno ma dall'impegno alla consolle, uno che lasci i temi sociali e ritorni ai temi musicali. Magari esprimendo sinceri pensieri del tipo: «Mentre registravo questo disco ero preoccupato della carestia africana assai meno di quanto quotidianamente mi preoccupa il pensiero: "Che camicia indosserò stasera?"».

In un caldo giorno di giugno di inizio millennio gli U2 suonano nel Michigan. Nel corso dello show, il leader della band, Bono, tiene il suo solito predicozzo sul debito pubblico nei paesi in via di sviluppo. E subito dopo, anziché riprendere a suonare (come tutti, avendo pagato il biglietto, giustamente si aspettavano), ha annunciato un video contro l'uso delle armi. Il video inizia con l'attore Charlton Heston, portavoce degli amanti delle armi, che dice: «Se i fucili sono in mano alla brava gente vanno bene». L'intento degli U2 è ironico. Vorrebbero dire che Charlton Heston ha torto, che le armi non vanno mai bene, che non esiste brava gente che le possa utilizzare. Il pubblico del Michigan, invece, non coglie l'ironia. Prende quelle parole sul serio. Si alza in piedi, tutto insieme, contemporaneamente e comincia ad applaudire. *Good, Charlton, good*. Povero Bono: il suo predicozzo è stato inutile. Riprende a suonare, tutto mogio, con la gente che ancora urla: «*Good, Charlton, good*». Dio mio, come avrei voluto quel giorno essere lì. E, Dio mio, come prego da quel giorno che per ogni concerto degli U2 ci sia un po' meno di ipocrisia e un po' più di Charlton Heston. O, almeno, un po' di Michigan.

IV

E poi venne l'arcobaleno

Quando la truffa va al governo

Rossa come la vergogna, bianca come lo spavento, verde come la bile: l'hanno chiamata missione Arcobaleno e mai nome fu più azzeccato. Infatti, ne hanno fatte vedere di tutti i colori.

Doveva essere l'esempio di come si gestisce un'operazione di solidarietà. È diventato il simbolo di ogni pasticcio umanitario: container dimenticati, caos nei campi profughi, saccheggi, inchieste penali, inchieste amministrative, inchieste parlamentari, spaventose carenze organizzative, arresti di volontari, ipotesi di reato gravissime, abuso d'ufficio, concussione, associazione per delinquere, persino «attentato agli organi costituzionali». Per raccogliere 130 miliardi sono bastate poche settimane, tre anni non sono bastati per capire come sono stati spesi.

Raccolta record (da Norberto Bobbio a Umberto Smaila)

Il primo comunicato stampa è del 5 aprile 1999. I bombardamenti sono cominciati da dieci giorni: i jet che vanno a colpire Belgrado, Pristina, Novi Sad partono dalle nostre basi. La guerra è una ferita aperta per gli italiani e per la sinistra al governo, che ha dato il suo benestare all'operazione. Come rimediare? È semplice: ci sono i profughi in offerta libera nel gran circo della comunicazione. Le immagini di quelle fughe bibliche, migliaia di persone che scappano dalla violenza della pulizia etnica, con il terrore caricato sulle spalle e dentro gli occhi, non lasciano indifferente nessuno. E dunque sono una ghiotta occasione. «Li aiuteremo» pensano subito a Roma «e in questo modo scacceremo dalla nostra coscienza l'ombra nera di Aviano».

Così nasce Arcobaleno, «missione promossa dal governo italiano», con conto corrente «istituito dal governo italiano» e comunicati stampa «firmati dal capo del governo italiano». Mai era successo che un'operazione di raccolta di fondi privati di queste dimensioni fosse gestita direttamente dal presidente del Consiglio. Succede con Massimo D'Alema. Dapprima Arcobaleno si limita a richiedere soldi. Poi anche «indumenti, indumenti pesanti, coperte, sacchi a pelo, lenzuola, secchi, bacinelle, asciugamani, pannolini». E infine allarga decisamente l'ampiezza dei container e delle necessità: «Abbiamo bisogno di tutto, compresi beni alimentari e medicine». Vengono inaugurati undici centri di raccolta.

Gli italiani rispondono, come sempre, con entusiasmo. «Almeno del governo ci si potrà fidare» pensano. E se per rassicurare gli animi non bastasse l'ordinanza presidenziale, arrivano anche la martellante campagna pubblicitaria, le trasmissioni tv, il sito Internet con tutti i www.it al posto giusto, l'appello di Eugenio Scalfari, Indro Montanelli e Norberto Bobbio («Missione Arcobaleno, un'azione di pace da sostenere attivamente»), una raffica di sponsor credibili (dalla Banca di Roma alla Sisal), e poi: il Treno per la Vita, il contributo della Croce Rossa Italiana, gli alpini, la Confederazione Nazionale delle Misericordie, McDonald's per Arcobaleno, Bruce Springsteen per Arcobaleno, il mondo del calcio per Arcobaleno.

Nelle prime settimane è una marcia trionfale di comunicati che segnalano contributi senza pari. 8 aprile: «Mille quintali di latte donati dalla Granarolo». 20 aprile: «830 mila chili di materiali raccolti nel centro dell'aeronautica militare di Napoli». 5 maggio: «Sei tir di generi alimentari donati dalla Montedison». E poi «l'incasso del *Requiem* di Mozart eseguito dal maestro Myung-Whun Chung all'auditorium di Santa Cecilia» e persino «un prestito obbligazionario zero coupon della Regione Lazio con Merrill Lynch». Alta finanza e provolone, prosciutti e warrant: tutto va bene. Il gioco piace e, a proposito di giochi, «da non dimenticare» che «un aiuto importante arriva da Lotto, Enalotto e Totip». 11 maggio: «A Comiso ecco la zuppa Arcobaleno». Subito dopo «partono i kit Arcobaleno» e la Gencap, «ingrosso giocattoli di Salerno», regala «un aquilone a tutti i suoi clienti in cambio di mille lire per la missione Arcobaleno». Anche il Giro d'Italia aderisce: per dimostrare che i ciclisti nel sangue non hanno solo Epo.

A fine aprile, meno di sessanta giorni dal suo avvio, la raccolta infrange la barriera dei 100 miliardi di vecchie lire. «Oggi» proclama il sito di Palazzo Chigi «hanno deciso di sostenere la missione Gianfranco D'Angelo, Demo Morselli e Umberto Smaila»: musica maestro. C'è l'aiuto di Moacasa, l'ora di lavoro offerta dai giornalisti dell'Agi, l'Arcobaleno giallorosso con l'amichevole di Trigoria, il premio per l'arte del maestro Emilio Vedova, il contributo dello Snals, la colletta nei supermercati, l'adesione di Massimo Boldi, Oliviero Toscani, Luigi Veronelli (un brindisi), Beppe Severgnini e tutto il corpo di ballo della Scala. Olé. Non ci facciamo mancare nulla. L'economista Marco Vitale, «manager di fama», gestisce il tutto.

Qui Bari: 400 container finiscono in discarica

I primi guai cominciano a fine agosto del '99. La raccolta di denaro in quel momento ha già superato quota 129 miliardi di lire, quella di beni ha riempito più di 2000 container. Il settimanale «Panorama», che pure con mezza Mondadori (e mezza Italia) era stato tra i sostenitori dell'iniziativa, scopre però che 920 di questi 2000 container (quasi la metà) sono abbandonati al porto di Bari. Giacciono lì, dimenticati, sulla banchina assolata, da almeno due mesi. Su molti di loro c'è la scritta: «Materiale deperibile, utilizzare subito».

«Il piazzale del molo Mezzaluna» scrive Pantaleone Sergi sulla «Repubblica» «è una distesa di roba raccolta dal volontariato, arrivata da nove centri, a partire dal 27 aprile, e dimenticata già ai primi di luglio, quando la pace in Kosovo era scoppiata da circa un mese e i campi profughi in Albania si erano svuotati. Zaffate nauseabonde arrivano di tanto in tanto dalla catasta di lamiere...»

Cosa ci sia davvero dentro questi maxicontenitori nessuno lo sa. E in effetti quando i volontari, pochi giorni dopo, cominciano ad aprirli trovano un po' di tutto. Soprattutto cose assolutamente inutili nella drammatica circostanza: scarpe spaiate, cravatte di seta, giacche bianche da cameriere, libri di poesia (caro profugo, fatti una cultura), compact disc di Renato Zero e Laura Pausini, protesi dell'anca, set di microchirurgia pediatrica, il mantello nero della maschera di Zorro, Barbie senza testa, pistole finte e persino i calciatori in miniatura per il Subbuteo. Dieci container sono zeppi di giocattoli e cancellerie; poi ci sono quelli pieni di acqua (43), di vestiti (237), di calzature (19), di saponi e detersivi (16), di taniche (72), di cartoni e sacchi per la spazzatura (11), di coperte e biancheria (19). Tutto lì, scaricato e abbandonato sotto il sole, compresi i beni deperibili, quelli da «utilizzare subito»: 47 container contengono medicinali, campioncini gratuiti abbondantemente scaduti, colliri del mesozoico, pomate dell'era di Dorando Petri, pillole sciolte dal calore, disinfettanti che da verdi sono già diventati neri. In 273 container ci sono invece (ex) generi alimentari: patate, latte, zucchero, caffè, cioccolata, paste farcite, pappe per neonati, o quel che di essi rimane. Qualcuno, ben considerando la tragica situazione, ha inserito nei pacchi dono persino confezioni intere di Slim Fast, prodotto dietetico evidentemente utilissimo per i kosovari con tendenza all'adipe, e forniture industriali di Viagra, utilizzabile forse per rallegrare le notti nelle tende del campo profughi. Peccato che anche il Viagra, come tutto il resto, sia andato completamente deperito.

Il pubblico ministero di Bari apre un'inchiesta. Il sottosegretario Franco Barberi ammette che, finita l'emergenza, il 50 per cento del materiale raccolto non è stato distribuito. La Protezione civile mette al lavoro una squadra di operai con tanto di gru: 600 mila lire al giorno, tanto costa smaltire lo spreco. Una parte degli aiuti, quelli riciclabili, finisce ai terremotati in Turchia per la serie «una disgrazia vale l'altra». «Limitati quantitativi di materiali approvvigionati» (come scrive il burocratico comunicato ufficiale) vengono invece trasferiti nei magazzini, a tutto vantaggio di polvere e muffa. E circa 400 container, infine, quelli con i farmaci cotti al sole e le paste farcite ribollite nella lamiera, finiscono in discarica. Così, semplicemente, rottamati.

Qui Kukës: evviva, sono arrivati i würstel (rancidi)

Ci si potrebbe consolare con l'esercizio della sottrazione: sono stati raccolti oltre 2000 container; se 920 sono rimasti a Bari, almeno 1000, però, dovrebbero essere arrivati a destinazione. A conti fatti, comunque, ne valeva la pena. E già uno s'immagina il sorriso del kosovaro, il profugo rivestito, quegli occhi pieni di terrore riaccendersi per un attimo della speranza regalatagli dalla nostra generosità. Ma l'illusione dura poco, appena il tempo di voltare la pagina di «Panorama». E leggere del triste destino degli aiuti che sono riusciti a uscire dalla baia pugliese: 165 container abbandonati a Tirana, 180 al porto di Durazzo. Altro materiale deperibile, altro spreco, altro cibo andato a male. Altri beni abbandonati alla mercé dei ladri che bucano le lamiere e rovistano indisturbati tra le tonnellate di ognibendidio.

A Durazzo i responsabili della missione Arcobaleno assicurano: «Abbiamo fatto il possibile. Ma arrivavano molti più container di quelli che riuscivamo a smaltire». E così la merce si è ammassata sulle banchine. «Non potevamo interrompere la catena dei trasporti». Non potevano, già. Perciò 180 container sono rimasti bloccati lì, nel caos di un porto, come racconta ancora «Panorama», che non aveva nemmeno le gru per spostare le casse. Tutto fermo, tutto immobile: dalle merendine allo scatolame passando per latte e medicine. «Senza contare chi ha infilato tra le tutine per bambini e le scarpe quasi nuove anche un barattolo di marmellata fatta in casa. O un pacco di biscotti alla crema, scelto dai nipotini per quei bimbi dagli occhi tristi visti in televisione. Abbastanza per far marcire l'intero carico.»

«Ho visto di tutto» racconta al «Giorno» un volontario fiorentino, Omero Falleri, 53 anni, cuoco per un mese nel campo di Kukës. «In certi container c'era vestiario insieme a viveri, spesso vestiario inservibile... In uno abbiamo pure trovato biancheria con i pizzi, che ci è sembrato offensivo per le profughe che vivevano in mezzo al fango... Ricordo un container... chi l'aveva caricato aveva messo alcune centinaia di cartoni di latte sotto e poi del carico pesante sopra. Chiaramente i cartoni s'erano rotti e quando abbiamo aperto è venuto giù un fiume di latte andato a male... Per non dire dei würstel... I würstel di pollo... Un container era pieno, dico pieno, saranno stati 30 quintali di würstel di pollo, tenuti lì dentro, a 40 gradi per chissà quanti giorni. C'era una puzza da portare via. Abbiamo messo guanti e mascherine, abbiamo riempito due camioncini e li abbiamo portati alla discarica comunale... Andavamo lì praticamente tutti i giorni...»

Oltre alle centinaia di container dimenticati nei porti, c'è poi qualche dubbio anche su quei 350 ufficialmente «donati al governo albanese che pensa di rifornire l'esercito» (l'esercito? Ma Bobbio e Scalfari non garantivano che era un'operazione di pace? E l'operazione di pace finisce per sostenere l'arma di Tirana?). E, con buona pace di Marco Vitale, non ha miglior esito nemmeno la raccolta del denaro contante. Le banconote, è vero, a differenza dei würstel non deperiscono: ma a ben guardare si scopre che una bella fetta dei 130 miliardi di lire versati per aiutare i profughi kosovari in realtà, esattamente come le offerte in natura, hanno preso altre strade. Soprattutto, strade d'Albania: con quei soldi sono stati costruiti, fra l'altro: un acquedotto a Julbani, una scuola professionale a Scutari, una scuola agraria (per di più senza permessi) a Blinisth (3 miliardi e 197 milioni) e persino una discarica a Lezha (2 miliardi e 900 milioni). Ma vi sembra sensato? Una discarica? Uno fa un'offerta per aiutare un profugo del Kosovo e si ritrova ad aiutare l'immondizia dell'Albania? È possibile? L'ecologia prima di tutto, sia chiaro: ma non è che la discarica viene costruita solo per poterla riempire – danno, doppio danno e anche la beffa – con le pomate scadute e i würstel rancidi trovati nei container?

Dal diario di un volontario

Giulio Marcon, presidente del Consorzio Italiano di Solidarietà, lavora da vent'anni nel mondo del volontariato. È una persona seria, uno dei protagonisti dell'impegno umanitario. Ha conosciuto da vicino la missione Arcobaleno. E l'ha criticata. Ecco alcuni stralci del suo diario.

28 marzo 1999. Mattino. Riunione del Tavolo di coordinamento per gli aiuti al Kosovo. Ci sono ministri, funzionari, militari, rappresentanti di associazioni di volontariato ... Lanciano la missione Arcobaleno. Mentre bombardano, aiutano i profughi. Il segno di questa iniziativa è chiaro: creare consenso intorno al governo sull'azione umanitaria mentre è in atto una contestazione da parte del volontariato per la scelta di guerra fatta dal governo di centrosinistra. Il tutto con un'operazione di immagine, di marketing politico, dove il volontariato in cambio di un po' di soldi potrà essere cooptato in modo subalterno nell'operazione.

16 aprile. Mattino. Si tiene un incontro del Tavolo di coordinamento per il Kosovo. La saletta di via Veneto è strapiena ... Siamo in minoranza, non abbiamo accettato di stare dentro la missione Arcobaleno e ne paghiamo le conseguenze ... La missione Arcobaleno spende per ogni profugo 40-50 volte in più di quanto spenda l'Acnur [l'agenzia delle Nazioni Unite]: nei campi Arcobaleno servono lasagne e innalzano campi di pallavolo. Non importa se appena poco fuori dai campi migliaia di profughi dormono sotto le stelle, senza avere niente da mangiare. L'importante è fare bella fi-

gura davanti ai media. L'atmosfera della riunione è deprimente: confusione e mancanza di coordinamento, futile rincorsa ai finanziamenti, amministrazioni pubbliche allo sbando.

16 aprile. Pomeriggio. Si svolge la riunione con il Comune di Roma. Stanzieranno un miliardo di lire per la missione Arcobaleno. Nonostante le nostre richieste di fare in modo diverso ... Anche in questo caso ci sono gruppi e gruppetti che hanno progetti e progettini già predisposti nelle cartelline trasparenti ... C'è chi nelle Ong [Organizzazioni non governative], con sprezzo del ridicolo, auspica anche un nuovo specialista: il disaster manager. Proprio così. La missione eroga i finanziamenti dopo poche settimane. Le regole e le procedure arrivano con grande ritardo, la trasparenza non è il massimo che ci si potesse aspettare dopo i proclami di Marco Vitale.

21 maggio. Andare a un campo della missione Arcobaleno fa una certa impressione. Per esempio nel campo di Kavaja ci sono centinaia di volontari in divisa e tuta mimetica, ognuno con il proprio walkie-talkie e cartellino di riconoscimento, decine di mezzi (macchine, jeep, ruspe, autobotti, etc.), tende e tendoni per attività collaterali. Il campo è un cantiere iperattrezzato e molto tecnologico. I volontari hanno persino distrutto alcuni bunker per farne le basi di barbecue ... I volontari dormono in albergo. Qualcuno ha anche un rimborso spese dalla propria azienda. Li vedi aggirarsi per il campo: molti a vuoto, si inventano cose da fare, cercano profughi da soccorrere. C'è una battuta che gira: i profughi quando vedono un medico italiano del campo fuggono per non farsi fare l'ennesima e inutile visita giornaliera.

«Abbiamo ingrassato la mafia albanese»

Nel settembre del '99 il giornalista del «Corriere della Sera» Fabrizio Roncone fa una passeggiata per Tirana. E nei mercati trova (in vendita, ovviamente) molti degli aiuti targati Arcobaleno (regalati, ovviamente). Le bancarelle sono piene di camicie polo Ralph Lauren appena scolorite. Maglioni Ballantine sformati. «Nella bottega della signora Bllrina Sadihu è sufficiente guardare sugli scaffali. Tre scatole di carne Simmenthal. Due di tonno Calippo. Quattro di bottiglie di olio extravergine Monini. Dieci confezioni di caramelle Ambrosoli. Chi le ha raccolte e spedite vedeva alla televisione le colonne di profughi in fuga, al freddo, sotto la pioggia. Le caramelle al miele sono ottime contro la tosse.»

E così per la prima volta risulta evidente chi ha vinto la gara di solidarietà degli italiani: non gli italiani stessi, nonostante la straordinaria generosità; non il governo, Palazzo Chigi, l'Arcobaleno, i volontari, la Protezione civile, Norberto Bobbio, Umberto Smaila, la Banca di Roma, la Sisal o la Granarolo. No: ha vinto la mafia albanese. Prendendosi molto. Anzi, moltissimo. Svuotando decine di container della nostra missione. E rifornendo ambulanti e negozianti. Come? Si comincia a sussurrare che i 350 container «ufficialmente donati» al governo dell'Albania siano stati in realtà saccheggiati. E così i 180 di Durazzo, i 165 abbandonati a Tirana. «La mafia mandava i bambini di notte a forzare le serrature con i crick delle automobili» scrivono i giornali. Ma anche: «I soldati di guardia lasciavano entrare chiunque. Quei container erano a disposizione di tutti, si poteva fare la spesa...»

Il 30 settembre 1999 «Panorama» pubblica *Missione Arcobaleno: le prove della razzia* (così il titolo). Si tratta del saccheggio al Villaggio delle Regioni di Valona, il «fiore all'occhiello della missione italiana». Lo scempio avviene il 10 luglio, sotto gli occhi di un volontario, che filma ogni particolare: i poliziotti albanesi che rubano gli aiuti, i militari che danno loro una mano, quelli delle forze speciali di Tirana che dovrebbero evitare il crimine e che invece tengono soltanto a bada la folla che vorrebbe partecipare all'assalto (in pratica: proteggono i ladri dagli aspiranti ladri). Il tutto in un viavai di furgoni e camioncini stipati fino all'inverosimile di beni che si trasformano così d'un botto da merce umanitaria in merce per il mercato nero. E gli italiani? Sono lì, assistono e tacciono. Ci sono poliziotti in divisa, una guardia forestale, i funzionari della Protezione civile. L'unico che apre bocca (mal gliene incolse) è il capo del campo, Luciano Tenaglia che, secondo quanto documenta «Panorama», via radio suggerisce: «Io direi di prendere la roba per noi e poi di fregarcene». Prendere la roba. Fregarsene. Quasi un epitaffio per l'Arcobaleno.

«Abbiamo ingrassato la mafia albanese» sentenzia a giochi fatti Salvatore D'Urso, scomodo coordinatore della Protezione civile in Sicilia. Pochi giorni dopo, il «Corriere della Sera» pubblica la notizia che al mercato di Valona, dopo le Simmenthal e l'olio Monini, sono arrivate anche porte, finestre e altri elementi delle casette del campo italiano. È un salto di qualità: dalla razzia dei container si passa direttamente allo smontaggio dei prefabbricati, offerti a prezzi di saldo dalla ditta Teen Skeet. Vi servono lavandini? Fornelli? Pannelli di plastica? Gruppi elettrogeni? Venghino, signori: c'è di tutto al Gran Bazar dell'Aiuto Mancato. Le strutture fisse, una volta smontati i campi di accoglienza, erano state ufficialmente girate dalla Protezione civile alla Prefettura di Durazzo, come dono per lo Stato albanese. Com'è possibile che in ventiquattr'ore siano finite invece alla ditta Teen Skeet? È possibile, possibilissimo: il proprietario della ditta Teen Skeet, infatti, è Rami Isufi, potente albanese, per la polizia «businessman molto attivo», ex pescatore, pioniere degli scafisti, proprietario di quell'hotel Bologna che è una specie di zona franca per diplomatici e giornalisti, «uomo furbo e riservato», ben protetto dalle autorità locali. «Qualcosa di più» come scrive il «Corriere» «che un semplice garante della convivenza tra italiani e gente del posto.» Qualcosa di più, appunto.

Acquistati 800 frigoriferi. Ma a Comiso non c'è più nessuno

E poi, oltre che nei campi albanesi, la mafia s'è infiltrata anche nei campi italiani. Almeno in quello di Comiso, provincia di Ragusa. Così riporta, ancora una volta, il settimanale «Panorama»: allo spreco di materiale, condiviso con buona parte del resto dell'operazione Arcobaleno, in Sicilia s'aggiungono disorganizzazione, caos, volontari lasciati allo sbando, e persino la denuncia di un giro di prostituzione che avrebbe visto coinvolte alcune giovani profughe. Per concludere: minacce, razzie, mercato nero. Il racket, insomma.

La denuncia parte dal direttore della Caritas locale, don Giovanni Battaglia, che scrive al suo vescovo una relazione angosciata. Ed elenca i difetti della struttura di Comiso: «Inspiegabile disorganizzazione dei magazzini, oggetto di razzie e saccheggi. Incontrollato danneggiamento dei locali. Mancanza d'acqua e di arredi indispensabili negli appartamenti. Inadeguata assistenza ai neonati e alle loro madri. Mancanza di assistenza legale nonché lo scempio finale di enormi quantità di beni di consumo». Una volontaria dell'Arci conferma: «Ho visto bambini che arraffavano sacchi di peluche, donne che si contendevano maglie e maglioni strappandoseli dalle mani, scatole rovesciate sull'asfalto, vestiti nuovi calpestati dalla folla».

Solo incuria? Macché. In provincia di Ragusa sono state installate 592 villette. Accolgono 5816 profughi. Per la loro assistenza sono arrivati 350 container. Un movimento di persone e beni sufficienti a interessare la mafia. Uno dei dirigenti dell'Associazione Misericordie parla di «taglieggiamenti e corruzione». Si sussurra addirittura dell'esistenza di un bordello semiclandestino con tariffario preciso: 20 mila lire per le forze dell'ordine, 30 mila per i volontari, 50 mila per i kosovari. Le profughe sarebbero costrette a offrirsi. Le uniche offerte, commenta qualcuno con buona dose di cattivo gusto, che da queste parti non vanno sprecate.

A fine giugno, quando il campo ormai sta per svuotarsi e chiudere, i responsabili decidono all'improvviso e senza apparente ragione di acquistare nell'ordine: 800 frigoriferi, 1000 biciclette, 1000 piani di cottura, 1000 ventilatori e 300 passeggini. Quando arrivano è, ovviamente, tardi. I profughi se ne sono già andati, il ricco shopping risulta inutile. «Regaliamolo ai terremotati in Turchia» suggerisce qualcuno. Ottima idea. Ma chi è che ha deciso di comprare? E perché? Per regalarlo ai turchi? Domande che nessuno si pone, mentre il sindaco del paese siciliano finisce (pure lui) sotto accusa: avrebbe usato i soldi raccolti dalla solidarietà per costruire un pezzo dell'acquedotto comunale. «Ci serviva» si giustifica. Più che Arcobaleno, un self-service.

Avete fame? Ascoltate 'O zappatore

Per far funzionare la missione Arcobaleno erano stati stanziati 110 miliardi di lire. Li gestiva Massimo Simonelli, un impiegato di settimo livello che in passato si era fatto assumere alle Poste come invalido civile. Il suo principale collaboratore era, per l'appunto, Luciano Tenaglia, che figurava nel mansionario come «autista» ma venne promosso sul campo responsabile del centro di Valona. Risultato: la gestione contabile dai documenti appare piuttosto disinvolta. Di 18 miliardi non si sa più nulla, i rendiconti non sempre sono attendibili («è accertato che parte delle fatture e delle bolle di consegna non sono vere, si riferiscono cioè a prestazioni inesistenti» scrive il magistrato Michele Emiliano negli atti della procura di Bari), emergono rapporti poco chiari con il boss albanese Rami Isufi. E restano dubbi su circa 100 milioni «presi in prestito» dal medesimo Simonelli, uno che aveva la facoltà, dicono i volontari, di cambiare i dati dell'amministrazione con un semplice tratto di penna.

Più che un libro contabile, quello della missione Arcobaleno sembra un libro nero. All'interno si scopre un po' di tutto: strani appalti per il pane, trecento metri di strada costati cinque volte il prezzo di mercato, forniture di materiale elettrico pagate a peso d'oro. Appaiono parecchio alte anche le voci degli straordinari, delle indennità di missione (2 miliardi e 200 milioni) e delle bollette telefoniche (1 miliardo e mezzo), senza tener conto dei già citati conti degli alberghi, campi da pallavolo e spreco di walkie-talkie. Piuttosto perverso risulta poi il meccanismo per cui gli enti dei volontari che cedono le loro strutture allo Stato albanese vengono rimborsati dallo Stato italiano: 2 miliardi e 400 mila per l'Associazione Alpini, 2 miliardi e 750 milioni per la Croce Rossa, altri 2 miliardi per le altre associazioni, che ritornando in Italia hanno deciso di lasciare un gentile omaggio a Tirana. Era necessario?

C'è anche chi sostiene che, in un momento di emergenza, non sia stato del tutto opportuno spendere 145 milioni di lire per le celebrazioni del Capodanno a Pristina. O, peggio, 500 milioni per organizzare un megaconcerto di canzoni melodiche napoletane nella piazza di Tirana: Mario Merola e Gigi D'Alessio, *Reginella* e *'O zappatore*, con tanto di sfilata di ventiquattro bellissime miss, mentre a pochi passi c'erano profughi che morivano di fame. «Ma che volete?» si giustificano gli organizzatori. «Abbiamo regalato un po' di serenità a chi ne ha poca.» E si sa, la serenità, in certi casi, è più urgente del cibo.

Il «fiore all'occhiello»: cinque inchieste, quattro arresti

Il fallimento di Arcobaleno è ben presto evidente a tutti. Gli unici che fino all'ultimo non se ne accorgono (o fingono di non accorgersene) sono i politici. Ancora risuonano nell'olimpo delle bugie le sagge parole della Jervolino: «La missione Arcobaleno è il nostro fiore all'occhiello» (29 agosto 1999). O di D'Alema: «Lo scandalo degli aiuti è inventato» (7 settembre). Il ministro degli Esteri Lamberto Dini liquida tutto in una battuta: «Sono polemiche pretestuose» (2 settembre). «Arcobaleno, un'operazione senza ombre» assicura il sottosegretario alla Protezione civile Franco Barberi, accusando i tedeschi: «Il cibo scaduto? Tutta colpa loro. Hanno inviato il tonno senza avvisarci» (9 settembre). E il capo della missione Massimo Simonelli replica borioso: «Nessuno scandalo, ci diffamano. Abbiamo dato fastidio a molti e adesso ci gettano addosso falsità per mettere in ombra il nostro lavoro». E dev'essere stato un lavoro davvero luminoso, allora, visto che per metterlo in ombra è stato necessario addirittura sbatterne l'autore in galera.

«Menzogne, falsità» recitano tutti in coro per mesi. E a nulla valgono gli avvertimenti che arrivano da ogni parte. «Siamo poco professionali negli aiuti» denuncia l'allora commissario europeo Emma Bonino. «Attenti, c'è il rischio che la gestione dei fondi non sia trasparente» ammoniscono alcune associazioni di volontari con una lettera a Palazzo Chigi. Niente da fare: alla presidenza del Consiglio tirano diritto, con presunzione pari soltanto ai pasticci che combinano. E quando anche lo stesso sponsor di Arcobaleno, Eugenio Scalfari, con un articolo sulla prima pagina della «Repubblica» (31 agosto 1999) chiede conto dei denari che ha contribuito con il suo nome a raccogliere («Tale circostanza m'induce a chiederle, signor presidente del Consiglio, di voler chiarire lo stato dei fatti, le ragioni per le quali le lamentate disfunzioni si sono verificate e le responsabilità che ne derivano»), D'Alema gli risponde: «Missione Arcobaleno è una pagina nobile ... Oggi su questa pagina si cerca di gettare del fango per miseri fini propagandistici...».

Ma certo: si «getta fango». Perché Arcobaleno, come è stato dimostrato, è stato un «eccellente lavoro», una «grande esperienza di generosità» (D'Alema), un «grande sforzo corale» (Dini), una missione che l'«Europa ci invidia» (Jervolino). E quelli che criticano? «Speculazioni.» E quelli che denunciano? «Inventano.» «Mero spirito di fazione.» Sarà. Ma intanto la missione modello naufraga tra procure e sospetti. Cinque inchieste aperte, una ventina di indagati, accuse gravissime che vanno dall'associazione per delinquere all'attentato agli organi costituzionali. E quattro arresti. Non male per un fiore all'occhiello.

Fra le persone che finiscono in carcere ci sono il capo dei volontari, Massimo Simonelli, e il responsabile del campo di Valona, il già citato Luciano Tenaglia (scarcerati entrambi dopo tre mesi). Il 14 ottobre 1999 i due vengono intercettati, nel pieno della bufera, a discutere su come «aggiustare il registro» per giustificare 1 miliardo e mezzo che non torna. Il 18 ottobre Tenaglia telefona tutto soddisfatto: «Ho corretto, ho corretto, ho rifatto le ultime due pagine. A questo punto si sistema tutto».

Pessimo volontario e cattivo profeta: tre mesi dopo scattano le manette. L'inchiesta si allarga, travolge i funzionari, scuote il governo. «Paghi chi ha la colpa» dice il sottosegretario con delega alla Protezione civile, Franco Barberi: sei mesi dopo viene rinviato a giudizio pure lui. «Quel che è provato» scrive il pubblico ministero «è che Barberi non si limitò a impartire atti di indirizzo contabile, ma si occupò in prima persona anche delle minute questioni di carattere amministrativo, sovente sostituendosi nelle funzioni al capo dipartimento.» E Barberi, parlando a Radio Radicale, ammette: «Non abbiamo rispettato la volontà degli italiani».

Intanto arrivano le prime sentenze. Il 20 maggio 2002 la corte dei conti, sezione giurisdizionale per la Regione Lazio, condanna un funzionario della Farnesina, Piergiorgio Cherubini, che aveva gestito il flusso di denaro tra l'Italia e l'Albania. Secondo i giudici contabili, «ha agito con grave negligenza, imperizia e inosservanza di disposizioni normative». Dovrà risarcire lo Stato: 1 miliardo di lire (cioè 516.457 euro) oltre agli interessi legali e alle spese di giudizio. La commissione d'inchiesta nominata dal presidente del Consiglio D'Alema arriva più o meno alle stesse conclusioni denunciando «gravi carenze organizzative» e l'assenza di un'«azione ispettiva di controllo». Anche la commissione d'inchiesta su Valona nominata dal ministro dell'Interno Rosa Russo Jervolino ammette: la gestione di quel campo profughi non è stata affatto oculata. Altro che menzogne, altro che fango, altro che propaganda e falsità.

Una lira ai profughi, cinque ai volontari

Ma quando la missione finisce, sul campo, a parte le inchieste, che cosa resta? Poco. Quasi nulla. Gli avanzi distrutti delle tendopoli, gli scaffali zeppi del mercato nero, qualche edificio più o meno utile, una discarica, i würstel rancidi, un pessimo ricordo. E un'economia dissestata. Dopo il ritiro dei volontari, infatti, ci si accorge che gli ospedali sono rimasti senza medici: quelli kosovari hanno lasciato il camice perché guadagnavano il triplo come autisti alle Ong. E nelle scuole non ci sono più insegnanti, moltissimi si sono trasformati in interpreti per un assai convincente motivo: uno stipendio quattro volte superiore. Anche gli affitti, drogati dai soldi degli italiani in missione, hanno raggiunto cifre proibitive.

Distorsioni, ambiguità, fallimenti. Alla missione Arcobaleno hanno partecipato, in tutto, 6211 volontari. Per ognuno di loro lo Stato ha speso approssimativamente oltre 200 mila lire al giorno. Non poco. Soprattutto cinque volte più di quello che lo Stato ha speso per ogni profugo (38 mila lire al giorno). Ma ha senso organizzare una missione che per ogni 100 lire che versa a chi soffre ne spende 500 per mantenere i professionisti dell'antisofferenza? E, soprattutto: si poteva fare meglio? Assolutamente sì. Ci sono altre organizzazioni, fuori da Arcobaleno, fa notare ancora Marcon, che «hanno utilizzato per i loro campi in Albania dieci volte meno denaro, garantendo gli stessi servizi».

Quello che resta, dunque, è soprattutto un po' di amarezza. Il gran commissario Vitale, «manager di fama», se ne va un po' malinconicamente a fine '99. Doveva essere il tecnico privato che dimostrava come il pubblico può funzionare a meraviglia: e invece, dopo aver salvato tante aziende dai fallimenti, Vitale naufraga con tutta la missione. Qualcuno, malignamente, dice che il suo curriculum, con quel passato da assessore leghista e tanti requisiti assai *lumbard*, era stato scelto da D'Alema in vista di una possibile alleanza con Umberto Bossi: volevano mettersi insieme per candidare Maroni alle regionali del 2000. L'alleanza non si fece, Maroni non si candidò, Formigoni vinse le elezioni e Bossi si alleò con Berlusconi. Anche da quel punto di vista la missione Arcobaleno è stata un fallimento.

«Arcobaleno è stato soltanto un gigantesco spot per lenire i complessi pacifisti di sinistra dopo i bombardamenti. I container erano parte del carosello» ha scritto Maurizio Blondet su «Avvenire». Persino il nome, ha detto qualcuno, è stato scelto soltanto per mettere in difficoltà i pacifisti che nell'Arcobaleno hanno il loro simbolo. Quel che è certo è che, alla fine di tutta la vicenda e di tutti i sotterfugi contabili o politici, dei colori dell'Arcobaleno resta ben poco. Non c'è più il rosso né il verde né l'indaco né il violetto né il giallo. Al massimo un po' di blu, come la fifa degli indagati che aspettano il processo. E poi, soprattutto, per tutti gli italiani che hanno generosamente donato, un grande buco nero. Dentro il portafoglio e anche un po' dentro il cuore.

V

In nome di Dio

Quando la truffa si mette l'aureola

Lo chiamavano il frate, anzi il frate yé-yé. Nel febbraio del 2000 si presenta a Sanremo Giovani. Età massima ammessa: 35 anni. «Perfetto, io ne ho 32» assicura lui, che infatti ne ha 38. I superiori lo scongiurano: non salire su quel palcoscenico con il saio. Lui: «D'accordo», e poi ci sale. Con il saio. Canta un brano che parla di ubriaconi «in mezzo al vomito e all'odore di urina» e «il mondo cambierà quando qualcosa si farà» (ispirazione divina?). I critici osano dire la verità: fa schifo. Lui se la prende: i critici sono succubi delle «frange cattoliche reazionarie, fuorvianti e oscuranti, non capiscono che io sono il profeta chiamato da Dio». Un giornale pubblica i documenti che lo sbugiardano sull'età. E lui, il profeta chiamato da Dio, «il mondo cambierà quando qualcosa si farà», trallallero trallallà, non trova di meglio che irrompere nell'ufficio della direttrice e rovesciarle addosso la scrivania. «Padre, non esageri...» «Macché esagerare: sono come Gesù che scacciava i mercanti dal Tempio» risponde lui. E, Gesù per Gesù, mercante per mercante, subito dopo decide di registrare una televendita: «Acquistate il volume e contribuirete a costruire una nuova chiesa per i frati». Interviene l'antitrust: «Pubblicità ingannevole. Con quei soldi non si costruisce nessuna chiesa per i frati». Così sia.

Con questi beati precedenti, fra' Alfonso Parente yé-yé dev'essere sembrato il testimonial ideale per raccogliere denaro nel nome di un santo. E infatti la società F2 non ha avuto dubbi: si è presa il pio cappuccino e, senza offesa per la brioche, ha cominciato a telefonare in giro per l'Italia sbandierandolo come un trofeo. «Compri il libro e la cassetta e aiuterà l'Associazione Padre Pio con i Bambini». Ma chi mi garantisce che i soldi arrivano davvero all'infanzia abbandonata? «Padre Alfonso, perbacco. Se lo ricorda? Quello di Sanremo.» Ah, vabbè, allora se c'è lui... «26 euro.» Ve li mando. Risultato: 8 mila truffati, 200 mila euro raccolti. Nove arrestati.

Quando la guardia di finanza entra nei locali dell'Associazione Padre Pio con i Bambini a San Giovanni Rotondo, infatti, non trova né padre Pio né tanto meno i bambini. Per la verità c'è soltanto una stanza completamente vuota e un telefono che automaticamente trasferisce tutte le chiamate a Pescara, nella sede appunto della F2 (nome in codice: forse sta per Fregatura Doppia). Il responsabile della F2 è un altro personaggio che ha avuto il suo quarto d'ora di celebrità in tv: Massimiliano Mughetti, 38 anni, nel febbraio del 2000 partecipa alla trasmissione «Mi manda Raitre» per rassicurare il pubblico. «Non diciamo sciocchezze, nessuno oserebbe truffare nel nome di padre Pio» proclama. Infatti. Due anni dopo viene arrestato.

In manette, con lui, finisce appunto padre Alfonso. Che si difende come un leone. «Sono stato un pollo a fidarmi di quella gente, erano senza scrupoli» dice. Poi annuncia: «Getto il saio». E, forse, è la prima cosa men che bugiarda che dice. Yé-yé.

Padre Pio, dalla tomba alla tombola

La prima volta che i miei genitori mi portarono in un santuario ero ancora bambino. E già mi prese un vago senso di nausea, che non riesco a mandare via ogni volta che rivedo quei suk che nascono, si nutrono e lievitano alle spalle della santità. La biro del santo, la cartolina del santo, il piatto del santo, la forchetta del santo, la palla di vetro con neve che scende sul santo: a mano a mano che diminuisce la fede aumentano i profitti. E le palle di vetro. E forse anche le palle (e basta).

Dicono: «In questi posti si sente il profumo del paradiso». Sarà vero: io, però, non riesco a sentire che l'odore dei soldi. Colpa mia, s'intende: sono limitato. Ma ho l'impressione che da Loreto a Lourdes, da Padova all'ostensione della Sindone (*Sacra Sindone Show* titolavano i giornali nel 1998), più che la vera fede sia facile incontrare una vera patacca.

Una delle ultime grandi prove dei mercanti di Dio è stata proprio la canonizzazione di padre Pio: Roma e San Giovanni Rotondo, giugno 2002. Oltre 300 mila pellegrini, 1200 volontari per assisterli, il sostegno e l'appoggio di gente umile e vip, un fan club con testimonial d'eccezione da Antonio Di Pietro ad Alberto Castagna, passando per Katia Ricciarelli, Luciano Moggi e Alessandra Mussolini, la ressa per avere i biglietti, il caldo, gli idranti, 38 ambulanze, 250 medici per il pronto intervento, megaschermi per tutti, cani poliziotto, tiratori scelti sui tetti, ministri, deputati e miracolati in platea. Il francobollo celebrativo, come si conviene alle grandi occasioni.

E poi? Poi c'è probabilmente anche una fede grande, immensa, quasi impossibile da cogliere e da raccontare. Impossibile, soprattutto, da incontrare lì, dentro il supermarket del Santo Affare dove è assai più normale trovare conversioni di monete che di vita: accendino di padre Pio, 2 euro; bicchiere da liquore di padre Pio, 4,65 euro; cucchiaino di padre Pio, 8 euro; portafoglio in plastica di padre Pio, 4 euro; cappellino di padre Pio, 5,40 euro; magnete autoadesivo, 3,30 euro; angioletto proteggi-bimbi con foto annessa di padre Pio, 3 euro. Un business da 100 milioni di euro, 200 miliardi delle vecchie lire, denuncia il Codacons, il Coordinamento delle associazioni per la difesa dell'ambiente e dei consumatori.

Ma non c'è da stupirsi: attorno alle stimmate e alle sofferenze del santo, frate di un ordine fondato sulla povertà, è stato costruito un impero da Paperon de' Paperoni: l'ospedale di San Giovanni Rotondo fattura (extra offerte) 10 milioni di euro l'anno, la nuova chiesa costa 17 milioni di euro ed è stata affidata all'architetto d'oro Renzo Piano; attorno al santuario ci sono 98 alberghi, più altri 34 in costruzione, 92 affittacamere, 110 ristoranti, 132 bar, 1032 esercizi commerciali. Nel 2002 è stato inaugurato anche il centro tv, Tele Radio Padre Pio: studi all'avanguardia, tecnologie super, un budget di 130 mila euro per il primo anno di vita. Persino la sala bingo, rifiutata dal vicino comune di Peschici, ha trovato accoglienza dentro il saio dei fraticelli con il fiuto degli affari: e così, ora, il devoto in pellegrinaggio sui luoghi benedetti può passare in un amen dalla santa tomba alla santa tombola.

Fra' Alfonso yé-yé, poco prima di essere messo agli arresti domiciliari per truffa, in fondo lo diceva: «Scacceremo i mercanti dal Tempio». Ecco, appunto, detto fatto: i mercanti sono stati scacciati. Adesso fanno tutto i frati, da soli, sacri riti e commercio profano, sale bingo, kit video, stimmate, paccottiglia e spiritualità, passa tutto il convento, non c'è più bisogno di interventi esterni. Come recita la regola monastica: undicesimo comandamento, ama il prossimo tuo guadagno come te stesso.

Arriva l'Opus? Raddoppia il prezzo

Poteva Escrivá de Balaguer essere da meno del frate di Pietrelcina? Il fondatore dell'Opus Dei sale agli altari il 6 ottobre 2002. Nell'occasione a Roma si replica la grande festa di giugno: per padre Pio c'erano 300.000 pellegrini? Trecentomila arrivano anche per Escrivá. Per padre Pio c'erano 1200 volontari? L'Opus Dei ne mette in campo 1850. E poi 49 squadre di soccorso, 32 ambulanze, 2100 pullman, 29 messe di ringraziamento in 18 lingue (tra cui estone, cinese e arabo), 9 maxischermi, 48 mila birre offerte dallo sponsor Peroni, 30 mila confezioni di affettato offerte dallo sponsor Fiorucci e 32 mila merendine offerte dallo sponsor Ferrero. La parola alla regia per una breve pausa pubblicitaria: Kinder, e sei subito santo.

Naturalmente in mezzo alla bolgia proliferano le bancarelle. E anche in questo padre Pio, il santo popolare, e Escrivá, il santo d'élite, s'assomigliano moltissimo: immaginette, penne, bocce, foto, ritratti, medaglie, medagliette, ricordini. Persino una videocassetta con la vita del fondatore dell'Opus Dei raccontata a fumetti «per adulti e bambini», appena 15 euro il prezzo. «Non sappiamo niente di questa iniziativa cartoon» si difende il portavoce ufficiale della potentissima organizzazione cattolica. «Sembra un'idea della sezione spagnola» precisa l'Ansa. E poi prosegue con la vera chicca dell'occasione: «Accanto ai cartoni animati non mancano i prodotti più tradizionali di ogni canonizzazione: medaglie e rosari con l'immagine del nuovo santo». E (qui viene il bello) «per Escrivá i prezzi sono lievitati rispetto a quelli di padre Pio».

Proprio così. L'unica differenza tra i due neo-santi sembra questa: il costo del gadget. «Se per un rosario del frate di Pietrelcina nel giugno scorso bastavano 2-3 euro» aggiunge l'agenzia di stampa nazionale «per il fondatore dell'Opera si oscilla adesso tra i 5 e i 10 euro, a seconda della qualità.» E gli affari pare che vadano pure molto bene ai venditori di piazza San Pietro: «I fedeli di Escrivá sono buoni acquirenti, mica come quelli di padre Pio che erano tutti poveri» dice uno di loro. E così si capisce finalmente quando la festa di una canonizzazione è davvero riuscita: non basta salire agli altari. Bisogna prima di tutto far salire il prezzo.

Gran Bazar Giubileo: pentitevi e fate soldi

Poi dicono che non c'è più religione. Tutto falso. Il Giubileo del 2000, per esempio, ha fatto miracoli: d'incasso. Tremila lire il rosario con petali di rosa, 10 mila lire il foulard che arriva da Taiwan, 5 mila la t-shirt con il cupolone. Per il «kit del pellegrino» (candela, tessera telefonica, santino e cappellino) 13 mila lire. E poi, naturalmente, statuine e monetine, libri e carabattole, medaglie e patacconi.

Primi mesi del '99. Quattordici aziende ottengono il marchio ufficiale e versano una royalty al Vaticano per poter produrre oggetti di santità pura. E, infatti, producono, nell'ordine: il posacenere firmato Richard Ginori, il gioco interattivo Extralia, le trapunte del cotonificio Zambaiti e le bandane di Vr (Genova). Tutto in nome del Giubileo, regolare timbro e certificazione garantita. Gli altri, quelli rimasti senza il marchio ufficiale, si arrangiano come possono: il caseificio Maremma, per esempio, sforna il pecorino Iubilaeum. Un'azienda di armi mette sul mercato il fucile semiautomatico Giubileo. E un mobiliere del Trentino arriva a proporre l'inginocchiatoio prêt-à-porter: lo monti, lo usi, lo smonti e lo rimetti in valigia. Pentitevi, e state comodi: le vie del Signore sono infinite. E i cataloghi dell'Anno Santo pure.

Da Lanciano, «città del miracolo eucaristico», la società Abruzzo For You («Un'idea di Economia e di Comunione») propone la linea «Jubilaeum A.D. 2000», piccoli oggetti in argento e terracotta, «dalla forte carica simbolica, che comunicano messaggi di pace e fratellanza per il nuovo millennio». Si può scegliere tra il «collier corona del Rosario fiore del cielo stella del mattino per la Sposa dell'Anno Santo», la «campanella dell'amore» o la più misteriosa «croce Nicola di Guardiagrele». Prezzi modici e «confezioni personalizzate per regalistica aziendale». Ma c'è chi celebra la penitenza millenaria in modo anche più moderno. Con il tappetino per il computer Thinking Jubilaeum, per esempio: «un mouse pad 15 mila lire; offerta speciale: tre mouse pad 36 mila lire, Iva inclusa e in omaggio una maglietta con gli angioletti che cantano».

«Ritenendo che l'Anno Santo possa presentarsi come occasione unica del ritorno alla semplicità delle forme dell'antichità cristiana», la società Copie d'Ancien offre «abiti talari d'alta sartoria» e «fogge ideate da un'équipe di designer e stilisti». Qui non ci sono inginocchiatoi portatili, in compenso si può trovare una vasta gamma di pizzi e merletti per le cotte e i camici, e vesti liturgiche che sono «vere e proprie opere d'arte». Tutto naturalmente prodotto su misura nell'atelier dei Christian Dior del tabernacolo. Non male come «ritorno alla semplicità delle forme antiche».

A Napoli, dove per nulla al mondo si perderebbero una corsa al santo gadget, hanno come al solito l'idea più divertente: le magliette Jesus in Naples con brillanti soluzioni anglopartenopee sulla via della fede. Dal momento, specificano gli inventori, che l'Anno Santo è «un anno di grazia, di remissione dei peccati e di riconciliazione» e che «i duemila anni rappresentano un Giubileo di enorme portata per tutta l'umanità, data la valenza universale arrecata alla storia umana dalla nascita di Cristo», come essere all'altezza dell'occasione? Semplice: vendendo t-shirt, polo, cappelli, foulard e orologi con Gesù Cristo che parla napoletano. Perché nessuno ci aveva pensato prima? Dal *Vangelo secondo 'o guaglione Luca*: «Po parlà sulo chi non ha male sbagliato» (cioè: «Chi è senza peccato scagli la prima pietra»); dal *Vangelo secondo 'o guaglione Marco*: «Nun te fa' masto» (cioè: «Non giudicate per non essere giudicati»): dal *Vangelo secondo 'o guaglione Giovanni*: «Vuliteve bene» (cioè: «Amatevi gli uni gli altri come io ho amato voi»). C'è anche, sempre per via del fatto che il 2000 è «un anno di grazia» e «la carità di Cristo ha una valenza universale», la maglietta con le tavole di Mosè (titolo: «VeSuvInai», che trasforma il Vesuvio nel monte Sinai) e un buffo Messia che si frappone tra due camorristi con una delle sue frasi preferite: «Si abbuschi... statte». Cioè il «porgi l'altra guancia», dal *Vangelo secondo Pulcinella*.

Irriverente? Forse. Ma almeno divertente. Che dire invece degli oggetti extralusso? L'intero 2000 è stato dedicato alla compravendita di gioielli in nome del Giubileo, fedi del Giubileo, diamanti del Giubileo, zaffiri del Giubileo e smeraldi del Giubileo: esclusiva mondiale, tiratura limitata, certificati di qualità e «edizioni personalizzate e numerate», costo 1.395.000 lire (circa 700 euro) l'uno, per informazioni rivolgersi a Gold&Diamond, marchio dell'azienda Esaltato. Un nome, un programma. Caput Mundi «in occasione del Giubileo della Chiesa Cattolica Apostolica Romana» crea un orologio in oro massiccio, 200 pezzi numerati, cassa personalizzata e moneta romana incastonata nel coperchio. Prezzo: 5 milioni e 200 mila lire (circa 2500 euro). Una roba da pellegrini, insomma. Il Poligrafico dello Stato offre «il libro d'oro del Giubileo con pagine a 24 carati», possibilità di pagamento a rate. Senza dimenticare i calendari in oro per i vip e il rosario con diamanti da 1 milione e 400 mila lire (circa 700 euro).

Più modestamente, ma nemmeno troppo (si presenta come «la più importante e significativa commemorazione»), la Producted.com offre «il trittico del Giubileo», tre immagini di papa Giovanni XXIII, padre Pio e papa Giovanni Paolo II, «riportanti sul retro il simbolo ufficiale dell'Anno Santo». Le medaglie sono «ufficialmente benedette dal cappellano del Santo Padre, monsignor Boldorini». Chi, però, non si fidasse di cotanta benedizione può anche scegliere «Sarai, il bracciale della salute», oggettino un po' new age accreditato di «benefiche proprietà terapeutiche», che viene pubblicizzato dalla medesima ditta accanto alle medagliette del Giubileo. E qui sorge il dubbio: sarà più efficace il rame magico o san Pietro?

Buono come il pane (della Carità)

L'idea viene proprio in occasione dell'Anno Santo, e non è nemmeno male. Anzi sembra buona, buona come il pane. E di pane, per l'appunto, si tratta: da vendere nelle normali panetterie con il bollino del Giubileo. Sigillo rosso. Nome ufficiale: Panis Caritatis. Organizzazione: direttamente in Vaticano, al Cor Unum. Il prezzo è un po' alto, è vero, ma per penitenza giubilare si può anche fare: per ogni pagnotta santa acquistata, infatti, 100 lire vanno a sfamare chi non ha nulla da mangiare. Che c'è di meglio? Si fa la spesa e insieme la carità, si svuota la coscienza mentre si riempiono i sacchetti. Tutti contenti: panettieri, clienti, Vaticano. E magari persino quelli del Terzo mondo.

C'è solo un problema. Per avere il bollino rosso ufficiale del Giubileo non basta fare richiesta al Vaticano, versare l'obolo ed esporre il cartello ufficiale dell'iniziativa. Bisogna anche rifornirsi di farina da una ditta indicata dagli organizzatori, la Puratos. Che ha sede dove, in grazia di Dio? In Belgio. Ma sì: comodissima, dietro l'angolo (i negozianti di Carmagnola e di Pizzighettone, per esempio, non vedono l'ora di infarinarsi tutti con materiale import-export di Bruxelles).

La Puratos, peraltro, non è quel che si dice un fornitore a buon mercato. Per agevolare i clienti italiani, che giubilano alquanto, ha aperto un centro di distribuzione a Livorno, ma si fa pagare assai cara: la farina costa 1000 lire al chilo? Lei ne chiede 3600. Risultato: viene fuori un pane che andrebbe venduto in gioielleria, 8 mila lire al chilo, biovetta extralux, bocconcino serie élite. Così la michetta del Giubileo, che sembrava un'idea pronta a lievitare, brucia subito nel forno. A lievitare è solo il prezzo: i panettieri non la vendono più, i clienti non la cercano. Altro che poveri: al Terzo mondo non restano che le briciole, e mai l'espressione fu più adeguata.

Le briciole, comunque, non sono da buttare. Messe insieme, infatti, ammontano a 1 miliardo di lire, denaro che viene utilizzato per realizzare un panificio (guarda la combinazione) a Kinshasa in Congo. Il filmato della consegna viene trasmesso dalla rubrica «Report» di Raitre, che solleva il caso. «Oggi possiamo sfamare i nostri bambini e abbiamo desiderio che questa iniziativa vada avanti nei secoli dei secoli» dice un tal Mammaladu ricevendo il dono nel cuore dell'Africa Nera. Illuso. «Altro che secoli dei secoli, questa iniziativa è già finita» chiosa il giornalista.

«L'impressione» spiega Milena Gabanelli «è che si ammanti di solidarietà una cosa che in realtà è un affare come tutti gli altri. Naturalmente in questo non c'è nulla di male. Il problema che si pone semmai è un altro: perché per fare della carità bisogna dare il monopolio a un'azienda estera che vende la farina a un prezzo elevato?» Già: perché? Il pane non ci ha guadagnato, la lotta contro la fame nel mondo neppure. In compenso ha guadagnato la multinazionale della farina, che ha incassato 4 miliardi di vecchie lire (2 milioni di euro) in pochi mesi. Per la Puratos, almeno, purezza a parte, è stato un vero Giubileo. Di arricchimento. Non solo spirituale.

San Francesco e il ballo del mattone

Il sito Internet blandisce: «Sei ancora in tempo: sottoscrivi il mattone per costruire la strada che dalla Porziuncola porta a San Francesco». Il volantino cita il papa: «Ad Assisi sono le pietre a parlarti e narrarti esempi senza fine di virtù e santità». Negli spot tv Alberto Castagna e Davide Mengacci invitano all'opera di bene: «La via di San Francesco è un appuntamento con la storia». Perciò: date il contributo a «un progetto che permetterà agli uomini e alle donne di tutto il mondo di far parte in prima persona di una grande iniziativa».

Siamo ad Assisi, la terra della pace dove per due lire è scoppiata una guerra. La terra del Poverello e di chi vuol diventare ricco. La terra della preghiera e del business. La terra di chi digiuna e di chi si mangia tutto. La terra dei fioretti e dei furbetti, a due passi dal lupo di Gubbio e con tanti lupi assai più voraci. Siamo ad Assisi, dove è nato «Un mattone per Assisi», regolarissima sottoscrizione che è finita nel mirino di «Mi manda Raitre», di «Golem» (Radiouno), dell'antitrust e della magistratura, anche se (per carità), è tutto in regola, proprio tutto in regola, perché «la nostra era e rimane una grande idea di altissimo valore spirituale, storico e artistico», come s'affretta a precisare il sindaco Giorgio Bartolini nel maggio del 2002, subito dopo che la corte di cassazione ha deciso di togliere i sigilli all'opera.

La grande idea è questa: ricoprire con mattoncini l'antica strada pedonale (lunga 2,8 chilometri) che unisce il piccolo paese di Santa Maria degli Angeli ad Assisi. Un tragitto «di alto valore spirituale, storico e artistico», come piacerebbe dire ai promotori, che scorre vicino alla Porziuncola, ripercorrendo vie medievali. I mattoncini, «rosso Impruneta», prodotti dalle fornaci della ditta Sannini, vengono messi in vendita a cominciare dai primi mesi del 2000 con un ampio battage pubblicitario: costano 85 mila lire e danno il diritto di incidere nel sasso nome, cognome e città dell'acquirente. Partono gli spot, Mengacci, Castagna, il volantino con la frase del papa. E un'ambiguità di fondo: perché uno dovrebbe pagare 85 mila lire per finire inciso e sepolto in una stradina umbra? È evidente: perché pensa che quei soldi servano a qualcosa di utile. Nessuno esplicitamente gliel'ha detto, ma tutto lo lascia intendere (come stabilisce infatti la sentenza dell'antitrust).

Pochi mesi dopo l'avvio dei lavori la costruzione della strada viene interrotta. Decreto del tribunale, sequestro giudiziario, irregolarità. La società che gestisce il cantiere fallisce, il titolare viene arrestato. La strada del paradiso sembra filare diritta verso un inferno di carte bollate. E invece, nella primavera del 2002, ecco il colpo di scena: la Mattonata di Assisi viene dissequestrata. E il 9 settembre dello stesso anno, il sindaco può annunciare fiero: «I lavori riprendono». Siccome nel frattempo è pure cambiata la moneta, i mattoncini firmati vengono rimessi in vendita non più a 85 mila lire, ma a 43,9 euro (a differenza di peperoni e cavolfiori, senza neanche un po' d'aggiustamento all'insù: quale onestà). «Ho avuto danni d'immagine, mi aspetto il rinvio a giudizio» spiega il sindaco. «Ma sono sereno.»

Sereno lui, sereni tutti. I conti d'altra parte sono presto fatti: 65 mila mattoncini sono stati già venduti (incasso: 2

milioni e 853 mila euro). Altri 52 mila sono da vendere per finire l'opera (incasso: 2 milioni e 282 mila euro). Al termine dei lavori, dunque, verranno incassati come minimo 5 milioni di euro (10 miliardi delle vecchie lire). Il costo per la posa dei mattoncini (50 centesimi l'uno, più lavori, progetti, architetti) non supera, a voler essere molto generosi, i 50 mila euro (100 milioni delle vecchie lire). Resta un dubbio: i 4 milioni e 950 mila euro restanti (9 miliardi e 900 milioni delle vecchie lire) dove finiscono? In quale ente di beneficenza? Per quale opera francescana?

E qui viene il bello, perché il «Mattone per Assisi», regolare, regolarissima, splendente operazione perfettamente inserita nello spirito di santità che si respira in questi luoghi, non risponde a nessun fine benefico, ma a una società per azioni, la Assisi Giubileo 2000 S.p.A., che ha come scopo soltanto quello di far pubblicità alla città (come se la città non fosse già universalmente nota). Ne fanno parte un'ottantina di soci, fra cui il Comune e molti imprenditori privati.

«La S.p.A. ha il compito di promuovere il marchio di Assisi» spiega il sindaco al «Diario». «Il Comune ha registrato il logo (una colomba bianca iscritta nel rosone tipico della facciata della basilica di Assisi), l'ha conferito alla società per azioni e questa l'ha commercializzato dando la possibilità ad aziende e imprenditori di utilizzarlo in cambio di versamento di royalty che vanno direttamente nelle casse dell'amministrazione comunale.»

Tutto bello, tutto giusto, tutto legittimo. Tutti d'accordo (a parte l'antitrust che condanna la pubblicità ingannevole: «L'impiego della citazione papale rischia di indurre a ritenere che l'esborso vada in beneficenza»). Tutto piuttosto ributtante. Nella forma irreprensibile, nella sostanza insostenibile: è chiaro che si gioca sull'ingenuità della gente, su secoli di devozione al santo, per intascare royalty. Si lascia intravedere l'alto patrocinio di Dio per gonfiare le casse di una società per azioni presieduta da Angelo Colussi, quello dei biscotti. Dal *Cantico delle crea-*

ture alla zuppa nel caffelatte, voi capite, è un salto mica da ridere. Come scrive una lettrice nella rubrica che Oreste Del Buono tiene sulla «Stampa»: «Mio figlio che aderisce sempre a tutto con entusiasmo, quando è cominciata la campagna del mattone per Assisi ha subito mandato la sua offerta. Quando l'ho saputo sono stata contenta, pensando che quel denaro venisse adoperato soprattutto per ricostruire ciò che il terremoto aveva distrutto». No, signora, il terremoto non c'entra nulla, san Francesco neppure, e l'entusiasmo di suo figlio è stato mal riposto. «Dopo soli due giorni, con tanto di garanzia, è arrivato il mattoncino: un piccolo lavoro artigianale "prodotto dalla Sannini all'Impruneta di Firenze" con argilla della sua cava". No comment.» Esatto, signora: no comment.

E di notte il benefattore organizzava festini porno

All'inizio degli anni Novanta Martin Frankel, 35 anni, newyorkese, padre ebreo e madre cattolica, ex imprenditore del ramo assicurativo, gran conoscitore delle encicliche papali che espone in bella mostra nella sua libreria (i frustini per i festini sadomaso, quelli no, non li espone: li tiene nascosti in cantina), crea un'associazione caritativa dedicata al Poverello, la St Francis of Assisi Foundation. Per iniziare a operare con una sigla così impegnativa, però, occorre ottenere un po' di credito in quel mondo cattolico che Frankel dimostra di conoscere molto, ma (ahilui) di frequentare poco.

Nessun problema. L'uomo è tenace e si mette subito al lavoro. Grazie ai buoni uffici di un socio contatta padre Peter Jacobs, un anziano prete americano, sospeso *a divinis*, che vive a Roma. E tramite lui tenta di farsi accreditare al monastero di San Miniato al Monte a Firenze: offre 50 milioni di dollari in beneficenza, in cambio dell'appoggio della congregazione alle sue iniziative. Di fronte a qualche iniziale perplessità, per essere più convincente invia al monastero una lussuosissima Mercedes con a bordo la sua emissaria: si tratta di una procace studentessa russa che ai prelati si mostra tanto ricca di denari quanto povera di vestiti. Tentativo fallito: il superiore di San Miniato non casca nella trappola.

Frankel, però, non si arrende. E punta su un altro obiettivo. Padre Jacobs gli presenta un anziano prelato molisano in pensione, Emilio Colagiovanni, 79 anni e un onorato passato alla Sacra Rota. «Canonista di fama, docente di deontologia giudiziaria, consultore delle congregazioni vaticane del Culto e del Clero, direttore della rivista "Monitore Ecclesiastico" e presidente dell'omonima fondazione della diocesi di Napoli,» scrive Andrea Tornielli sul «Giornale» «Colagiovanni rimane affascinato dalle parole del millantatore che gli assicura offerte importanti, dell'ordine di decine di miliardi di lire.»

«Chi conosce bene il monsignore è pronto a giurare che non è facile raggirarlo» assicura Tornielli. Ma Frankel sa il fatto suo. Cita encicliche papali e documenti vaticani, recita a memoria le vite dei santi, promette molti denari (non si hanno più notizie della procace studentessa russa), offre viaggi negli Stati Uniti, business class e tour guidato. Così ottiene quello che voleva: un «affidavit», una lettera di garanzia che certifica che dietro la St Francis c'è il Vaticano. La società di beneficenza può così ufficialmente nascere: agosto 1999, sede alle isole Vergini britanniche. Motto suggestivo: «Per servire e aiutare i poveri, per alleviare le sofferenze». Ma le prime operazioni della fondazione non hanno nulla a che fare con i poveri da aiutare né con le sofferenze da alleviare. Anzi: si tratta semplicemente di compravendita di società di assicurazioni, materia che Frankel conosce assai bene avendo alle spalle alcune bancarotte nel settore.

Proprio questa attività, però, insospettisce l'Fbi. «Come mai il Vaticano si mette a operare tra le polizze vita dei cittadini americani?» si domandano gli agenti federali. E così comincia l'indagine che finisce in prima pagina sul

«New York Times» e in ultima pagina sul certificato penale di Frankel: la St Francis risulta soltanto quello che è, cioè una scatola vuota. Le sedi non esistono, la beneficenza tanto meno. C'è solo un piccolo grande truffatore, abile a ottenere credito attraverso un monsignore. Anzi, a essere precisi, ci sono la sua villa, i suoi conti in banca, le sue encicliche, i suoi frustini sadomaso, le tracce della sua vita così religiosa di giorno così perversa di notte, ma il piccolo grande truffatore quando l'Fbi e monsignor Colagiovanni lo cercano per chiedergli conto del suo comportamento non c'è già più. È in uno dei paesi dove non sono in vigore trattati di estradizione con gli Usa. Pronto a godersi quel mare di soldi sottratti ai suoi clienti e nascosti per anni dietro il paravento di un saio, di san Francesco, della beneficenza e persino del Vaticano.

Anche la Caritas finisce nel sacco

Lo scandalo esplode nell'ottobre del 1999. In una discarica di Casal di Principe, in provincia di Caserta, vengono trovate decine e decine di sacchi della Caritas. Contengono abiti usati e altri aiuti umanitari. Peso complessivo: 100 tonnellate. Pochi giorni dopo altri sacchi, sempre della Caritas, vengono trovati in una discarica, a Maddaloni. Poi, nell'ordine, si annuncia la scoperta di: sei capannoni pieni di sacchi Caritas a San Sebastiano del Vesuvio, un'altra discarica piena di sacchi Caritas a Marcianise e scatoloni e «balle» Caritas in un vagone merci all'interno della ditta Ingrosso Indumenti Usati della medesima Maddaloni. Sembra, all'improvviso, che l'intera Campania sia diventata un enorme immondezzaio della solidarietà. In pochi giorni saltano fuori decine di ritrovamenti.

La Caritas si difende: «Noi non c'entriamo». Gli autotrasportatori si difendono: «Noi non c'entriamo». Le ditte tessili si difendono: «Noi non c'entriamo». Peggio che una Cinquecento con Pavarotti a bordo: non c'entra più nessuno. Ma la foto di quei sacchi gialli con l'enorme scritta

«Caritas» fa il giro dell'Italia. E un po' tutti chiedono come sia possibile che i vestiti raccolti nella diocesi di Rimini finiscano in una discarica di Caserta, senza nessuno che almeno dica: «Signori, abbiamo sbagliato. C'è qualcosa che non va».

All'associazione cattolica alzano le spalle. «Non c'è nessun nostro coinvolgimento perché da anni non facciamo raccolta di vestiti e materiali usati da destinare ad aiuti umanitari» precisa in una conferenza stampa il direttore della Caritas di Roma, monsignor Guerino Di Tora. Ma come «non facciamo raccolta di vestiti»? E i sacchi gialli? E i cassonetti ai bordi delle strade? E gli avvisi nelle parrocchie? A poco a poco emerge il sottile filo della verità: anche la merce donata alla Caritas non finisce direttamente ai poveri, come uno s'immaginerebbe. Macché. Segue lo stesso percorso delle raccolte di Aph, Crmfu, Asdn, Mc, Uspa (Un Sorriso per l'Ambiente) e Aici (Associazione Italiana Combattenti Interalleati): finisce agli stracciaioli in cambio di una manciata di denaro. Quanto? A peso: un euro o due al chilo. Per avere un'idea: 1.359.830 chili di merce raccolti dalla Caritas ambrosiana, 89 vagoni ferroviari per dare un'idea delle dimensioni, sono stati venduti qualche tempo fa alla Tesmapri srl di Prato per poco più di 300 milioni di vecchie lire.

Tutto buono, tutto giusto, ancora una volta, tutto regolare. Ma è evidente che c'è una metamorfosi in corso: quello che alla base è un gesto di generosità diventa un affare, ciò che nasce come carità finisce per sorreggere un business miliardario. I vestiti usati che escono dalle case sulle ali della solidarietà entrano nelle aziende sulle ali dell'interesse. Tutto bene, l'importante è saperlo. E non stupirsi se, interesse per interesse, quello che non si riesce a riciclare finisce direttamente in una discarica abusiva, magari per non pagare le tasse di smaltimento, magari con l'aiuto della camorra, che quando sente parlare di interesse è sempre in prima fila. Non stupirsi, soprattutto, se il caro maglioncino depositato con tanto amore in un cassonetto fuori dalla chiesa ricompare poi non sulle spalle di un povero ma in fondo a una scarpata, lacero e abbandonato, tra un frigorifero rotto, copertoni bruciati e qualche lattina vuota.

Piccola nota sull'8 per mille

Sull'8 per mille si potrebbe scrivere un'enciclopedia. Forse, però, basterebbe cambiare lo spot. Perché anche i contribuenti più fedeli nello scegliere la firma per l'obolo alla Chiesa (e io sono tra questi) rimangono un po' sbigottiti nel confrontare le immagini della tv con la realtà: si chiedono soldi in nome del Terzo mondo e poi li si usa per costruire le chiese, si sollecitano offerte per aiutare i drogati e poi si paga lo stipendio ai preti. Legittimo, sempre più legittimo e santissimo, per carità: ma perché non dire la verità?

Su 762 milioni di euro entrati nelle casse della Chiesa cattolica con l'8 per mille nel 2001, 323 (cioè il 42 per cento) sono stati utilizzati per esigenze di culto (riparazione di chiese, costruzioni di nuove chiese, tribunali ecclesiastici ecc). Altri 290 milioni di euro (38 per cento) sono stati destinati al sostentamento del clero. E 149 milioni di euro (il 20 per cento appena) sono stati destinati alla carità (e di questo al Terzo mondo solo 65 milioni, cioè meno del 10 per cento del totale). E allora perché zeppare gli spot di negretti che imparano a cantare e possono finalmente mangiare? Perché ricoprire tutto con il lenzuolino perbene della missione Bontà? Perché rimpinzarci dentro la melassa dei drogati da aiutare, i disabili da accompagnare e tutti i diseredati da sostenere? Solo perché funziona meglio la pubblicità? E la pubblicità vale più della verità?

VI

Spariamo sulla Croce Rossa

Quando il nobile paravento nasconde le vergogne

Maggio 1999. Molti cittadini italiani ricevono una lettera assai commovente. Stemma e firma della Croce Rossa Italiana. Una garanzia. E, soprattutto, un invito: fate versamenti per il Kosovo. «Si tratta di vita o di morte» scrive la presidentessa, Maria Pia Garavaglia, indicando anche con precisione come intende spendere quel denaro: «Bastano 42 mila lire al giorno per far mangiare una famiglia di quattro persone; con 75 mila lire diamo loro le coperte per dormire; con 1 milione e 200 mila lire vacciniamo 500 bambini.» Che tenerezza. Gli italiani, infatti, si commuovono. E versano una bella cifra: 2 miliardi e 268 milioni di lire.

Ora, però, chi glielo va a spiegare agli italiani che ogni 100 lire donate, ben 30 (783 milioni in tutto) non solo non hanno mai varcato l'Adriatico, ma si sono fermate addirittura nelle casse della società di comunicazione Rapp Collins? Eppure sta tutto lì, acclarato, dichiarato dai bilanci e persino dagli atti del Parlamento. «È normale» dicono alla Cri. «È normale» fa eco il sottosegretario competente. «È normale, anzi normalissimo» dicono (e ci mancherebbe altro) alla Rapp Collins, dove si sentono un po' come quelli che hanno vinto a «Chi vuol essere milionario».

Ma certo, è normale. Uno versa 42 mila lire pensando di dar da mangiare per un giorno a una famiglia di quattro kosovari, come scrive il volantino ricevuto nella buca delle lettere. E poi invece scopre che ha pagato lo stipendio ai dipendenti della Rapp Collins, una delle regine milanesi delle mailing list. Con tutto il rispetto, s'intende, almeno piacerebbe saperlo in anticipo. «La loro speranza siamo noi. Sinceramente: Maria Pia Garavaglia»: così si concludeva il sentito appello per il Kosovo. Che commozione: una lacrimuccia e 783 milioni a una società di comunicazione. «Tutto normale.» Sinceramente: no.

«Si sono verificati diversi casi di corruzione»

Dire che si spara sulla Croce Rossa è un gioco di parole fin troppo facile ormai. La realtà è che su nessun ente pubblico, neppure sulla deprecata Cassa per il Mezzogiorno, neppure sul bistrattato Inps, è mai stata sparata una tal quantità di colpi al cuore, eppure nello stesso tempo a salve. Violenti e inutili: la Cri non migliora, non accetta suggerimenti, non svolta. Negli Stati Uniti è bastato qualche articolo di critica sulla gestione dei fondi raccolti dopo l'11 settembre per portare la signora presidente a lasciare la carica. In Italia non sono bastate campagne di stampa, denunce di funzionari, interrogazioni parlamentari, ispezioni del ministero per ottenere, non si pretende una lettera di dimissioni, merce che, come è noto, in Italia è più rara della marmellata senza coloranti, ma almeno un bigliettino di scuse, che so?, un refolo di autocritica, una promessa di cambiamento. Niente.

24 ottobre 2002. È stato nominato finalmente un commissario, ma la glasnost è ancora di là da venire. E la perestrojka pure. Per ora arrivano solo comunicati stampa arroganti come quello del 7 febbraio 2002, dal titolo *Finiranno mai?* È un testo finto-ironico, trito, banal-scontato, da bocciatura all'esame di giornalismo: «Certi momenti sembra un brutto sogno, sempre più spesso diventa un incubo. Avremo mai un po' di tregua?». Risposta altrettanto scontata: niente tregua, finché non c'è risposta. O, almeno, ammenda.

Gli atti ufficiali parlano chiaro. Il 2 dicembre 1997 la Camera dei deputati conclude un'indagine conoscitiva sulla

Croce Rossa con un documento votato da tutti i partiti, da An a Rifondazione comunista: si condanna la gestione dell'ente. La corte dei conti nel marzo del '98, nel giugno del '99 e nel gennaio del 2001 approva all'unanimità tre documenti di pesante critica. Il collegio dei revisori dei conti nel dicembre del '97 notifica un solenne biasimo. Gli ispettori del ministero della Sanità evidenziano 34 gravi storture. Fra il novembre del '99 e il gennaio del 2000 «Panorama» pubblica alcuni servizi che denunciano uno scandalo dopo l'altro. Pochi mesi dopo segue a ruota «Il Giornale». Risultato? Come a voler svuotare l'oceano con una tazzina da caffè.

C'è di che restare allibiti. «Nella Croce Rossa si è incrinato di molto il principio di responsabilità, il carattere democratico, il sano e corretto ricambio dei gruppi dirigenti» scrive il Parlamento, per una volta senza divisioni di partito. E non succede nulla. L'ente «non ha potuto esprimere l'efficacia che è lecito attendersi» aggiunge la corte dei conti. E non succede nulla. «Si sono registrati diversi casi di corruzione» infieriscono i deputati. E non succede nulla. «Sprechi di denaro, gestione discutibile, volontari in rivolta» documentano i giornali. E non succede nulla. Non succede mai nulla, a parte il già citato palliativo del commissario. Ma allora, per far succedere qualcosa, che bisogna fare? Che serve oltre al parere della suprema magistratura contabile, all'intervento del ministro, all'indagine del Parlamento, ai titoli sui giornali, alle interrogazioni degli onorevoli e dei senatori? Che serve? Lo Spirito Santo? Il mago Otelma?

«Dalla musica, la vita»... delle orchidee

Nel marzo del '97 la Croce Rossa organizza una campagna per l'Africa intitolata «Dalla musica, la vita». Si tratta di raccogliere fondi per finanziare alcuni progetti in Etiopia ed Eritrea attraverso le esibizioni di Amii Stewart, «nota cantante internazionale». La Cri gestisce tutto, dalla ricerca dei teatri alla vendita dei biglietti. Amii Stewart tiene dieci concerti (San Benedetto del Tronto, Messina, Terni, Sassari, Brindisi, Mantova, Bologna, Viterbo, Milano e Napoli), l'incasso complessivo si ferma a 256 milioni (256.127.726 lire, per l'esattezza), le spese ammontano a 273 milioni (272.962.346 lire, per l'esattezza). Bilancio della brillante operazione: perdita secca di 17 milioni di lire. Per coprirla, la Cri mette mano ai soldi offerti liberamente dai suoi sostenitori per l'Africa.

Dunque, a conti fatti, «Dalla musica, la vita» non porta una lira né all'Etiopia né all'Eritrea né ai bambini affamati, anzi gliene toglie qualcuna. In compenso i volontari della Croce Rossa perdono molto tempo giocando a fare i piccoli impresari musicali. Con il risultato che l'unica a guadagnare qualcosa, alla fine, è la medesima Amii Stewart che, a differenza dei bambini affamati dell'Africa, si porta a casa (lei sì) un bell'assegno: 119 milioni d'ingaggio, più la tournée gratis con tanto di comparsate tv e lancio del disco con la benedizione della Croce Rossa. Per la verità gioiscono anche i musicisti (che incassano 31 milioni), gli alberghi (23 milioni), qualche fotografo (oltre mezzo milione), i gestori dei teatri (33 milioni). E persino i fiorai: 1 milione e 421 mila lire per abbellire i camerini della star che evidentemente ha più capricci che fan. Così, finalmente, tra un addobbo floreale e l'altro, si chiarisce il vero significato della manifestazione: «Dalla musica, la vita». Sì, la vita di rose e orchidee.

«Ho bisogno di te»... per pagare l'hotel

Nel 1997 la Croce Rossa organizza la campagna «Ho bisogno di te» per raccogliere denaro a favore delle popolazioni della ex Iugoslavia. Arrivano oltre 8 miliardi di lire. Ma, scrive il collegio dei revisori dei conti nel verbale 46 del 1° dicembre 1997 (prot. 334/97), quei soldi anziché «essere destinati alla collettività estera» vengono «impiegati per fronteggiare spese di natura logistica e di rappresentanza (compensi mensili a terzi estranei all'associazione prescelti per condurre operazioni di intervento, spese di trasporto e di sistemazione alberghiera dei terzi medesimi, pranzi e cene)».

Avete capito bene? «Sistemazione alberghiera», «pranzi» e «cene di rappresentanza». Le offerte servono a pagare questo. Ma per mantenere la struttura, si chiedono giustamente i revisori dei conti, non c'è il contributo dello Stato (oltre 120 milioni di euro, quasi 250 miliardi di vecchie lire l'anno)?

«Ho bisogno di te» dice la campagna. E molti italiani aderiscono, come al solito, entusiasti. Chissà se poi qualcuno gliel'ha spiegato che la Cri aveva bisogno di loro per pagare il conto dell'hotel ad amici e amiche dei funzionari...

Caro terremotato, ti aiuto. Fra sette anni

Nell'agosto del '99 la Croce Rossa si mobilita per il terremoto in Turchia. Il presidente, Maria Pia Garavaglia, lancia un appello «a tutti i cittadini italiani affinché ci aiutino ad aiutare». La raccolta, come al solito, sembra un successo: il giorno 18 viene annunciata la partenza per Istanbul di 4 mila coperte e 50 tende, il 19 agosto viene annunciata la partenza degli aiuti alimentari, il 21 viene annunciata la partenza delle prime squadre di volontari. Tre mesi dopo viene annunciata la partenza di un dossier segreto: «Qualcosa non va» dice. E rivela: bene ha fatto la Cri a spedire qualche soldo ai poveri turchi terremotati, ma perché non spiega che quel denaro (262 milioni in tutto) era stato raccolto nel 1992, in occasione di un altro evento sismico, e da allora giaceva inutilizzato sui conti correnti bancari italiani? Altro che appelli e contrappelli: «Alle famiglie della Turchia» chiosano velenosi gli estensori «la Garavaglia dovrebbe pagare gli interessi».

Soccorso umanitario a scoppio ritardato: per avere ciò che era stato loro donato dai generosi italiani, i turchi hanno dovuto aspettare sette anni. «Ci sono riusciti solo perché è arrivato un altro terremoto» maligna qualcuno all'interno dell'ente. Dove comincia a circolare anche una cinica battuta: «E se per caso uno vive in un paese colpito dalle tragedie con minor frequenza della Turchia, come fa? Potrà mai essere aiutato dai tempestivi interventi della Croce Rossa?».

I 262 milioni di lire per i terremotati turchi, infatti, rivelano sempre gli informati autori del dossier segreto, non sono gli unici a giacere inutilizzati nelle banche: da un tabulato del 15 ottobre 1999 risultano fermi 18 miliardi e 335 milioni, tutti fondi raccolti per le emergenze e lasciati lì a impolverarsi mentre le emergenze cessavano di essere tali. Per esempio a quella data (ripetiamola: ottobre 1999) restano intonsi: 108 milioni raccolti nel '92 per le vittime della guerra del Golfo; 569 milioni raccolti nel '92 per il Ruanda; 2 miliardi e mezzo raccolti nel '93 per l'emergenza fame della Somalia; 1,8 miliardi raccolti nell'89 per l'emergenza alluvione nel Bangladesh. Dieci anni d'attesa non sono un po' troppi per un'emergenza? Alla Croce Rossa rispondono in modo imbarazzato e confuso. «Per poter realizzare dei progetti i soldi sono necessari e quindi è normale che la Cri abbia dei fondi disponibili per sostenerli» dice l'ufficio stampa con tanto di comunicato. Poi, per discolparsi, cita un po' a sproposito un ospedale in Somalia e un orfanotrofio per bambini buddisti gestito dai padri saveriani in Bangladesh. Ma perché, si chiedono in molti, se gli italiani versano offerte per gli alluvionati, queste vengono destinate a un orfanotrofio per bambini buddisti? La Croce Rossa deve proprio accodarsi a quello che già fanno venti agenzie internazionali? Perché non si preoccupa di ciò che è di sua competenza, cioè l'emergenza?

Ma che bella sede (l'ho costruita con i soldi degli alluvionati)

Nell'inverno del 1980 la Croce Rossa italiana lancia una raccolta di fondi per il terremoto in Irpinia. Il 22 gennaio 1999, cioè diciannove anni dopo, sui conti correnti bancari dell'associazione risultano ancora depositati 715 milioni

(715.489.080 lire, per l'esattezza). Attendono di essere utilizzati, si presuppone, per lo stesso fine per cui sono stati incassati: interventi di emergenza per i terremotati in Irpinia. Ma, di grazia, quale emergenza può esserci diciannove anni dopo? Qualcosa, evidentemente, i gran capi crocerossini riescono ancora a scovare, perché quei 715 milioni che il 22 gennaio 1999 sono ancora sul conto, il 1° ottobre 1999 si sono ridotti a 67 milioni, e sette giorni dopo sono del tutto spariti. Ciò vuol dire che nel '99 la Croce Rossa è riuscita a spendere 715 milioni in interventi d'urgenza a favore dei terremotati dell'Irpinia? Come ha fatto? Soprattutto: dove li ha trovati i terremotati? E l'emergenza? E infine: per il terremoto di Messina del 1908 non c'è più niente?

Considerato questo precedente, non c'è nemmeno da stupirsi più di tanto nel venire a sapere che 2 miliardi e mezzo raccolti nel '94 per l'alluvione in Piemonte cinque anni dopo non sono stati ancora utilizzati. Conviene stupirsi, invece, per i soldi che, sempre in Piemonte, sono stati utilizzati. O, meglio, per come sono stati utilizzati: 1 miliardo e mezzo per l'acquisto della nuova sede della Croce Rossa di Alba, 66 milioni per la casa del custode, 18 milioni per «l'organizzazione dell'ufficio amministrativo di Alessandria». Ma non pensano i signori dell'offerta che bisognerebbe almeno avere l'onestà di dirlo? Non è mica difficile. In fondo basterebbe un discorso semplice: «Guarda, devi aver pazienza. Hai presente quei soldi che hai sottratto al tuo magro stipendio e ci hai dato per aiutare qualche famiglia di alluvionati? Ecco, non abbiamo più trovato alluvionati. E allora li abbiamo spesi per costruire la casa del custode. E poi abbiamo organizzato l'ufficio amministrativo di Alessandria. Contento?». Eccome no.

Cinque miliardi se ne vanno in consulenze

Nel gennaio 2001 sulla Croce Rossa arriva un'altra batosta. La relazione della corte dei conti sul bilancio '98 è impietosa: «Troppi sprechi». Le spese per le consulenze, per esempio, in un solo anno crescono del 33,29 per cento passando da 3 miliardi e 700 milioni a oltre 5 miliardi. Il numero degli esperti il cui parere è stato indispensabile per la vita dell'ente ha raggiunto livelli record: 346, praticamente uno al giorno, festività comprese, per tutti i dodici mesi dell'anno. «La corte ribadisce la necessità» bacchettano severamente i giudici «che gli incarichi a terzi vadano ristretti a casi personali e per particolari prestazioni.»

La relazione critica anche il sistema di vendita di beni e prestazioni (la Croce Rossa è generosa quando acquista dagli altri, ma quando si improvvisa fornitrice di servizi è un disastro) e mette sotto accusa il personale, assolutamente pletorico: oltre 2300 dipendenti fissi, che costano 76 miliardi, più 3600 militari che costano altri 24 miliardi. Se a queste spese si aggiungono 13 miliardi per gli straordinari, 50 miliardi per i contributi previdenziali, 5 miliardi per le «competenze accessorie», 12 per i «richiamati in servizio», un miliardo per le infermiere volontarie eccetera, si scoprirà che, a conti fatti, dei 250 miliardi incassati dallo Stato, l'ente ne spende per il personale oltre 200. Un po' troppo? Forse sì, soprattutto se a questo si aggiungono altre voci di spesa non proprio encomiabili: 1 miliardo e 300 milioni alle banche per gli interessi passivi, 1 miliardo per la partecipazione a convegni, 2 miliardi e mezzo per le «spese di comunicazioni» (ma quanto mi costi, telefonino...).

Così il bilancio del '98, l'ultimo analizzato dai giudici contabili, si chiude con un profondo rosso: 19 miliardi e 11 milioni. «Notevoli appaiono altresì» commenta la corte «gli scostamenti tra le previsioni iniziali di entrate e di uscite.» L'anno precedente il conto economico era stato chiuso in attivo di 8 miliardi: come si spiega, in dodici mesi, un salto in giù di ben 27 miliardi?

«Usano le ambulanze come auto blu»

Nel marzo del 2000 un'ambulanza della Croce Rossa Italiana «in servizio all'autoparco centrale di via Pacinotti, targata RM 14993, il cui equipaggio era composto dai signori Indorante, Montagna e Mimmo» come spiega la relazione «è stata richiamata all'autoparco stesso alle ore 9.30 perché l'autista, signor Mimmo, dipendente civile della Croce Rossa, era stato incaricato di prelevare all'aeroporto di Fiumicino la dottoressa Clara Sanginiti, membro dell'esecutivo nazionale della Croce Rossa». Non è grave che un'ambulanza che poteva servire per salvare una vita sia stata utilizzata invece come auto blu?

La domanda non ha mai avuto risposta. Come altre domande che giacciono in Parlamento, interrogazioni inutili, testimonianze ripetute della pessima gestione dell'ente che era nato per curare i feriti e ora sembra il più ferito di tutti. Nel settembre del '97, per esempio, l'onorevole Domenico Gramazio (An) denuncia: «Il presidente della Croce Rossa partecipa a convegni internazionali di scarsa o nulla rilevanza in Spagna, Danimarca, Inghilterra, Turchia e Grecia, recando al seguito almeno sette persone. Il più delle volte questi viaggi vengono finanziati attingendo ai fondi raccolti in favore dei paesi in difficoltà». E il 22 giugno 2000 l'onorevole Giuseppe Fioroni (Ppi) attacca: «Troppo spesso i vertici chiedono e ottengono rimborsi per missioni non previste dallo statuto».

«Per organizzare il nono raduno nazionale dei volontari sono stati spesi 358 milioni, di cui 256 per pagare la pensione completa agli 800 partecipanti, 20 per l'ufficio stampa, 50 per l'affitto dei locali». Un parlamentare chiede: «È vero tutto ciò?». Un altro parlamentare s'informa: «È vero o no che i soldi raccolti per la campagna "Vittime delle mine" (590 milioni di lire) non sono stati utilizzati per acquistare protesi, ma soltanto per pagare i conti della medesima campagna?». E ancora: «È vero o no che per quella campagna ci sono migliaia di magliette invendute nei magazzini?». E infine (terzo parlamentare): «È vero o no che la campagna "Un fiore per la Cri" ha raccolto 508 milioni di lire, ma più di 400 milioni sono andati alla ditta Barbozza di Rovigo che da tre anni fornisce le piantine in barba ai regolamenti di appalto e ai rilievi della Ragioneria di Stato?».

Domandare è lecito, rispondere è cortesia. E la cortesia della Croce Rossa si ferma al sorriso che le volontarie mostrano quando chiedono offerte al casello autostradale: queste accuse, è la replica stizzita, «inficiano il valore intrinseco di un emblema che è al di sopra di qualsiasi interesse». Sul valore intrinseco dell'emblema nessuna obiezione (sull'italiano usato, forse un po' di più): ma inficiare per inficiare, chi lo inficia di più? Chi fa domande magari impertinenti o chi non sa dare risposte convincenti?

L'ex presidente del comitato della Croce Rossa di Caserta, Leonardo Caracciolo, presenta un memoriale alla procura della Repubblica e denuncia «privilegi» (sostanziose indennità, auto blu, telefonini, schiere di attendenti) nonché «veri e propri ingaggi per i più fedeli»: «Ci sono voluti anni» scrive «per scoprire che quando la Croce Rossa raccoglie soldi gli unici ad averne benefici immediati sono coloro che organizzano la raccolta perché intascano larga parte dei contributi». Inficia?

Il commissario della missione Arcobaleno, Marco Vitale, nel dicembre del '99 cita in giudizio il comitato regionale lombardo della Cri per ottenere la restituzione di 3 miliardi e 451 milioni di lire stanziati per un progetto in Kosovo mai realizzato. Inficia pure lui?

Ma siamo seri: chi «inficia» di più l'emblema della Croce Rossa? Chi utilizza i soldi che dovrebbero andare all'emergenza per costruire la casa del custode e una sede da 1 miliardo e mezzo? Chi si fa dare 3 miliardi e mezzo e poi si fa denunciare per omissione di soccorso e inadempienze? Chi spende 358 milioni per due giorni di convegno? Chi commette tutte queste nefandezze? O, come sostengono alla Croce Rossa, soltanto chi le denuncia?

«Avete ragione, mi dimetto» (succede solo in America)

In altri paesi le denunce vengono considerate in ben altro modo. Prendiamo i già citati Stati Uniti d'America. La Croce Rossa è stata uno degli enti che si sono dati più da fare dopo l'11 settembre: il suo fondo ha raccolto in pochi mesi 967 milioni di dollari, oltre 1000 milioni di euro, quasi 2 mila miliardi delle vecchie lire. Cifre stratosferiche. Poco più di un mese dopo, in ottobre, giornali e tv hanno cominciato a chiedere il rendiconto: quanti soldi sono stati utilizzati? Come? Perché? «Abbiamo già distribuito 154 milioni» s'è giustificata la presidentessa Bernardine Healy. «Troppo poco» le hanno risposto. E l'hanno mandata a casa.

Proprio così: dimissionaria. Lo so che può sembrare strano nel paese dove a vent'anni di distanza ancora giacciono i soldi per gli interventi urgenti in Irpinia senza che nessuno paghi mai: negli Stati Uniti è stato sufficiente il ritardo di un mese e una risposta non del tutto convincente per far saltare una poltrona.

«La Croce Rossa ha raccolto fondi per centinaia di milioni di dollari che il pubblico intendeva destinare alle vittime dell'11 settembre, e ora vedo che questi fondi sono stati sequestrati [*dice proprio "sequestrati"*] per progetti a lungo termine dell'organizzazione» attacca un importante ministro. «Inaccettabile» replica un potente senatore. I deputati si fanno mandare dalla Croce Rossa tutti i testi degli appelli a donare i fondi diffusi dall'associazione su stampa e tv: «Si chiedono soldi per una ragione, si spendono per un'altra» commentano. Bernardine Healy viene convocata davanti alla commissione giustizia. Praticamente un processo.

Ma le dimissioni non bastano a placare le polemiche. Il «Washington Post» conduce una campagna con una serie di articoli che puntano l'indice contro la Croce Rossa. Il popolarissimo Bill O'Reilly, anchorman di «Fox News», una specie di Sgarbi a stelle e strisce che raccoglie nella sua fascia serale una gran quantità di telespettatori e di querele, organizza una puntata il 13 giugno 2002 per accusare la «9/11 Charities Mess», il disordine nei fondi benefici istituiti per l'11 settembre. Saltano fuori errori di ogni genere. Compresa l'abitudine della Croce Rossa, che pure mette «universalità e imparzialità» fra i suoi principi fondamentali, a discriminare odiosamente tra famiglie povere e famiglie ricche. «Liz McLaughlin, 34 anni, mamma con un solo figlio, vedova di un pezzo grosso della Cantor Fitzgerald, ha avuto un assegno di 30 mila dollari. Shaw Clark, mamma di cinque figli e vedova di un cuoco, di dollari invece ne ha avuti meno della metà.» Tutti i conti vengono passati al microscopio, la struttura si scuote, le teste cadono, come si è visto, la pubblica opinione s'indigna. Nulla passa sotto silenzio.

I dirigenti denunciano: «Facciamo acqua da tutte le parti»

E in Italia? Sentite qui.

«La Croce Rossa Italiana è un ente burocratizzato, un pezzo di sottogoverno che fa acqua da tutte le parti ... Vi sembra sensato che la Croce Rossa gestisca un laboratorio per le analisi del sangue, oltretutto perdendo soldi laddove tutti gli altri guadagnano? Mica siamo in Mozambico: a queste cose pensi il servizio sanitario nazionale ... Noi dobbiamo occuparci delle emergenze, le calamità, l'esclusione sociale ... Quanto scritto a proposito dell'uso tardivo e incompleto dei fondi raccolti corrisponde, purtroppo, a verità ... Siamo lenti, appesantiti da mille procedure, a sovranità limitata, attenti più alla forma che alla sostanza delle cose ... In questo modo la Cri ha perso di vista la gente e i suoi bisogni...»

Chi parla così, nel marzo 2000, non è un avversario della Cri: è uno dei suoi massimi dirigenti. Massimo Barra, medico, personaggio conosciuto nel mondo dell'assistenza, oltre quarant'anni di attività alle spalle nell'ente, capo dei Volontari del Soccorso, che raduna 70 mila soci attivi. Pochi giorni prima aveva proposto e fatto approvare un documento durissimo: «Sospendiamo la partecipazione del nostro movimento alle campagne di raccolta fondi promosse e gestite dal Comitato centrale» per protestare contro «la non corretta gestione di fondi raccolti per operazioni umanitarie e non impiegati o, addirittura, dirottati a copertura di costi di gestione ordinaria».

Dopo parole e scritti di questo tenore ci si aspetterebbe, come minimo, il fioccare di lettere di dimissioni, lettere di scuse, pentimenti, meste cerimonie d'addio. E invece niente. Anzi, in Italia, in genere se ne va soltanto chi prova (senza riuscirci) a far pulizia. Quando nell'autunno 2000 sul «Giornale» sono usciti alcuni servizi sulla Croce Rossa, mi ha scritto una dirigente di lungo corso: «Il suo articolo fa rinascere speranze» diceva «in quanti dopo aver dedicato professionalità e impegno disinteressato nell'associazione ne sono stati brutalmente espulsi dal potere che oggi la governa nel disprezzo della legalità e della giustizia». E una ventina di dirigenti locali hanno steso una relazione pesantissima per denunciare la «ragnatela di interessi» che ha comportato la selezione di «professionisti di Croce Rossa, inamovibili, che hanno a disposizione cospicui fondi per l'organizzazione di incontri e convegni, telefonini, fax, modem, obiettori di coscienza usati come attendenti personali». Strana selezione, no? Per essere «inamovibili» bisogna abusare di fax, telefonini e attendenti personali. Se uno prova a rigare diritto, invece, viene fatto fuori, finisce all'indice (e magari pure in tribunale).

«Dietro il nobile paravento, intrighi e volgari interessi»

Solo una guerra tra bande? Questioni politiche? Rivalità personali? Macché. Prendete per esempio la postazione Cri del Tiburtino. Nel dicembre del '99 i volontari si accorgono che non c'è nemmeno più il sapone per lavarsi le mani. «Come si fa a salire sull'ambulanza con le dita sozze?» si chiedono. Lettere, fax, controfax, volantini e minacce. Durante la riunione del consiglio direttivo provinciale di Roma del 22 giugno 2000 il geometra Cianchi, nel generale sollievo, finalmente può assicurare: «Per le consegne di saponi sta provvedendo la ditta che si è aggiudicata l'appalto». Evviva evviva, se sei mesi vi sembrano pochi (per una saponetta).

Senza voler indagare sull'igiene dei volontari, tuttavia, non si può fare a meno di ricordare che al Tiburtino, centro convenzionato con il 118, è arrivata l'Asl e ha multato la Croce Rossa per inadempienza in fatto di sicurezza (che è un po' come se un autovelox fosse multato per eccesso di velocità). Ambulatorio sigillato. Oltre al sapone, viene riscontrata infatti anche la mancanza di: guanti per gli infermieri, mascherine, divise, carta, asciugamani. Gli impianti elettrici non sono risultati a norma (si è verificato anche un principio di incendio) e, come denunciano ancora i dipendenti, tutte le ambulanze hanno percorso troppi chilometri senza essere mai revisionate. Non è una bella figura, convengono i responsabili della Croce Rossa del Tiburtino durante la riunione del vertice convocata per la sera del 22 giugno 2000. Ma la discussione sul punto dura poco: registrate le assicurazioni del geometra Cianchi sulle saponette, archiviato il problema dei fili elettrici che prendono fuoco e delle ambulanze che sono ormai da rottamare, si prende finalmente in esame il punto successivo: l'acquisto di cinque tende parasole per gli uffici del comitato.

Capite? Vista da qui, in una delle centinaia di postazioni sparse per l'Italia, qui sotto le tende parasole del comitato, accanto ai volontari senza guanti e mascherine e che si devono portare da casa anche la Camay per l'igiene personale, le difficoltà della Croce Rossa non hanno nulla di politico o personale. Nessuna guerra tra bande, nessuna avversione di partito. Vista di qui, tra i muri scrostati e i principi d'incendio, la Croce Rossa rischia di essere soltanto, come ha scritto l'ex responsabile del comitato di Caserta «il nobile paravento che nasconde intrighi e volgari interessi». Basta sollevare un po' il velo blasonato, purtroppo, per averne conferma.

VII

Quanti profitti con il no profit

Quando la truffa comincia dal nome

«L'Aids? Fa vivere più gente di quanta ne faccia morire.» Sophie Chamaret non è una battutista da «Zelig», niente a che vedere con Gino e Michele, le formiche incazzate, la comicità veloce della tv. No, Sophie Chamaret è una ricercatrice importante, una delle più quotate studiose mondiali del virus Hiv, già collaboratrice di Luc Montagnier. Eppure, quando dal palco di una maratona televisiva, organizzata a Roma, in piazza Navona, proprio per raccogliere soldi contro la diffusione della «nuova peste», pronuncia la frase – ripetiamola: «L'Aids? Fa vivere più gente di quanta ne faccia morire» – a tutti viene subito in mente un libro di aforismi. E, soprattutto, quella indimenticabile battuta di George Bernard Shaw: «È vero che i ricchi fanno la beneficenza, ma anche la beneficenza fa i ricchi».

La differenza è che di solito Shaw provoca, al massimo, qualche sorriso (oltre alla solita domanda: ma quante battute avrà fatto Shaw nella sua vita? O, meglio ancora: c'è una battuta divertente che non venga prima o poi attribuita a G.B. Shaw?). Sophie Chamaret, invece, scatena il finimondo. Accuse, contraccuse, indignazione, proteste, fischi, polemiche, dibattiti. Ma anche consensi inaspettati. Come quello di un gruppo di sieropositivi, che nel bel mezzo di un parapiglia generale, proprio lì, in piazza Navona, davanti alla maratona tv, innalza un cartello: «L'Aids è la nostra malattia, non il vostro business». Bel messaggio: così disperato, così lucido.

L'ottava economia

Eh sì, lucido, lucidissimo. Perché ormai quelle della solidarietà sono diventate vere e proprie imprese: non raccolgono offerte, gestiscono il cash flow; non si presentano, organizzano il marketing; non sognano, scrivono il business plan; non si mettono d'accordo, costruiscono joint venture e magari anche qualche holding. Non pensano al prossimo, ma soltanto al prossimo affare. E la bontà alla fine resta una favola per i bambini che credono ancora all'esistenza di Babbo Natale e alla castità di Michelle Hunziker.

Con 19 milioni di lavoratori e 1100 miliardi di dollari di fatturato globale, il no profit può in realtà essere considerato come l'ottava economia del mondo, appena dietro a Canada e Francia ma davanti a Brasile, Russia e Spagna. Si calcola che ci siano oggi sul pianeta 10 milioni di organizzazioni di questo tipo con 800 milioni di persone in qualche modo coinvolte. La gratuità ormai è un ricordo lontano, diminuiscono i volontari, aumentano invece gli interessi e i lavoratori dipendenti. Solo negli Stati Uniti ci sono più impiegati nel business della solidarietà che nella pubblica amministrazione. Complessivamente gli enti no profit ricevono ogni anno in donazioni 150 miliardi di dollari, più o meno 200 mila miliardi di lire (per dare l'idea: due volte il fatturato annuo della Fiat). Soldi, naturalmente, che devono essere gestiti da manager esperti, capaci di destreggiarsi abilmente tra agevolazioni fiscali, rating, corporate, investment bank, cut-price, con conseguenti bonus, benefit e stock option. E stipendi d'oro. Sidney Taurel, presidente della più importante fondazione privata americana, la Lilly Endowment Inc., per esempio, è riuscito a incassare in un solo anno oltre 1 miliardo di lire. No profit, naturalmente, beato lui.

La solidarietà? «Un fattore competitivo»

«Che cosa distingue l'imprenditorialità del terzo settore dall'imprenditorialità tout court?» Renata Pisu, inviata della «Repubblica», alla prima tappa del suo viaggio nel mondo del volontariato coglie al volo il nodo del problema. E rivolge la domanda a uno che se ne intende, Stefano Radaelli, presidente del Consorzio Sistema Imprese Sociali. E lui, uno che con simili interrogativi ci vive, uno che ci avrà pensato su mille volte, uno che avrà partecipato a centinaia di dibattiti e social forum sul tema (con tanto di classica pennica postprandiale al tavolo degli oratori), ebbene uno così che ti va a rispondere? «Quello che distingue l'imprenditorialità del terzo settore dall'imprenditorialità tout court è la marginalità.» La marginalità? Ma che vuol dire? Che le imprese sociali stanno ai margini? O che si occupano di persone che stanno ai margini? Vuol forse dire questo? Che un'impresa che fa tanti soldi vendendo biscotti e cioccolata è «un'impresa tout court» mentre un'impresa che fa tanti soldi con gli ospizi dei vecchietti o gli asili nido è «terzo settore»? «La sfida è proprio questa» si corregge Radaelli: «Come gestire profittevolmente imprese no profit».

«Gestire profittevolmente»? Oddio: l'impresa sociale non sarà allora solo un pretesto? «Con la solidarietà diventeremo ricchi» dichiara un imprenditore del Nordest al settimanale «Vita». E poi precisa che, in effetti, essa (cioè la medesima solidarietà) «si rivela un fattore competitivo per le imprese nell'era della globalizzazione». Ma certo: un fattore competitivo. Non è un caso se il giornale che più si è occupato di associazioni no profit in questi ultimi anni, oltre appunto allo specializzato «Vita», è «Il Sole - 24 Ore», cioè il giornale di Confindustria. Anzi, il gotha degli imprenditori si è tanto occupato di associazioni no profit da fondarne una, Anima, associazione per la responsabilità sociale nell'impresa, la cui prima uscita pubblica è stata così sintetizzata da un quotidiano: *Busi-*

ness e no profit, insieme si può. «Ci manca solo» commenta amaro e ironico il padre nobile del volontariato in Italia, Achille Ardigò, «che il nuovo volontariato venga accolto in Confindustria.»

E perché no? Romiti, De Benedetti, la Fiat e la devota casa del bosco, attività estive per ragazzi sfortunati. Benetton, Merloni, Pininfarina e la pia associazione del samaritano, centro diurno per disabili e minori a rischio. Che differenza c'è? «Per noi operare nel terzo settore è prima di tutto un lavoro» dice senza ipocrisia Dalila Spaccarelli, tra le fondatrici dell'associazione culturale sportiva Amanita. Il presidente del Movi, Movimento di volontariato italiano, Emanuele Alecci, avverte: «Il terzo settore ormai sta diventando il luogo dove il mercato [tradotto: competizione, profitto] trova i prezzi più convenienti e a minor costo, null'altro». E l'economista Giorgio Fiorentini taglia corto: «Bisogna farla finita con l'idea secondo cui il no profit non deve fare profit. Anzi, ben venga il profitto». Chiaro, no? E se non fosse chiaro, chiarisce tutto Carlotta Jesi, ancora su «Vita»: «Quanto vale un volontario? Vietato rispondere oro, come il pane o un tesoro. Giudizi veri, per carità. Ma troppo generici. È di soldi che stiamo parlando, miliardi».

Il business della bontà fattura più della Telecom

Sì, parliamo proprio di miliardi. Parliamo di cifre da capogiro. Il terzo settore in Italia conta 221 mila organizzazioni, 630 mila lavoratori retribuiti e un fatturato di 73 mila miliardi di lire (quasi 38 miliardi di euro), che, tanto per avere un'idea, è quasi due volte la manovra economica 2003 del governo. Il bilancio medio (s'intenda bene: medio) delle organizzazioni che operano nel campo della sanità è di 1 miliardo e 400 milioni di lire, quello delle organizzazioni che operano nel settore dell'istruzione è di 817 milioni l'anno, la promozione del volontariato rende (sempre in media) 1 miliardo e 200 milioni l'anno. Ogni dodici mesi l'insieme degli enti ha la capacità di spendere la bellezza di 69 mila miliardi di lire, oltre 35 miliardi di euro, cioè poco meno del fatturato annuo dell'Eni, molto più di quello di Enel e Olivetti-Telecom.

Ma come mai questo boom? Lo spiega il rapporto Censis 2001: «L'interesse recente per il settore no profit deriva principalmente dal fatto che da molte parti si individua nel suo sviluppo la possibilità di ridurre il costo dei servizi». Proprio così: ridurre i costi. E tra le principali cause che provocano la riduzione dei costi l'austero istituto di ricerca elenca: la possibilità di «attrarre risorse private aggiuntive sotto forma di donazioni», la possibilità di «utilizzare il lavoro volontario» e, infine, la possibilità di «remunerare il fattore lavoro meno che nel settore pubblico».

Avete capito bene? Lo dice il Censis. Ma, a sentire queste parole, viene un sospetto: che quelle del no profit siano in realtà imprese come tutte le altre, soltanto capaci di approfittare dell'inganno linguistico (solidarietà, volontariato, fare del bene) e dell'aura di bontà che le circonda, per non rispettare i medesimi obblighi di legge che un qualsiasi signor Brambilla con la sua S.p.A. o S.r.l. deve invece rispettare. In sostanza: per avere meno rotture di scatole in fatto di norme sul lavoro e per pagare meno tasse. A casa mia, con tutto il rispetto, si chiama concorrenza sleale.

Sul punto sembra convenire anche il cardinal Carlo Maria Martini. «Più trasparenza nel no profit» ha detto nel giugno del 2002 l'ormai ex arcivescovo di Milano durante un convegno internazionale, invitando tutti i protagonisti del cosiddetto terzo settore a «purificarsi». Le agevolazioni fiscali, ha concluso Martini, devono andare «solo a chi agisce veramente senza fini di lucro». L'economista Marco Vitale parla di «no profit mascherato»: «Definisco così» spiega «quel ramificarsi di organizzazioni in attività schiettamente economiche e aziendali che si maschera con questa etichetta per perseguire altri obiettivi».

«Nuvola Nera»: no profit a luci rosse

A fine ottobre del 2002 a Milano viene arrestata «Nuvola Nera», al secolo Maria G., regina dell'hard. Quarantun anni, gran cultrice del sesso, nome d'arte rubato a un fumetto a luci rosse, la donna era nota per aver stupito tutti al Misex con i fianchi imbrigliati da una cintura formata da piccole catene. Poi si era presentata a una tv locale per chiedere di «liberare e liberalizzare» l'eros. Di emozioni forti ne ha sempre distribuite a piene mani nel suo locale Enigma Disco Club di piazza Tirana 11: ragazze provenienti da tutto il mondo, dal Laos alla Russia, si concedevano a clienti selezionatissimi al modico prezzo di 130 euro a botta, mentre la regista del piacere proiettava sulle pareti film piccanti con amplessi sfrenati e un sottofondo musicale di mugolii e sospiri. Quando i poliziotti (guidati da una delle lucciole, sfruttata, malpagata e maltrattata) hanno fatto irruzione nel ricercato bordello hanno trovato Nuvola Nera, il marito, parecchie cosce nude e altrettanti seni al vento; ma soprattutto hanno trovato i documenti che riconoscevano al locale la qualifica di «associazione no profit con fini esclusivamente culturali». Una ventina di uomini, secondo il rapporto, risultavano impegnati a perseguire i fini esclusivamente culturali di cui sopra.

Gli Amici di Eschilo e il Circolo per la Rilettura di Sofocle sarebbero contenti di tanto amore per la cultura. Ma esaurita la passione (e mai termine fu più azzeccato) per i classici, resta un dubbio: anche l'attività di Nuvola Nera può davvero essere classificata come no profit? In fondo, è vero: si prende cura degli altri. E almeno lo fa in grande stile, mugolii e sospiri compresi. Sempre meglio, a conti fatti, di quell'altra associazione, l'Avas (Associazione Volontariato e Assistenza Sociale), che invece usa il pretesto degli handicappati per una truffa da poche lire. «Striscia la notizia» l'ha denunciata, puntata del 29 ottobre 2002.

Che cosa fa l'Avas? È semplice: sceglie alcuni hotel a caso sull'elenco del telefono e manda loro un fax: «Confermiamo prenotazione persone invalide. Andate a prenderle con vostra navetta alla stazione». Siccome l'hotel non ha ricevuto nessuna prenotazione, si affretta a chiamare per capire che sta succedendo. Inutile dire che le persone invalide non ci sono, la prenotazione, la navetta e la stazione neppure. L'unica cosa che esiste di certo è il numero di telefono in fondo al fax che, guarda caso, è un 899..., a pagamento, 5 euro al minuto. L'hotel telefona, il contatore scatta, l'associazione incassa.

Quando l'inviato di «Striscia la notizia» si presenta nella sede dell'Avas di Sesto Fiorentino, naturalmente di volontari e di assistenza sociale non trova nemmeno l'ombra. C'è invece un call center. E una responsabile piuttosto imbarazzata: «Sì, siamo un'associazione...» cerca di giustificarsi. «Abbiamo iniziato con il trasporto per le aziende, ma siccome non si guadagnava abbastanza abbiamo preso questo numero...» Il trasporto per le aziende? Non si guadagnava abbastanza? Abbiamo preso questo numero? E vi chiamate ancora volontari? «Sì, siamo un'associazione di volontariato.» Ma sicuro...

Dietro il paravento

No profit «mascherato», appunto. C'è chi dietro il paravento del bene nasconde un sofisticato bordello, chi un call center. Chi interessi economici, chi altri obiettivi. «I rappresentanti dell'associazionismo sono politicizzati e poco affidabili» dice il ministro della Sanità Girolamo Sirchia. E il ministro del Welfare Roberto Maroni conferma: «Ci sono persone, in questi enti, che pubblicamente criticano il governo e privatamente chiedono al governo soltanto dei favori».

Di sicuro tutti gli enti, dietro il paravento, nascondono un po' di improvvisazione. «Il no profit italiano è cresciuto troppo in fretta e oggi sta vivendo una crisi di organizzazione» osserva un grande esperto di comunicazione pubblica come Toni Muzi Falcone. E il direttore di «Vita»

Riccardo Bonacina arriva a calcolare che «su 220 mila enti un vero bilancio ce l'avranno sì e no un centinaio». Dolo? Ma no. «Ci vedo più impreparazione e incompetenza» risponde. E Muzi Falcone rincara la dose: «I bilanci non vengono fatti per il semplice motivo che molte associazioni sono assolutamente prive di capacità organizzative».

Il bilancio è importante, come spiega l'avvocato Andrea Petrucci, esperto di no profit in Italia e negli Stati Uniti. «La convinzione di non doverlo compilare quando si raccolgono pubblicamente soldi è inaccettabile» sentenzia. E l'economista Giorgio Fiorentini è d'accordo: «Ci vuole una trasparenza assoluta, sia nei criteri contabili che nel comportamento dei manager». Ecco, siamo arrivati al punto: i manager. Ormai il business è diventato così grande che sembra impossibile poter fare solidarietà senza aver prima fatto un master alla Bocconi. Ma è proprio vero?

Che orrore l'elemosina. Meglio la venture philanthropy

Nell'ottobre del 2002 si è tenuta ad Arezzo la quarta Conferenza nazionale sul volontariato. Temi di discussione: il sistema del welfare, la defiscalizzazione delle donazioni, la cultura gestionale, addirittura (new entry) la «venture philanthropy», ovvero «la trasposizione in chiave no profit di tecniche e modalità di investimento applicate nel mondo del venture capital». Meraviglioso. In compenso quando gli organizzatori dell'incontro hanno esposto il manifesto della conferenza, una mano che porge un pezzo di pane a un bambino affamato, tratto da un affresco del XIII secolo, tutti si sono inalberati: «Come si permettono di identificarci con quella mano che porge il pane? Ricorda troppo l'elemosina». Eh già, che orrore l'elemosina. Meglio il venture capital.

Sia chiaro: le organizzazioni che davvero operano in nome del bene, e soltanto per il bene, sono la maggioranza. Oltre la metà delle 221 mila sigle no profit censite dall'Istat (121 mila, il 54,9 per cento del totale, a voler essere precisi) ha entrate annuali inferiori ai 30 milioni. Ma ce ne sono 20 mila (il 9 per cento del totale) che ogni anno incassano più di 500 milioni di lire: sono queste a concentrare nelle loro mani oltre l'80 per cento di quei 73 mila miliardi che costituiscono il fatturato di tutto il settore. Ed è per loro che nascono i fogli dedicati al «social job», è per loro che si organizzano «master in no profit», corsi in «disciplina giuridico-fiscale per il no profit», «fund raiser», «società consortili del no profit», per loro si rilasciano «diplomi part-time» in «emergenze e interventi umanitari». Sono questi, per citare l'«indagine critica» di un volontario doc come Giulio Marcon, che «egemonizzano i rapporti con le istituzioni e la politica, con i finanziamenti e le risorse, con i media e gli sponsor».

«Tra microstrutture sostenute quasi esclusivamente da volontariato e grandi fondazioni o cooperative, dotate di abbondanti risorse in termini di personale e capitale» scrive ancora il rapporto Censis «esistono differenze troppo marcate perché il settore possa considerarsi come un tutto unico. Sembra pertanto urgente sciogliere questa ambiguità.» In altre parole, non pigliamoci più in giro.

Anche perché questa ambiguità è un boomerang: alla fine, nonostante gli immediati ed evidenti privilegi, a pagarla sono proprio le associazioni del terzo settore, come aggiunge Marcon: «Nel lungo periodo la competizione non può che premiare il profit, che può contare su vantaggi comparati ben maggiori del no profit: la disponibilità di capitali, il maggiore accesso al credito, la superiorità di innovazione tecnologica, l'assenza di condizionamenti etici nella definizione dei prezzi dei servizi ... I fattori cosiddetti competitivi del terzo settore (presenza di volontariato e forte motivazione) si stanno indebolendo sempre più sotto il peso delle tendenze al business delle organizzazioni di successo».

E i volontari (quelli veri) se ne vanno

Perché poi è proprio questo il risultato finale: aumentano i professionisti del volontariato, diminuiscono i volontari. «Quindici per cento in meno» dicono alla Demoskopea (giugno 2002). «Dai nostri dati» spiega il presidente Enrico Finzi «emerge che il calo riguarda soprattutto i giovani (cioè fra i 14 e i 34 anni), mentre l'impegno degli over 65 anni rimane invariato.» La Fivol conferma: la popolazione dei volontari invecchia, la maggioranza di loro (38,4 per cento) ha tra i 45 e i 65 anni, mentre quelli sotto i 30 anni sono solo l'8,3 per cento. «Pochi giovani, un'assenza allarmante» denuncia il rettore della Cattolica, Lorenzo Ornaghi.

I giovani, scrive il sociologo Ilvo Diamanti, considerano le organizzazioni del bene ormai distanti da loro, al pari di quelle politiche e sindacali. «Spesso sono solo un'occasione di lavoro» aggiunge. «Si può lavorare qui come in un'azienda pubblica o privata. Trovano impiego come volontari piuttosto che come dipendenti o autonomi.» Ancora i dati Fivol: le organizzazioni composte esclusivamente da volontari sono scese negli ultimi cinque anni dal 34 al 22 per cento del totale, mentre la presenza di operatori stipendiati all'interno di associazioni, cooperative ecc. passa dal 12 al 22 per cento. *Volontari vecchi e... retribuiti* ben sintetizza in un titolo, nel giugno 2002, il quotidiano dei vescovi «Avvenire». E spiega: «Su cinque milioni di persone a diverso titolo coinvolte o interessate in attività di volontariato solo 500 mila possono essere definiti volontari doc, in senso stretto».

Cinquecentomila, proprio così. Poi si sprecano dossier sui milioni di volontari, l'esercito della bontà, la generosità dei giovani. Ma la realtà, ormai, è questa: chi studia il fenomeno da vicino lo sa. I volontari sono pochi e tendenti al grigio, almeno nel colore dei capelli. E qualcuno già si sforza di prenderne pubblicamente le distanze. Durante il Civitas di Padova, salone ufficiale del no profit, per esempio, il responsabile di una cooperativa sociale veneta dice apertamente che «con il mondo del volontariato non abbiamo niente a che fare, anzi il volontariato è un limite allo sviluppo dell'impresa sociale. In sostanza, del volontariato non c'è più bisogno». Se non c'è più bisogno, va bene: basta non stupirsi poi se le associazioni benefiche, viste dall'interno, ormai assomigliano sempre più all'università della terza età.

«Il volontariato è in pericolo» dice lo studioso Stefano Zamagni, padre nobile del no profit in Italia. E il già citato Marcon spiega: «Il volontariato esce sconfitto dall'impresa sociale: da anni politiche, provvedimenti, norme sono indirizzati prevalentemente a sostenere, più che il suo protagonismo politico e sociale, la dimensione economica e imprenditoriale del terzo settore». Per questo già qualcuno parla di creare il «quarto settore»: «Perché mai?» si chiede monsignor Nervo, già direttore della Caritas italiana. «Indubbiamente perché nel terzo settore, come va configurandosi, non ci si trova bene.»

E del resto come si fa a trovarsi bene in questa grande melassa che è diventata il terzo settore, dove il genuino slancio di generosità di migliaia di persone viene incanalato, usato, gestito, fagocitato o almeno egemonizzato da pochi «gulliver», i cui dirigenti si sforzano di assomigliare sempre più ai «capitani d'impresa», sfoggiando linguaggi e tecniche da «Come leggere il "Sole - 24 Ore"»? Come si fa? «Il volontariato rischia di tradurre la solidarietà in un valore di mercato» sintetizza Ilvo Diamanti. E poi, più poeticamente: «Quando il volontariato è partito, anni fa, era come un calabrone: nessuno avrebbe pensato che una struttura così pesante e con ali così piccole potesse volare. E invece l'ha fatto. Ora vedo tante laboriose formiche in fila, ognuna che porta le sue briciole. Ma di tanto in tanto le formiche dovrebbero ricordarsi di essere stati dei calabroni. E tornare a volare, sfidando anche le leggi della fisica».

Ok il prezzo è equo (tinga tinga e guaranà)

Sia chiaro: non c'è niente di male a essere formiche anziché calabroni. Anzi, entomologicamente parlando, forse è pure meglio. Fuor di metafora: non c'è niente di male (anzi) a organizzare un'impresa sociale. Non c'è niente di male (anzi) a diventare professionisti del bene, strutture organizzate che anziché produrre bulloni, pasta e dentifrici si occupano di produrre servizi sempre più richiesti dalle nostre società, come l'assistenza agli anziani o agli handicappati. L'importante è saperlo. E non nascondere una pura operazione commerciale dietro nobili intenti. Perché poi tutti se ne accorgono. E le conseguenze, a lungo andare, diventano devastanti.

Il discorso vale anche per il commercio equo e solidale, nuovo bollino, marchio doc che sembra in grado di trasformare qualsiasi schifezza in pane degli angeli. Di che cosa non avete bisogno? Avanti, c'è posto, state sicuri che alla bottega del Terzo mondo lo troverete: bastoncini d'incenso indiani, lo xilofono di zucche di legno che arriva dal Camerun, collane d'erba del Benin, saponi pure quelli del Benin (cooperative Art Savon), datteri iracheni, bicchieri blu prodotti da una cooperativa di donne del Guatemala, orrendi maglioni peruviani, bigiotteria keniota, tazzine sandiniste e guaranà («biodiversità, ricchezza dei popoli»), biglietti «tinga tinga con scene di vita quotidiana africana» che probabilmente saranno stati stampati in una tipografia di Cinisello Balsamo...

«Basta con i cesti natalizi, quest'anno regala il torrone equosolidale» propone una delle cooperative. Il torrone equosolidale (ma che delizia, ma che bontà) «è disponibile singolarmente con apposito modulo d'ordine», ma su richiesta può anche «essere inserito nei cesti regalo». In alternativa ci sono anche i bicchieri in plastica che pur essendo in plastica diventano subito politicamente corretti perché hanno il magico marchio dell'equosolidale («Così puoi mandare un messaggio anche attraverso la degustazione» dice lo slogan), gli equoquaderni grandi, gli equoquaderni piccoli, gli equoblocchi (bloc notes) grandi e piccoli e le scatole confezione che sono prodotte a Vicenza ma siccome portano su impresso un campesino diventano di colpo molto eque, trendy e soprattutto «ideali per panettoni e oggetti non troppo pesanti». Da non dimenticare neppure i biglietti xochipilli con sei disegni di uccellini colorati e un proverbio sul retro. E poi, imperdibile, il catalogo artigiano Vietnam: borse e accessori, sciarpe, tessuti per la casa e altri capi di abbigliamento, con tanto di bambini messi in posa come piccole mannequin in una specie di Postalmarket del Terzo mondo. Gioco crudele, eppur equo e solidale.

Ma a chi volete raccontarla? Il commercio equosolidale è ormai diventato un grande business: in Europa conta 2740 botteghe, 1140 dipendenti e un fatturato di 369 milioni di euro, oltre 700 miliardi di vecchie lire. Solo nel nostro paese si può far forte con 374 botteghe, 120 dipendenti, 1500 volontari e un fatturato superiore ai 16 milioni di euro, oltre 30 miliardi di vecchie lire. Senza contare che il marchiettino magico ha già fatto la sua comparsa in ben 2620 supermercati: fra un reparto surgelati e l'altro, quelli della grande distribuzione hanno subito capito l'affare. E non hanno nessuna intenzione di lasciarselo scappare.

Per questo fin dal 1994 è nato il simbolo di TransFair: un omino bianco e nero che dove compare benedice e rende buono. «L'operazione è ambiziosa» spiega Davide Musso su «Altreconomia». Si tratta di «mettere la propria firma su alcuni prodotti facendoli passare come commercio equo e solidale». Facendoli passare? Ma sì, facendoli passare. È un «sentiero minato» avverte l'imprenditore Tonino Perna. «Io mi ritiro» annuncia padre Alex Zanotelli. E, in effetti, come dar loro torto? Se non altro, almeno sono coerenti. Ma come? Tu contesti l'economia globale, vuoi sovvertire le leggi del mercato, e poi non fai altro che andare a riempire gli scaffali del supermarket con altra cianfrusaglia? Usi la presunzione di bontà per vendere a prezzi più cari? E questo sarebbe equo? E questo sarebbe solidale?

«L'equo sta diventando un business, proprio i numeri lo confermano» ammette senza giri di parole uno dei più autorevoli esponenti del movimento, Paolo Chiavaroli, della bottega marchigiana Mondo Solidale. E aggiunge: «Esiste già chi si butta nel settore solo per ingrassare il conto in banca». «Sì,» conferma Teresa Pecchini della cooperativa Ravinala di Reggio Emilia «c'è la paura che il marchio diventi una questione solo commerciale per cui la gente va al supermercato, riempie il carrello di schifezze e qualche prodotto del commercio equo, ed è tutta contenta.» Magari fregata, ma contenta. Ethic, nel frattempo, è già diventato il logo di una linea di mutande.

Le buone azioni? Ormai esistono solo a Wall Street

E la finanza etica? Ma sì, prendete il settimanale «Vita», organo ufficiale del no profit. Ogni settimana pubblica una pagina con l'andamento dei «fondi etici». Altro che dar da mangiare agli affamati: ormai è tutto un moltiplicarsi di bench mark, ethical index, socially responsible investing «con approccio best in class», Standard & Poor's e Moody's. Uno cerca un po' di ristoro dell'anima, che ne so?, pensa per esempio ai poveri, ai senza casa, agli ammalati. E invece si trova, all'improvviso, come buttato dentro una società di broker: com'è oggi il rating della bontà? Tira il Dow Jones etico? Attenzione: forse è in crisi il mibtel della carità... «Noi gestori di un fondo socially» spiega uno di «loro», «siamo investiti da molteplici responsabilità. Per esempio: l'aspettativa reddituale, l'aspetto socio-ambientale, l'engagement... L'engagement assume forme molto diverse a seconda dell'indirizzo di gestione che gli asset manager intendono applicare». Chiaro, no? Addio per sempre, cari boy-scout: le buone azioni, oggi, esistono soltanto a Wall Street.

Diceva Bertolt Brecht: il vero reato non è rapinare una

banca, ma fondarla. Ecco, appunto: i cattivi rapinano le banche. Quelli buoni l'hanno fondata. La Banca Etica, battezzata nel 1994, ha mosso i suoi primi passi nel 1999. E nel giro di pochi mesi ha raccolto 17 mila soci e 175 miliardi di lire di risparmio. Che cosa ha fatto di questi soldi? Un po' li ha girati alle associazioni no profit, un po' li ha investiti. Ed essendo una banca, per quanto etica, li ha investiti cercando di guadagnare. «Neanche i fondi comuni di Banca Etica potranno esimersi dallo speculare» ha commentato inorridito uno dei più intransigenti osservatori del settore, Mameli Biasin, che giudica contraddittorio «sviluppare la negoziazione in Borsa, anche con fini buoni».

Ma dài, che ipocrisia: se uno fa una banca, poi i soldi li deve investire per forza. Proprio così: deve «speculare», e pazienza se il verbo irrita le anime belle. Chi mangia fa mollica, chi immerge le mani nello sterco del demonio non può pretendere che profumino di lavanda. Ma, si capisce, per i «buoni-sempre-buoni» questa semplice verità è difficile da accettare. E così sono liti furibonde, domande angoscianti («Dove ci fermiamo?»), questioni vitali («Se un'azienda realizza lo 0,1 per cento dei suoi guadagni tramite la vendita di alcolici e per il resto produce depuratori per l'ambiente potrà avere o no i soldi della Banca Etica?»). Qualcuno per uscire dal tunnel propone di creare «fondi di terza generazione» («Si sceglie un settore, per esempio quello automobilistico, si prendono le prime venti case e si delineano i criteri di selezione. Le aziende o l'azienda più etica verrà acquistata»: semplice, no?). Altri si dividono e, per ripicca separatista, fondano una seconda banca etica «centrista» in contrapposizione alla prima, considerata «ulivista». Perfetto. Ma mentre i sostenitori dei soldi puliti litigano, gli altri si mettono d'accordo per tuffarsi a capofitto nel business della finanza etica tanto quanto i supermercati si buttano sul business del caffè etico e le aziende tessili sul business delle mutande Ethic. Evviva: il fondo è etico (e il fondoschiena pure).

Non stiamo scherzando. E citiamo in ordine sparso: la

Banca Popolare di Milano apre il Conto Etico, la Banca Credito e Industria pure, il Banco Ambrosiano Veneto pubblicizza il Conto Girotondo (senza riferimento a Nanni Moretti), la Banca di Piacenza il Conto Conquiste, poi ci sono il Conto Progresso (Popolare di Bergamo) e il Programma Risparmio Etico (Cassa di Risparmio di Firenze). La Deutsche Bank inventa la «Mastercard etica». L'Azimut lancia sul mercato l'Azimut solidarietà, la Bnl l'obbligazionario per Telethon, il San Paolo l'obbligazionario etico area euro e anche l'obbligazionario etico genericamente estero, per gli amanti della City c'è il Green Equità Fund della Sogefist e poi il Fondo Solidea e il Conto Solidarietà.

Come funzionano questi conti? È semplice: chi li apre fa un po' di beneficenza. Ma non ci perde una lira perché: a) i soldi vengono versati direttamente dalla banca; oppure b) i soldi vengono prelevati dal conto dei clienti, ma ricompensati con minori costi e con agevolazioni di altra natura. Dunque, paga sempre la banca. E perché? Evidente: ragioni di marketing. La quota in beneficenza (a parte il fatto che molte banche sono tenute a devolverla per ragioni statutarie e altre trovano conveniente farlo per ragioni fiscali) è comunque inferiore al costo di qualsiasi campagna pubblicitaria. E in termini di immagine e di capacità di attrarre clienti non ha pari. Non è un caso se, come nota Monica Salvato nel suo chiaro e documentato dossier su credito e solidarietà («I finanziamenti privati al nonprofit in Italia»), «in nessuna delle banche esiste un settore o una sezione che segue i rapporti con il no profit, ma ogni questione è curata dal reparto pianificazione commerciale». Cioè dal marketing. Come volevasi dimostrare.

Lorizzonte è cupo

Alla fine, dopo aver viaggiato per giorni tra i documenti sul nuovo modello di sviluppo, guide al consumo critico, caffè che «fanno passare la fame» (*sic*) perché arrivano dal Terzo mondo, social job, ethical underperformance, finanzabuonaonlinepuntoit, alla fine resta l'impressione che sia tutto altamente professionale, manageriale, buyer, raider, broker, una gran quantità di parole nuove, assai eque e solidali, ma più o meno senza senso. Perché, in fondo, tutti sono molto attenti a discutere i criteri di eticità quando si deve aprire un conto corrente, poi però se ne dimenticano in fretta quando devono aiutare il prossimo.

La stessa impressione ce l'hanno nel luglio del 2002 due inviati del «manifesto» quando entrano nel campo di accoglienza Lorizzonte, in provincia di Lecce, che la patinata brochure e l'elegante sito web (si può oggi aiutare il prossimo senza brochure e sito web?) descrivono come una «sorta di paradiso per migranti». Ai loro occhi appare tutto assai diverso:

> In un cortile spazioso, ma inesorabilmente chiuso da mura e sbarre, bivaccano centinaia di richiedenti asilo, senza alcuna forma di assistenza e sostegno. Sono malvestiti, spesso senza scarpe, sporchi e trasandati. Del laboratorio odontoiatrico, del barbiere e dei tanto decantati servizi di consulenza legale non troviamo traccia. Non ci viene permesso di visitare le camerate «per ragioni di privacy» ma dalle finestre che affacciano sull'atrio si possono vedere letti ammassati in stanze di piccole dimensioni. Quelli di loro con cui riusciamo a parlare lamentano l'abbandono in cui sono lasciati e le condizioni igieniche precarie in cui sono costretti a vivere. «Siamo ammucchiati a decine nelle camerate, con in tutto cinque docce» dice Omer, kurdo di Turchia, da 17 giorni nel centro. Le sue parole in qualche modo confermano i dubbi avanzati nel febbraio dello scorso anno dalla Asl.

Alla faccia della brochure e del sito web, Lorizzonte è cupo, dunque, come titola «Il manifesto», che nonostante l'indignazione degli operatori pugliesi, insiste: «Ciò che i nostri cronisti hanno scritto è esattamente ciò che hanno visto». Sì, l'orizzonte è cupo. Così cupo che persino l'Unitalsi, quella dei pellegrinaggi a Lourdes, dei viaggi della speranza, con i treni dei miracoli, viene trascinata nel fango di un tribunale. «Sul conto corrente bancario [dell'Unitalsi]» scrive il pubblico ministero che chiede l'archiviazione «non passarono tangenti, ma soltanto regali del costruttore torinese Gilardi a privati in relazione ad appalti che interessavano alla succursale romana della Gilardi.» Capito? Su quel conto non passano tangenti (e meno male), ma «soltanto» alcune regalie dei palazzinari. Perfetto, assoluzione. Ma che c'entrano i palazzinari con la Madonna di Lourdes? E con i miracoli? E con i malati?

L'orizzonte è proprio cupo, con o senza l'apostrofo. Dal già citato scandalo Soccorsopoli di Milano emergono le prove che alcune Croci e misericordie, ormai diventate business puro, pagano mazzette agli infermieri per spartirsi il trasporto di cadaveri e malati. Un regalino per ogni «terminale» segnalato, «Codice 100» per dire che i parenti devono pagare 100 mila lire, versamento regolare, ogni inizio mese, con svizzera puntualità. E senza scrupolo. «Quella donna dializzata non ha i soldi per pagare il trasporto?» «Esatto.» «L'Asl non rimborsa per un intoppo burocratico?» «Esatto.» «Che resti lì.» «Ma rischia la vita.» «Pazienza.» E alla fine della giornata si dividono i soldi raccolti, per le ambulanze, alle porte del cimitero. Un business così ricco che, per spartirlo, nel 2002 cominciano a scoppiare le bombe intimidatorie davanti ai portoni. Milano, capitale della solidarietà. Succursale della Colombia.

L'orizzonte è cupo, se persino la blasonata Fondazione Italiana per la Ricerca sul Cancro trova normale inviare ai suoi associati un questionario con la seguente domanda: «Lei ha mai pensato di fare testamento?». Così, direttamente. E poi ancora: «Pensa di introdurre nel suo testamento una buona causa?», «Conosce persone che hanno già fatto testamento?», «Si è mai rivolto a un notaio per chiedere informazioni su come fare testamento?». E soprattutto: «Trova chiaro e coinvolgente il nostro messaggio? (veda la copertina del pieghevole allegato)». Ma certo: io mi associo alla Fondazione per la Ricerca sul Cancro, magari sono malato o lo sono stato oppure ho un parente in chemioterapia, e la ricerca come mi aiuta?

Manda a casa una lettera (con pieghevole allegato) che mi invita (tocca ferro) a fare testamento. Manca solo il suggerimento: «Fai in fretta a morire», e poi è perfetto.

L'orizzonte è cupo soprattutto ora che è arrivata l'ultima moda: i rifugi per cani randagi. Ne nascono dappertutto, in ogni momento. Poi ogni tanto arriva qualcuno (polizia, guardia di finanza, volontari, «Striscia la notizia») e si accorge che i rifugi sono in realtà dei lager, messi in piedi da persone che hanno a cuore non tanto il destino di Fido quanto quello del loro portafoglio. Un miliardo di lire al canile di Bari, 1 miliardo e 750 milioni a Olbia, 700 milioni a Matera, 1 miliardo e 750 milioni a Taranto. Tasso di mortalità delle bestie nelle strutture sovvenzionate: altissimo. Schiattano 37 cani su 100 a Olbia, 39 su cento a Matera, addirittura 59 su 100 a Caltanissetta. A Brindisi in una sola notte sono scomparsi 600 dei 900 randagi rinchiusi. Ma che importa? Qui c'è un business da 500 miliardi di vecchie lire (250 milioni di euro), e amare gli animali va molto di moda. Una brochure, un sito web, un convegno sui criteri di eticità, e via. Avanti, no profit. Approfittiamone.

Che affare le adozioni: 100 miliardi l'anno

Appena sotto il business dei randagi (spiace dirlo, ma economicamente parlando è così) è il business delle adozioni internazionali. Vale circa 100 miliardi di vecchie lire (50 milioni di euro) l'anno. In compenso, quanto a caos non ha eguali. «Dei 20 mila bambini che ogni anno arrivano in Europa per essere adottati, circa il 25 per cento vengono sottratti alle loro famiglie illegalmente» scrive nel luglio 2002 il settimanale «Vita». Gli orfanotrofi della Romania sono stati per anni territorio di rapina, ora la Bielorussia contende il primato. Già nel 1995 un'associazione italiana, Agape, denunciava: c'è una tratta di minori dall'Est, e bisogna pure pagare il pizzo. La risposta è subito arrivata: minacce e attentati contro la medesima Agape.

L'Ucraina è un Far West: bambini scelti da catalogo e sostituiti all'ultimo minuto da direttori a caccia del miglior offerente, altri dichiarati malati anche se non lo sono, «accoppiati» con genitori italiani e poi all'improvviso prelevati dall'istituto dalla madre naturale o da altre coppie straniere. «Una situazione intollerabile» dice Melita Cavallo, presidente della Commissione adozioni internazionali, che il 16 luglio 2002 ha bloccato ogni pratica con Kiev. Un anno prima la stessa decisione era stata presa dalle autorità moldave: «L'adozione di bambini nel nostro paese» aveva detto il primo ministro Vasile Tarlev «è diventato un business gestito con una rete ben sviluppata».

Nel 1998 finisce nel mirino della polizia federale brasiliana un giudice, Luiz Beethoven Giffoni Ferrera. L'accusa: vende neonati. «L'industria dell'esportazione dei bambini funziona così» spiega il settimanale carioca «Istoé». «Un giudice mette sotto assedio le famiglie più povere e disperate, dove generalmente non esiste una figura paterna, accusa le madri di essere inaffidabili o di maltrattare i propri figlioletti. Poi, nel giro di poco tempo, toglie loro la potestà e affida i bambini a coppie straniere in cambio di qualche mazzetta.»

Ma il caso Brasile non è unico. In Costa Rica, scrive ancora il settimanale «Vita», un noto avvocato, da sempre impegnato nella difesa dei diritti umani, Hermes Navarro della Valle, ha denunciato pubblicamente alcuni suoi colleghi che comprano bambini da ragazze madri in difficoltà economiche. «Altri» racconta il legale «vanno dalle prostitute incinte e promettono soldi in cambio del nascituro. Ci sono addirittura alberghi preadottivi appositi per portare a termine gravidanze clandestine. Si chiamano *processing houses*, posti dove le coppie possono scegliere su un catalogo i bambini da adottare.»

Nel 2000, per cercare di porre un freno a questo mercato illegale, entra in vigore la nuova legge italiana e viene istituita la Commissione per le adozioni internazionali. «Una scommessa di trasparenza» dicono gli esperti. «Basta con il fai da te» ripetono. «Basta con i ladri di bambini e con la caccia al minore.» Infatti. Pochi mesi dopo è già caos. Il presidente della commissione, il giudice Luigi Fadiga, si dimette sbattendo la porta e accusando: «Vogliono trasformare gli enti in agenzie di viaggio». Gli succede Melita Cavallo, giudice del tribunale di Napoli. Il 5 novembre del 2001 è costretta a bloccare ogni attività, lamentando la mancanza di sede e di mezzi tecnici. Tutto si paralizza, tranne le polemiche. Una settimana dopo, la commissione riprende i lavori, ma intanto vengono sospese le adozioni internazionali dalla Romania, dalla Russia, dalla Bielorussia e dalla Moldavia. Venticinquemila famiglie italiane aspettano un bambino e premono, disposte a tutto pur di coronare il loro sogno. L'Unione Europea ci bacchetta.

«Che cos'è che non va? L'intera strategia d'attuazione dell'adozione internazionale» sentenzia Marco Griffino, presidente di Amici dei Bambini (Aibi), una delle principali associazioni. Nel frattempo il numero degli enti accreditati a operare in un settore così delicato come quello dell'import di bebè cresce a dismisura e tocca il numero record di 57. Persino la Regione Piemonte, fiutato il business, ci si tuffa dentro con una propria struttura, finanziata con 3 miliardi di denaro pubblico. È proprio necessario? Ed è necessario che di adozioni internazionali si occupino 57 sigle diverse? Chi le controlla? Il proliferare è d'altra parte facilmente spiegabile con le tariffe. Per ogni bimbo che riesce a trovare casa in Italia le associazioni incassano tra i 20 e i 40 milioni delle vecchie lire, ma in alcuni casi si è arrivati anche a 50 milioni (viaggi e soggiorno nei paesi esteri esclusi).

«Le adozioni sono troppo care» tuona il ministro Maroni non appena insediato al suo posto, nel 2001. E alla commissione esplode lo «scandalo costi». Tutti sembrano d'accordo: bisogna ridurre. «Per mamma e papà è un sacrificio economico sbalorditivo» scrive «Vita». E Antonio Faticati, presidente di Genitori Si Diventa racconta: «Conosco coppie che, dopo aver ottenuto l'idoneità, hanno rinunciato ad adottare per problemi di prezzo: con un mutuo da pagare e lo stipendio che è quello che è, non è facile trovare in breve 20 o 30 milioni». Ma appena ci si mette a discutere concretamente di un «tetto» per le pratiche (10 milioni, viaggi e soggiorni esclusi) ecco che l'accordo svanisce. E, anzi, comincia una lite furibonda con molte associazioni che alzano la voce: «Impossibile far pagare di meno. Abbiamo dipendenti, spese vive e vogliamo mantenere il servizio a un certo livello». Risultato: nel novembre 2001 viene raggiunta un'intesa su tutto. Ma non sui soldi. Se ne ridiscute nel 2002, poi nel 2003. Il 9 gennaio 2003 viene finalmente annunciato l'accordo anche sui soldi, ma bisogna definire il testo ufficiale, poi i «ritocchi». Poi forse, poi chissà. Di certo c'è solo questo: il no profit ormai è diventato profit. Sempre e comunque. Persino quando si occupa di bambini.

VIII

Viva la pace. Eterna

Quando i buoni fanno il gioco dei cattivi

Adesso va di moda Emergency. Se vuoi avere successo in società devi sostenere Gino Strada. Fai un disco? Gli devolvi un contributo. Fai un concerto? Pure. E se lui scrive un appello, corri a firmare.

Nell'autunno del 2002 Gino Strada pubblica il documento «Fuori l'Italia dalla guerra». Si spalancano i salotti tv, applausi a scena aperta, piovono sottoscrizioni. Nessuno può sottrarsi. E per forza: chi mai oserebbe dire di essere (così, in generale, per partito preso) a favore della guerra? La lista del politicamente corretto si allunga a dismisura: Aldo, Giovanni e Giacomo, Diego Abatantuono, Enzo Biagi, Giorgio Bocca, decine di calciatori di serie A, Candido Cannavò, Sergio Cofferati, Ellekappa, Carlo e Inge Feltrinelli, Carla Fracci, Beppe Grillo, Francesco Guccini, Jovanotti, Ligabue, Rita Levi Montalcini, Nanni Moretti, Fernanda Pivano, Michele Santoro, Francesco Totti, Christian Vieri, per citare solo qualcuno, in rigoroso ordine alfabetico. Se non sei in quella lista, è chiaro, non conti una pera cotta.

Avanti, allora, tutti insieme, appassionatamente. Per Gino Strada Jovanotti, Luciano Ligabue e Piero Pelù incidono *Il mio nome è mai più*. E Marco Melandri offre tuta, guanti e stivali griffati Spiderman indossati al gran premio del Mugello. E Fabio Fazio compare al supermercato dove si raccolgono fondi. E Cicciobello lancia il bambolotto speciale. E i calciatori mettono all'asta le loro maglie ancora inzuppate di sudore. E gli interisti mettono all'asta le loro gigantografie. E giù giù fino al gruppo di volontari di Policoro, Matera, che organizza presso l'Arena dei Giardini Murati la seconda edizione dell'imperdibile «Dany for Emergency».

La Telecom di Tronchetti Provera paga l'affitto della sede di Emergency: 700 metri quadrati in pieno centro di Milano. E banchetti con il marchio magico compaiono dappertutto: ai concerti dei Nomadi, agli spettacoli di Grillo, al salone dell'autotrasporto organizzato, al Cicloday di Capello (Chieti), alla mostra Orcomondo con i bambini di Bitonto (Bari), al Carpino Folk Festival di Manfredonia, al concerto di Ligabue, al concorso di giovani band di Lagosanto (Ferrara), agli spettacoli di Paolo Rossi e di Lella Costa, e alla corsa del Trenino nell'ambito della gara podistica Cogollo del Cengio ad Asiago.

Chi non s'accontenta di scendere sotto casa, poi, può sempre organizzare un'impresa eroica, come ha fatto il motociclista Marco Deambrogio, 36 anni, di Valenza Po: 25 giorni di viaggio, oltre 15 mila chilometri, 10 stati attraversati per andare da Milano a Kabul con lo scopo di raccogliere denaro e costruire un nuovo ospedale. «L'anno scorso avevo fatto il giro del mondo» spiega. «È una mia passione.» E che c'è di meglio che soddisfare le proprie passioni con in più il marchio della bontà? Per quanto riguarda l'altro marchio dell'impresa, quello non cambia mai. È sempre la Bmw. Chissà se per Emergency paga di più.

Massaggi e messaggi alla fiera di Vogogna

Appuntamento a Vogogna, Vibo Valentia. 14 e 15 settembre 2002, Palazzo Arcangeli, dalle 10 alle 20, orario continuato: «Massaggi per Emergency». In collaborazione con il Centro Sole. E dev'essere davvero fantastico: rilassati e aiuta i bambini afghani, sciogli i muscoli e costruisci un ospedale a Kabul. Ah, la tua pelle diventerà meno grassa e i bambini dell'Africa meno magri. Che meraviglia. Sarebbe bastata un po' più di fantasia, uno slancio di originalità, sprazzi di calembour e si poteva trovare anche uno slogan adeguato. Che so? «Dopo i messaggi, passa ai massaggi. Aiuta Gino Strada.»

Perché stupirsi? Ogni slogan è buono. Ormai non c'è angolo del paese, fiera del castagnaccio o palio della carota ribollita che non abbia la sua bella iniziativa a favore dell'associazione che piace alla gente che piace. Dalla festa dell'Unità di Modena alla festa dell'oratorio di Desio, dal «Mai dire Show» della Gialappa's (edizione live, Filaforum, 13 mila persone presenti) al concerto dei ragazzi dell'Olivo alla sagra di San Bartolomeo di Casalpusterlengo, pubblico meno ampio, ma di certo non meno caloroso.

«L'unico lato positivo del mio lavoro? Star lontano dall'Italia nove-dieci mesi l'anno.» Così confida Gino Strada a Stefano Lorenzetto che lo intervista per il suo libro *Italiani per bene*. Lo stesso Lorenzetto, qualche mese dopo, il 30 novembre 2002, torna a fare i conti. Dunque, vediamo: il 22 aprile il fondatore di Emergency era a Forlì per inaugurare con Cochi Ponzoni una mostra di vignette; il 10 maggio a Empoli con Piero Pelù per raccogliere fondi a favore della Sierra Leone; il 12 maggio alla marcia Perugia-Assisi per la pace in Medio Oriente; il 22 maggio al Palavobis di Milano per discutere di diritti umani con Rigoberta Menchú; il 30 maggio sulla spiaggia di Sestri Levante a recitare fiabe per il 35° Premio Andersen; il 3 giugno a Napoli per presentare un libro sui medici di guerra; il 3 settembre a La Spezia con lo scrittore cileno Luis Sepúlveda; il 7 settembre a Venezia per presentare un libro sui medici di guerra; il 14 settembre (pomeriggio) a Roma per la manifestazione «in difesa della legalità»; il 14 settembre (sera) alla marcia Agliana-Quarrata con Gian Carlo Caselli, Gherardo Colombo, Gianni Minà e ancora Sepúlveda e padre Zanotelli; il 20 settembre a Longuelo (Bergamo) per una conferenza; il 27 settembre al teatro Ambra Jovinelli di Roma con Sergio Cofferati; il 10 ottobre a Modena per un dibattito; il 21 ottobre alla Camera del Lavoro di Milano con Jovanotti per incontrare gli studenti; il 13 novembre a

Parma per la *Traviata* messa in scena dalla sua amica Lella Costa.

«Non sono aggiornato sugli ultimi spostamenti e ho tralasciato qualche comparsata da Maurizio Costanzo» conclude Lorenzetto. «Ma il capovolgimento esistenziale appare evidente.» I due o tre mesi che prima era costretto a passare malvolentieri a casa ora sono invece forse gli unici (quando va bene) che passa all'estero per dedicarsi alla missione che lo ha reso giustamente famoso. «Sia come sia, che cosa ci faceva il chirurgo di guerra a Milano in compagnia di Massimo Moratti, Enzo Bearzot e Bruno Pizzul, alla presentazione del libro di Candido Cannavò, ex direttore della "Gazzetta dello Sport" dal titolo *Una vita in rosa*? Non ne faccia anche la sua autobiografia, dottor Strada.»

Gli ayatollah del bene

«Il problema dell'immagine non è una questione estetica. Essere all'altezza delle aspettative non è un obiettivo narcisistico o vanitoso.» Bilancio Emergency, relazione di gestione, punto 5, considerazioni finali. L'estensore, prima di lanciarsi in spiegazioni piuttosto ardite («Che l'area della promozione sia interna all'area dell'informazione non è soltanto un segno o un simbolo della trasparenza; ne è la pratica, l'applicazione, la verità»), rivela chiaramente che la «cura dell'immagine» è uno dei cardini dell'associazione.

E ci mancherebbe. Fanno benissimo: c'era persino un santo, don Bosco, che diceva: «Fa' il bene e fallo sapere». E, in fondo, anche Gino Strada ormai è diventato un santo, o almeno un santone: quando si siede sul palco del Parioli non dice, profetizza; ha smesso di parlare, oracola. I suoi non sono libri: sono vangelo. Chi osa mettere in discussione lui, il simbolo della pace? Chi osa iscriversi d'ufficio tra gli amanti della guerra? «Il Giorno» fa una campagna per attribuirgli il Nobel, i direttori dei maggiori quotidiani, compresi «il Giornale» e il «Sole - 24 Ore», gli assegnano il premio «Campione dell'anno». I girotondini lo amano, gli altri non dubitano. Tutti s'inchinano, devotamente.

Il pacifismo di Gino Strada, scrive Piero Ostellino sul «Corriere della Sera», «è una grande operazione di marketing»: «È una macchina per produrre consenso e sostegno, nazionale e internazionale, anche finanziario alla propria opera di chirurgo di guerra. Egli è animato dalla stessa grande ambizione personale di tutti i predicatori e i facitori di bene di tutti i tempi. Una sorta di madre Teresa di Calcutta, soltanto un po' più chiacchierona». Ma Massimo Teodori, che in un memorabile «Costanzo Show» ha cercato inutilmente di opporre la sua razionalità alle apologie stradiane, avverte: «A me pare che maneggiare le parole e il concetto di pace in maniera tanto demagogica, infantile e lacrimosa sia notevolmente irresponsabile. Perché nel caso degli show televisivi di largo pubblico non è difficile ingannare i tanti che ascoltano e sono indotti in buona fede a credere che con semplici opzioni etiche si possono risolvere complessi problemi liberando la terra e gli uomini dalla violenza e dai conflitti».

Sì, non è difficile strappare un applauso al Parioli. È più difficile chiedersi seriamente, per esempio, se è possibile non fare la guerra quando sono gli altri a dichiarartela. Che pace avremmo oggi se gli americani non avessero combattuto ad Anzio e in Normandia? «Questo pacifismo mi ricorda quello che aiutò Hitler» dice Marco Pannella, atterrito per l'affluire copioso di firme sotto i documenti di Emergency. «Sta firmando l'Italia intera dai calciatori agli scienziati... È l'ennesima ripetizione a ciclostile dei testi del 1936-37-38, dove si ribadisce la lotta acerrima contro il riarmo francese, inglese e americano a fronte della crescita di nazismo e comunismo. Il disco si ripete sempre uguale... Sono così i pacifisti: ogni volta che c'è una dittatura, un pericolo vero di repressione dell'umanità e degli umani, essi offrono a piene mani pace a tutti. Ma è la pace eterna.»

«Bush è come bin Laden»

Uno dei primi giornalisti che hanno osato levare la loro prestigiosa penna in modo non diciamo critico, non diciamo polemico, ma perlomeno non proprio supino nei confronti di Emergency è Renato Farina. Per almeno due volte (magari di più, ma mi è sfuggito) il vicedirettore di «Libero» ha usato un'espressione molto bella che forse basterebbe da sola a riassumere tutto, senza bisogno di altri giri di parole, e spiegazioni: «C'è un uso orribile della bontà, ed è l'adoperarla come strumento di propaganda».

«Chi sono io per scalfire con un pennarello il gran busto di Strada?» si chiede Farina. «Ma sì, sono un teppista. Non ho guarito nessuno. Inoltre per i poveri non faccio quasi niente e quel poco che do credo che non lo veda neanche Dio che pure ha la vista acuta. Ma non ce la faccio più a guardare con aria meravigliata e dolente i proclami di Strada contro la guerra ... Uno è spiazzato. Sostenere che Strada ha torto sembra quasi dar torto al bene ... Certo: è il chirurgo che si dedica ai bambini afghani. Giù il cappello. Il fatto è che su questi bambini ci è montato in spalla, se ne fa puntello per le sue uscite da politico estremista».

Altro che estremista. Perché il punto è questo: con il fatto che lui cura i bambini afghani, e che nell'ospedale di Kabul ha anche piantato le buganvillee, come ha scritto il vignettista Vauro estasiato (che meraviglia: le buganvillee che sconfiggono le mine), Gino Strada può permettersi di andare in giro dicendo quello che vuole, senza che nessuno possa dire: è una fesseria. Come, per esempio, quando ha avuto il coraggio di dichiarare: «Per me Osama bin Laden e George Bush sono più o meno la stessa cosa. Tra i due non saprei chi scegliere: sono due terroristi. E se proprio dovessi farlo, preferisco stare zitto, perché alla fine, forse, opterei per qualcuno che non mi piace per niente».

Ma certo, come no: l'uomo che sta nascosto nelle montagne e manda i suoi kamikaze contro le Torri gemelle è uguale al presidente liberamente eletto del più democratico paese del mondo. La nazione che ha sempre accolto ogni genere d'immigrato, dagli italiani agli irlandesi, dai messicani ai giapponesi, va considerata al pari della nazione dove se una ragazza esce di casa senza burqa viene decapitata allo stadio. Ma certo: sono la stessa cosa, lo capiscono tutti. E a chi obietta, Strada replica sdegnato: «Il burqa? In fondo è meglio delle ragazze scosciate che si vedono alla nostra tv». Oh perbacco, che pacifista, che progressista.

Nel dicembre del 2001 Gino Strada (che ogni anno raccoglie in donazioni 14 milioni di euro, 27 miliardi di lire) rifiuta 3 miliardi di lire di contributi del governo italiano per l'Afghanistan. «Per coerenza» spiega. (Ma «per coerenza» Gino Strada controlla la provenienza di tutti i 27 miliardi che incassa ogni anno? Anche quella dei soldi con cui paga l'affitto?) Coro di consensi, entusiasmi, applausi. Il premier Berlusconi al Senato definisce il leader di Emergency «un medico integerrimo ma di idee confuse». È polemica. Ma quando al «Costanzo Show», nel novembre del 2002, qualcuno gli chiede una parola critica su Saddam Hussein il medesimo Strada risponde: «Perché dovrei criticarlo? Chi sono io per criticarlo?». Non curandosi del fatto che solo pochi minuti prima aveva detto peste e corna dell'Onu: si può essere così umili da non pronunciarsi su un dittatore e nello stesso tempo così presuntuosi da pronunciarsi sulle Nazioni Unite? Altro che idee confuse.

«Strada è cieco» conclude nel suo articolo Renato Farina. «Mi viene in mente un grande e generoso oculista ucraino. Il filantropo Svjatoslav Nikolaevič Fëdorov. Suo padre fu condannato a diciassette anni di gulag nel 1938. A quel tempo Fëdorov aveva undici anni. Lui si iscrisse comunque, nel 1957, al partito comunista. Divenne un medico famoso. Girava il Terzo mondo con una nave, operava e restituiva con sistemi geniali la vista ai ciechi. Poi sedeva al Soviet Supremo e chiedeva la pace nel mondo. Come si può dubitare dell'Urss con un uomo così che la difende? I gulag erano aperti, c'era finito il padre, ma non li vedeva. Ce l'aveva con l'America e chiedeva la pace. Così mi pare Strada».

E Bono disse: non sono più pacifista

Assisi, ottobre 2001. Tutti in piazza a manifestare per la pace. Ci sono le bandiere rosse, Che Guevara (noto pacifista), cartelli iridati e «Yankees go home». C'è il solito armamentario dei cortei, o almeno di quei cortei che sono buoni per definizione, anche se qualche volta finiscono a sfasciare vetrine. L'unica cosa che manca è uno striscione che dica: «Be', sì, insomma, gli americani sono il demonio, però non è che i terroristi sono degli angeli». Niente. Niente di niente.

Dall'attentato alle Torri gemelle è passato appena un mese. Il mondo è ancora scosso, spaventato, atterrito. Bin Laden fa paura, è difficile in quei giorni di angoscia e paura scacciare la sua ombra dalla mente. I pacifisti che sfilano in corteo ci riescono benissimo. Nemmeno un cartello. Nemmeno uno slogan contro gli assassini di Ground Zero. Persino Massimo D'Alema, che certo non può essere tacciato di americanismo spinto, se ne accorge e storce il baffo. «Non è giusto» concorda il fido scudiero diessino Gavino Angius.

Eh no, che non è giusto. Non è giusto questo pacifismo alla Gino Strada, che ormai dilaga e raccoglie consensi ovunque, perché è facile, tiepido, comodo come un paio di pantofole da casa, e persino assai spettacolare. Chi vuol stare con i buoni? Io, io, io. Tutti. Eppure nell'ottobre del 2002, proprio mentre risuonano più forti i lamenti contro la cattiveria americana, uno dei simboli del pacifismo americano, Bono degli U2, proprio lui, il papà di Jovanotti, l'ammazza-debito del Terzo mondo, il principe della pace, il simbolo dell'intellighenzia antinterventista, dichiara a un suo amico giornalista di «Rockstar»: «Una volta ero pacifista, ma ora non lo sono più, e non perché non voglia, ma perché va contro la mia vita privata. Se qualcuno minacciasse mia moglie e i miei figli non credo che porgerei l'altra guancia».

Patapunfete, che shock. E ora chi glielo dice ai no global che vanno ai suoi concerti? Chi glielo dice che la campagna in Afghanistan può, secondo lui, «considerarsi un successo»? Chi glielo dice a quelli che vanno a sentire Bruce Springsteen, che il boss canta l'America che sta in piedi, l'orgoglio, la forza, tutt'altro che la resa? Quanta confusione tra chi sfila chiedendo la pace solo perché è di moda. Lo dice qualcuno anche dentro quei cortei, come Massimo Paolicelli dell'Associazione Obiettori non Violenti: «La personalizzazione e la spettacolarizzazione del pacifismo crea leader e miti, riempie gli stadi e magari le piazze, ma poi lascia un terribile vuoto».

Il problema è che qualche volta, oltre al vuoto, la personalizzazione e la spettacolarizzazione lasciano anche qualcos'altro. Per esempio: lasciano la guerra. Ai pacifisti che continuano a ripetere: «In ogni caso no all'intervento» andrebbe forse letto un brano del diario di bordo scritto da Carlo Scognamiglio, ministro della Difesa del governo D'Alema, a proposito del Kosovo. Erano i giorni infiniti delle trattative di Rambouillet. «La svolta» scrive «arrivò il 16 gennaio 1999. L'ambasciatore americano Bill Walzer informò i comandi Nato, telefonando da una cabina vicino a Racak, che si trovava davanti allo spettacolo orrendo di una strage ... cinquanta o forse più corpi di contadini erano stati buttati in una fossa dopo essere stati uccisi ... la rivelazione scosse l'opinione pubblica ... bisognava tagliare corto con le ambiguità: trasferire al comando Nato una forte componente aerea e navale italiana ... ne parlai immediatamente con D'Alema che diede il consenso.» E allora chi ha interrotto in quel caso la pace? La Nato? Le bombe? O forse le stragi che ci sono state prima? Diciamolo in altro modo: se nessuno interveniva, se gli aerei non fossero mai partiti da Aviano, ci sarebbe stata la pace?

Con cinquanta (o tanti più) corpi di contadini nella fossa comune? Che pace è quella? Si può chiamare pace?

Ha scritto Adriano Sofri:

> Non smetto di chiedere perché i convinti pacifisti che non mossero un dito per liberare Sarajevo dall'assedio (il più lungo della storia moderna, più che a Leningrado) e dallo stillicidio delle bombe e dei cecchini, e anzi proclamarono la loro opposizione attiva a un intervento militare internazionale che sbloccasse l'assedio, e profetizzarono lo scoppio della Terza guerra mondiale, quando quell'intervento avvenne, con gli aerei della Nato, e in pochi giorni e senza vittime innocenti sbloccò l'assedio e liberò Sarajevo, non festeggiarono con le lacrime agli occhi? Non era la pace, si sapeva, lo sapevo: era solo (solo!) la fine del massacro quotidiano. L'interruzione del massacro, vegliata ancora oggi dalla polizia internazionale. Sono innumerevoli i posti della terra in cui si può pregare per la pace, ma per interrompere i massacri occorre mettere in campo una forza armata internazionale, e tenercela. E magari anche farle patrocinare libere elezioni, come a Timor Est.

L'articolo, pubblicato sulla «Repubblica», ha un titolo che vale un'idea: *Cari pacifisti, anche le armi possono fermare i massacri.*

Quelli che, per aiutare i poveri, li affamano

Le intenzioni sono buone, per carità. Le intenzioni sono sempre buone. Prendiamo per esempio quelli che si battono, sempre lì, nell'area no global, contro la fame nel mondo. Dicono: noi siamo per i poveri. E come fai a contrastare un'affermazione così? Se parti dall'assunto che «noi siamo per i poveri», chi ti contraddice è naturalmente dalla parte dei ricchi. E quindi egoista, insensibile, crudele. Insomma, cattivo.

Così «quelli che stanno con i poveri» possono dire qualsiasi sciocchezza, comprese le sciocchezze che affamano i poveri. Per esempio, la lotta alla globalizzazione. In realtà, come ben dimostra lo studio *Globalization Ledger* dell'americana A.T. Kerney (2001), «durante gli ultimi vent'anni i paesi che si sono globalizzati in modo forte hanno sperimentato tassi di crescita economica considerevolmente più alti dei paesi più lenti». Già, ribattono i terzomondisti, aumentano i redditi ma aumentano le differenze nella popolazione (i poveri sempre più poveri, i ricchi sempre più ricchi). Lo studio, documentatissimo, risponde all'obiezione: «Nelle economie globalizzate, gli effetti positivi della crescita hanno compensato l'effetto negativo di una distribuzione del reddito ineguale. Pertanto sono migliorate anche le condizioni di vita dei più poveri. Senza la crescita economica, la percentuale della popolazione del mondo che vive in povertà sarebbe aumentata rapidamente tra il 1980 e il 1990».

Amate i numeri? Il dossier ne fornisce in gran quantità. Se fosse stato applicato l'imperativo no global, i poveri con meno di 1 dollaro al giorno, quelli che la Banca Mondiale definisce in «estrema povertà», in soli dieci anni sarebbero passati da 297 a 653 milioni, cioè da circa 1 povero ogni 12 persone al mondo, a 1 ogni 7. Quelli che guadagnano meno di 2 dollari al giorno, che la Banca Mondiale definisce di «assoluta povertà», sarebbero passati dal 34 al 42 per cento della popolazione mondiale. «Questi dati» è la conclusione «considerati complessivamente ci dicono che la globalizzazione contribuisce a creare una situazione dove i poveri, così come i ricchi, possono sperimentare significative crescite di reddito.»

Uno studio della Banca Mondiale lo conferma: in cinque anni, fra il 1993 e il 1998, grazie all'apertura ai commerci internazionali il numero degli indigenti si è ridotto di 120 milioni; in Cina sono diminuiti dell'8,4 per cento, in Vietnam del 6,4 per cento, in India del 7,1 per cento, in Uganda del 5,9 per cento. I paesi che, al contrario, si sono chiusi ai rapporti con il resto del mondo hanno complessivamente aumentato il numero dei poveri al loro interno di 20 milioni.

Per quanto paradossale possa sembrare, è confermato da tutti i dati statistici mondiali: non è il no global, ma il global che aiuta il poveri del mondo. Perché stimola le idee, l'ingegno, la fantasia e dunque la produzione. Così il libero commercio internazionale ha permesso ad alcuni paesi affamati di tirarsi fuori dalle secche dell'eterna miseria. Al contrario, l'assistenzialismo ha fallito ovunque: la Germania occidentale e quella orientale sono uscite dalla seconda guerra mondiale nelle stesse condizioni, distrutte e lacerate. La prima, lasciata al libero mercato, si è ripresa ed è diventata una delle grandi potenze mondiali; l'altra, protetta dalla grande madre russa, è arrivata alla catastrofe. Stesso discorso per le Coree.

Un sacerdote missionario come padre Piero Gheddo, con anni di esperienza e di viaggi nel Terzo mondo alle spalle, lo sa spiegare in modo ancor più semplice: «L'idea che i poveri sono poveri perché noi siamo ricchi è ingannevole» dice. «La ricchezza del mondo non è una torta da distribuire, è una torta da produrre. Posso dartene una fetta della mia, ma l'importante è che anche tu cominci a produrne.» «Un errore puerile» chiosa Antonio Socci, intellettuale cattolico, editorialista e anchorman, «sta nel pensare che vi sia una quantità data di risorse che annualmente debbano essere spartite in ottica collettivista.»

In realtà le risorse di per sé non esistono. «Sono le idee che creano le risorse» scrivono Carlo Lottieri e Guglielmo Piombini nel loro rivoluzionario *Privatizziamo il chiaro di luna*. «Il petrolio, per esempio, era considerato prima del 1840 una passività, un liquido melmoso che andava a inquinare i pozzi d'acqua.» Sono le capacità dell'uomo, il suo ingegno, la sua fantasia, la tecnologia a trasformare una «cosa» in una «risorsa». E a moltiplicarla, quando è necessario. «Si calcola che prima della rivoluzione agraria» scrive l'economista Sergio Ricossa «quando l'umanità viveva solo di caccia, pesca e raccolta di frutti spontanei della natura, il nostro pianeta non potesse ospitare molto più di dieci o venti milioni di abitanti.»

«Quando si dice che il 20 per cento della popolazione possiede l'80 per cento delle ricchezze» ha scritto padre Gheddo «si bara con le parole. Bisognerebbe dire: il 20 per cento produce l'80 per cento delle ricchezze ... Noi non ci rendiamo conto che gran parte dei popoli poveri non sanno produrre ... Sono poveri perché non producono...» Provocatorio? Ma no. In verità la fame nel mondo è esattamente il contrario di quel che si pensa: la colpa dei paesi ricchi non è di fare troppo poco, ma di fare troppo. Ha ragione Gianni Riotta quando sostiene: «Se Usa ed Europa liberalizzassero l'agricoltura i paesi poveri esporterebbero subito cibo per oltre cento miliardi di euro». Con buona pace di chi non vuol credere all'evidenza dell'economia: non è vero che ci sono poche regole, ce ne sono troppe; non è vero che c'è troppa globalizzazione, ce n'è troppo poca.

«Chi si globalizza riduce la povertà» riassume uno dei più grandi esperti italiani del Terzo mondo, Rodolfo Casadei. «Il tasso di crescita dell'economia mondiale fra il 1980 e il 1998 può essere diviso in tre grandi aree. Quella dei paesi ricchi che sono cresciuti a un tasso annuo del 2 per cento; quella dei paesi poveri "più globalizzati", che hanno registrato un tasso di crescita del 5 per cento; e infine quella dei paesi poveri "meno globalizzati", che hanno avuto una crescita negativa pari a -1 per cento. Più chiaro di così...» E conclude con un invito: «Qualcuno svegli Casarini, Agnoletto, Beppe Grillo, padre Zanotelli e tutti gli altri no global». Ecco, appunto, qualcuno li svegli.

Quelli che, per aiutare l'ecologia, la inquinano

E qualcuno svegli anche gli ecologisti. Magari buttando loro addosso secchiate d'acqua fredda come queste domande: davvero le loro campagne sono sempre limpide come l'aria che vorrebbero? Davvero tutte le loro azioni sono ispirate solo dall'amore per il prossimo e per il suo benessere?

Qualche anno fa furono messi al bando i Cfc (clorofluorocarburi), sostanze inerti usate per le bombolette spray. Si disse che erano la principale causa del buco nell'ozono.

Poi si scoprì che il cloro liberato nell'aria dai Cfc era di molto inferiore a quello spontaneamente prodotto dall'evaporazione degli oceani o dall'eruzione dei vulcani. E qualcuno scrisse che dietro la guerra ai Cfc in realtà c'era un mero problema di brevetti. Scadeva la licenza delle aziende mondiali della sostanza. Queste ultime temevano la concorrenza di nuovi produttori e perciò avevano orientato la domanda verso altri materiali.

Vero? Falso? Di sicuro si può dire che le campagne catastrofiste, in genere, sono state contraddette più delle promesse elettorali. A cominciare da quella classica, secondo cui inquinamento e disboscamento avrebbero provocato una crescita esponenziale delle calamità naturali. I dati dell'Università di Lovanio, in Belgio, dimostrano il contrario. I decessi provocati dai disastri (alluvioni, frane ecc.) sono stati 20 mila fra il 1993 e il 1997 (ultime rilevazioni), molti di meno rispetto ai cinque anni precedenti (1988-1992) quando erano stati 70 mila, senza contare che negli anni Settanta (1973-1977) si toccava addirittura quota 170 mila. Le catastrofi, dunque, a quanto pare sono meno catastrofiche. Perché allora i catastrofisti sono sempre più catastrofici?

Bella domanda, ma non se la pone mai nessuno nei salotti dove va di moda il lenzuolo bianco di Legambiente, ottimo arredamento per ogni terrazzo. E allora avanti, con una lagna da Inti Illimani: effetto serra, fascia di ozono che sparisce, ghiacciai che si sciolgono, temperature che crescono, l'Italia sarà sommersa, il Monte Bianco sprofonda, l'Equatore si è trasferito a Bergamo di sotto, hanno avvistato una giraffa a Cortina d'Ampezzo, per andare da Pizzighettone a Casalpusterlengo ricordarsi di noleggiare il cammello, non ci sarà più acqua e forse nemmeno acqua brillante (per il chinotto chiedere più avanti), il pomodoro assomiglierà a un merluzzo e forse anche il merluzzo assomiglierà a un pomodoro, mentre se le zucchine assomiglieranno alla polenta forse è solo perché mia moglie ha sbagliato cottura. Comunque una grande nube nera ci inghiottirà tutti e mentre cercheremo di salvarci saremo travolti da un'inondazione. Se siete stanchi, respirate un attimo. Ma sappiate che vi sta venendo un cancro ai polmoni.

Cavallette e piaghe d'Egitto, al confronto, furono un picnic fuori porta. E pazienza se a ogni ordine, poco dopo, corrisponde un contrordine, eguale e contrario. Nel 1987 scatta l'allarme: bisogna usare la benzina verde, fa bene alla salute. Dieci anni dopo nuovo allarme: non usate la benzina verde, può far male alla salute. Negli anni Ottanta i verdi ammoniscono: i sacchetti di carta inquinano meno. Negli anni Novanta il governo svizzero ammonisce: i sacchetti di carta inquinano di più. Nel 1990 gli studiosi tedeschi lanciano l'allarme: senza i prodotti biologici si vive meno. Nel 1993 gli studiosi tedeschi rettificano: senza i prodotti biologici si vive uguale.

Avete presente l'effetto serra? Per anni ci hanno raccontato che è la causa di tutti i nostri mali. Poi, all'improvviso, esce una ricerca americana, controfirmata dal Mit di Boston e dalla Nasa, che dice: l'effetto serra in realtà è una specie di benedizione celeste, che renderà fertili milioni di chilometri quadrati di terra e permetterà la fioritura di grandi civiltà. E l'ozono? Stessa storia: anni di piagnistei accusando di ogni colpa l'inquinamento delle grandi città. Poi un giorno l'Università di Firenze rivela: sono le piante che lo producono. È il verde, non il tubo di scappamento, che fa crescere l'isotopo irritante.

Vero? Falso? Ancora una volta torna la domanda. E, più in generale, se ne porta dietro altre: tutte le campagne naturaliste sono genuine come l'oasi del Wwf? È solo un caso, per esempio, che le battaglie contro il nucleare degli Amici della Terra siano state finanziate con il denaro di alcuni benefattori, fra cui il petroliere Robert O. Anderson? Lord Peter Melchett, direttore di Greenpeace nel Regno Unito, era un nipote del fondatore della Imperial Chemical Industries, gigante della chimica mondiale. Luc Hoffman è stato vicepresidente del Wwf internazionale e direttore di un colosso farmaceutico. Uno dei fondatori dello stesso Wwf, Russel Train, apparteneva alla multinazionale chimica Union Carbide. «Molti industriali» ha scritto Giordano Bruno Guerri sul «Giornale» «hanno individuato nelle necessità ecologiche il mercato per fabbricare e vendere nuovi prodotti.» E il professor Mario Sequi ha denunciato addirittura in un libro il «racket ambientale»: «Nasce il sospetto dell'imbroglio ecologista, ovvero di iniziative commerciali e di speculazioni economiche camuffate da difesa dell'ambiente».

Lo strano caso dello Zambia

Nel maggio del 2002 lo Zambia viene flagellato da una colossale carestia. Siccità, inondazioni, crollo della produzione. Le autorità internazionali lanciano l'allarme: 2 milioni e mezzo di persone rischiano la vita. Il presidente del paese africano dichiara lo stato d'emergenza e lancia l'Sos a tutto il mondo. Il mondo si mobilita: nel giro di qualche settimana i primi carichi di aiuti alimentari arrivano in Zambia. Ma qui nasce il problema: gli ambientalisti si oppongono. Negli aiuti alimentari c'è mais prodotto negli Stati Uniti e geneticamente modificato. Fermate tutto.

Interviene l'Organizzazione Mondiale della Sanità e garantisce: quel mais è sicuro. Interviene l'Usaid, l'agenzia statunitense che corre in soccorso ai paesi del Terzo mondo e garantisce: quel mais è sicuro. Niente da fare. Lo stesso grano che finisce tranquillamente sulla tavola dei pasciutissimi americani non può essere distribuito ai denutriti africani. Nel ricco Minnesota sì, nel povero Zambia no. «La fame è nera, lo snob è bianco» scrive Rodolfo Casadei su «Tempi». Che spiega: «La scena è surreale come nelle *pièces* teatrali di Ionesco: un capo di Stato africano eletto in circostanze controverse impedisce la distribuzione di aiuti alimentari al suo popolo sull'orlo di una rovinosa carestia: alla sua sinistra una folla di religiosi gesuiti, ambientalisti, militanti di organizzazioni terzomondiste e per la promozione dei diritti umani, quasi tutti bianchi e stranieri, lo applaude convinta; alla sua destra una folla di contadini affamati tenta ripetutamente di impadronirsi di alcuni sacchi di mais, a fatica tenuta a bada dalla polizia. Irrompe sul palcoscenico un drappello di scienziati di tutto il mondo, dirigenti delle Nazioni Unite e agenzie di aiuti, e implora il presidente di permettere al suo popolo di nutrirsi col cibo oggetto della contesa. Ma costui si alza in piedi annunciando solennemente che il mais è veleno». Non si può fare. Meglio morire. Quante vittime fa il fondamentalismo dei buoni.

Fuori Strada

E adesso, tra i fondamentalisti buoni, come si diceva, va di moda soprattutto Gino Strada. È lui il santo di turno, spicca su tutti gli altri, sugli ecologisti, sui pacifisti genericamente intesi, sulle tute bianche di Casarini, leggermente in discesa nel borsino del buon cuore, persino sui missionari alla Alex Zanotelli, colpevoli di aver vissuto per troppo tempo lontani dalle luci dei Parioli. Gino Strada è il buono, anzi il Buono, e dunque è vietato contraddirlo. I suoi libri scalano le classifiche, gli aspiranti buoni si affannano ad applaudirlo ai convegni, i giornalisti si contendono l'intervista, il ritratto estasiato, la recensione innamorata. Piero Fassino, segretario dei Ds, osa scrivere che rispetta sì «il pacifismo di Gino Strada», ma non condivide il suo modo di «pensare la pace e di battersi per essa». Gli si scagliano contro tutti. «Traballano i lumi della ragione» lo liquida Corrado Stajano sul principale quotidiano italiano, il «Corriere della Sera». E aggiunge assertorio: «Gino Strada ha operato in condizioni spaventose un'infinità di uomini e donne, senza distinzioni di appartenenza politica: talebani, mujaheddin. Ha salvato migliaia di bambini maciullati dalle mine antiuomo gettate dagli elicotteri. È un pacifismo da cui prendere le distanze il suo?». Punto. Il pezzo finisce così. E chi ha il coraggio di rispondere di sì? Chi ha il coraggio di dire che salvare vite umane significa meritare rispetto ma non avere sempre ragione? Che esistono persone che salvano vite umane ma poi dicono bischerate pazzesche? Come sono pericolosi i buoni per definizione, quando la loro bontà finisce per fare il gioco dei cattivi. Alla fine, pure loro non possono evitare di uscire di Strada.

IX

O bella Fao

Quando si parla di fame nel mondo mangiando *foie gras*

Forse l'aragosta si poteva evitare. E magari anche il *foie gras*. Non è per fare del facile moralismo, ma il menu da Gambero Rosso appare un filo esagerato: come si fa a parlare per tre ore della fame nel mondo, poi fermi tutti, pausa, il pranzo è servito e avanti con l'aragosta in *vinaigrette*, *foie gras* con il kiwi, filetto d'oca con olive, crespelle ai funghi, risotto di arance e zucchini, brasato, salmone ai tre pepi e per concludere torta bigusto e composta di frutta con vaniglia? Come si fa? «Lo sa, caro delegato, ogni giorno 24 mila persone muoiono perché non hanno cibo. L'ha assaggiato questo brasato al barolo?» «Sì, è buonissimo. Ora mangio la torta bigusto e poi penso alla mia relazione sulla carestia nel Sahara.»

Giugno 2002. Grande vertice della Fao a Roma. Per l'intera settimana è allarme sicurezza. Città blindata, misure efficientissime, poliziotti schierati per far fronte a no global ormai sfiancati e altre minacce. Sembra che tutto possa scorrere via liscio. E poi, proprio nel giorno della grande inaugurazione, arriva finalmente il brivido: un finto arabo con un giubbotto troppo imbottito? Un black bloc fuori stagione? Un aereo fuori rotta? Macché. Come recitano le cronache (Ansa, ore 11.25): «La mega organizzazione ha vissuto momenti di fibrillazione a causa di un ritardo dell'attesissimo camion che portava il pesce». Si capisce, fibrillazione: il Sahara può attendere, l'aragosta in *vinaigrette* proprio no.

È evidente, quasi scontato, eppur sempre violento il

contrasto di immagini: da una parte la Fao, dall'altra l'oggetto della Fao. Da una parte il ventre gonfio di nulla di un bambino africano, dall'altra la pinguedine di un suo presunto difensore. Da una parte le scodelle di riso zeppe di mosche, dall'altra la lussuosa sala Marocco (con tanto di fontana al centro) e decine di camerieri a servire il *foie gras*. Il pauperismo non ci piace, sia chiaro: nessuno ha stabilito che per parlare di fame nel mondo sia necessario essere affamati. Ma se, anziché filetto d'oca e salmone, fosse stata servita una normale pasta al sugo, il dibattito ne avrebbe forse risentito? O il prestigio dell'istituzione Fao sarebbe stato svilito?

Durante gli incontri solenni del vertice Fao di Roma, Silvio Berlusconi e Kofi Annan ripetono: ora bisogna agire. Fanno bene: meno piatti, più fatti, potrebbe essere lo slogan. Bisogna agire. Ma forse, per uscire un po' dalla banalità e anche dal menu che solo a scriverlo siamo già ingrassati alcuni chili, è il caso di aggiungere che per agire non sono necessari l'aragosta, il brasato e la vaniglia; tutto sommato, in fondo, non è necessario nemmeno il vertice di Roma. E, se permettete l'ardire, forse persino l'esistenza della medesima Fao è tutt'altro che necessaria. Leggete questo capitolo fino in fondo, e poi giudicherete.

Tutti al meeting, nella suite reale

Restiamo a Roma, giugno 2002. La delegazione keniota viene intercettata dalle parti di via Condotti. Dentro le sale si sta (si fa per dire) lavorando, ma i discorsi sulla carestia devono essere sembrati assai noiosi al funzionario, seguito passo passo dai gionalisti di «Libero». Ed eccolo, dunque, da Ruco Line, negozio proprio alla destra di Trinità dei Monti: in pochi minuti compra un paio scarpe per bambini colore arancione (99 euro), un paio di scarpe marrone numero 43 (145 euro) e un terzo paio di scarpe color testa di moro, sempre numero 43 (185 euro). Totale: 429 euro, circa 830 mila delle vecchie lire. Poi esce ed entra da David Siddler, negozio di abbigliamento chic, poco lontano. Un pantalone, una camicia: altre 300 mila lire (150 euro). In pochi minuti, dunque, spende oltre un milione di lire (ben più di 500 euro). Nella sala dei congressi si continua a parlare della povertà. «In Kenya» fa notare qualcuno «la vita media si ferma a 46 anni.» Chissà quante persone si potrebbero salvare con oltre un milione di lire (ben più di 500 euro).

La delegazione del Ruanda, invece, ha preso stanza all'Hotel Parco dei Principi, uno dei migliori di Roma. Zona elegante, prezzi proibitivi. Un cappuccino al bar: 3 euro (6 mila lire), un toast 9 euro (18 mila lire), un'acqua minerale (mezzo litro) non meno di 2,5 euro (5 mila lire). In attesa di placare la fame dell'Africa, i bravi travet dell'assistenza ruandese placano la fame loro con abbondanti colazioni a base di maltagliati di grano saraceno con cipollotti e asparagi al profumo di alloro, tagliata di storione al timo con sformato in salsa di asparagi, salsa allo zenzero e arancia. E caffè finale (servito al tavolo: 2 euro, 4 mila lire). Perché negarsi qualche piacere? Solo perché in Ruanda ogni 100 bambini che nascono 12 muoiono? Solo perché migliaia di persone non hanno – non diciamo i maltagliati, i cipollotti e gli asparagi – ma nemmeno il profumo di alloro?

Avanti con il convegno: lavoriamo per gli sfortunati e spendiamo una fortuna. Fame, carestia e dolce vita in grande stile. I cinesi si sono stanziati pure loro all'Hotel Parco dei Principi. Il capodelegazione, tal mister Wen Jabao, si è fatto riservare la suite reale da 7 milioni a notte (3500 euro): trecento metri quadrati, ingresso, atrio, sala riunioni con tavolo da quindici, salotto, studio attrezzato, cucina autonoma, stanza guardaroba, vasi cinesi, stoviglie d'argento, arazzi pregiati, lampadari dorati, proiettore televisivo su maxischermo e naturalmente grande bagno con tanto di vasca Jacuzzi incassata nel pavimento con vetrata a vista su Villa Borghese. «In trecento metri quadrati» nota Mattias Mainiero su «Libero» «in Cina ci vive una mezza città. Ma bisogna comprenderli: qui siamo a Roma, vertice sulla povertà, Mercedes per tutti, cuochi, pranzi, Jacuzzi e vista sul Cupolone. Si parla di fame, qui a Roma. E ci si abbuffa.»

Con quello che in media spendono i delegati per un pranzo al ristorante interno dell'hotel (55 euro, circa 120 mila lire) si potrebbe mantenere in vita un bambino del Terzo mondo per quattro mesi. Una normale giornata di ristorazione (colazione, pranzo e cena) equivale a un anno di vita, con la notte della suite reale si potrebbe sfamare un neonato fino al giorno del diciottesimo compleanno. La Fao ha come motto «Cibo per tutti»: sembra uno sberleffo. E il vertice pure, in effetti, sembra uno sberleffo: 3400 caffè consumati in soli due giorni, 170 camerieri in livrea bianca a far da servitori. Un'esperienza che si ripete sempre uguale a se stessa. «Nel 1996 qui al bar i delegati mangiavano molto più di adesso» confida all'Agenzia Giornalistica Italiana uno degli addetti al servizio, persino un po' deluso. Evviva. Nel 1996 il governo italiano aveva stanziato, sempre per il vertice Fao, le seguenti cifre: 18 milioni per affittare due fotocopiatrici, 324 milioni per l'affitto dei pullman, 600 milioni per l'affitto delle auto blu, 120 milioni per cene faraoniche da offrire ai delegati, e avanti così. Totale: 2 miliardi e 235 milioni per l'accoglienza. Quando si dice la povertà.

«Le limousine dei rappresentanti di alcuni paesi accreditati al vertice girano continuamente nelle strade romane dell'alta moda» denuncia il senatore leghista Piergiorgio Stiffoni. «Mentre le persone in Mali, Burundi, Ruanda, Sudan, Somalia, Eritrea, Bangladesh e altri paesi vivono in condizioni disumane, chi dovrebbe difenderli passa invece il tempo a far spese folli di abiti e accessori firmati, alla luce del sole e senza un minimo rispetto.» E quando la luce del sole (e quella dell'ufficialità) cala? Via alle danze: festa al Grand Hotel da poco ribattezzato St Regis Grand, e all'Harry's Bar, al Café de Paris, all'Excelsior, al Flora, al Parco dei Principi, in via Veneto e a Porta Pinciana. Festa grande dappertutto, cocktail, night club, piano bar, Gianni Morandi e soft drink, jazz, mojito, daiquiri, whisky e soprattutto abbondanti dosi di champagne. Abbiate pazienza: è la fame nel mondo che lo pretende.

Anche la danza del ventre diventa un benefit

La Fao nasce nell'ottobre del 1945 sulle ceneri del vecchio Istituto Internazionale di Agricoltura. Lo scopo: combattere la fame nel mondo. È un'organizzazione delle Nazioni Unite e vive con i contributi di 181 paesi: nell'anno 2001 ha incassato 1234 milioni di dollari. Più di un terzo (470 milioni di dollari) è servito per pagare gli stipendi. I dipendenti sono oltre 4300 tra impiegati semplici e dirigenti, 2500 dei quali sono «congelati» a Roma. Troppi, anche per Jacques Diouf, che nel 1994, appena diventato direttore, aveva lanciato «la più grande riforma nella storia della Fao» (parole sue). Obiettivo: ridurre i costi del personale e ridimensionare la burocrazia interna. Risultato: in pochi anni sono state assunte 3600 nuove persone tra consulenti, collaboratori e contrattisti.

Gli stipendi sono buoni, anzi d'oro: un archivista del livello più basso prende tra 90 e 115 milioni di lire netti all'anno (dai 45 mila ai 62 mila euro), un coordinatore di livello più alto fino a 140 milioni (70 mila euro), un senior commodity specialist 190 milioni (95 mila euro). E nel labirinto dell'organigramma non si fatica a trovare un posto al sole, visto che i dipartimenti nascono come funghi: solo per restare agli ultimi tempi sono sorti un nuovo Dipartimento per lo sviluppo sostenibile (Sd), una Divisione di analisi dello sviluppo e l'Ufficio per il coordinamento normativo delle attività, mentre nel Dipartimento per la cooperazione tecnica è stata creata una Divisione di assistenza politica. Senza contare che all'esterno sono stati noleggiati i manager consultant delle società private Coopers and Lybrand e Montage It Service. «Paradosso dei paradossi,» scrive Francesco Ruggeri su «Libero» «per armonizzare il management interno con quello esterno si è infine dovuto creare un Comitato investimenti.» Un nuovo dipartimento, appunto. Con tanto di nuovi dirigenti, s'intende.

Ma sì, avanti: un comitato non si nega a nessuno. E un posto da dirigente neppure. Benefit assicurati. Intanto gli stipendi sono esentasse. Poi ci sono l'assegno per la casa (3 milioni di lire, circa 1500 euro, per tutti, rimborso totale per quelli da un certo livello in su), il privilegio della targa diplomatica, vacanze gratis o quasi, indennità di trasferta sontuosamente pagata 2 milioni e 600 mila lire al mese (1300 euro), salvo extra. Ai figli dei funzionari viene anche passato il 75 per cento della retta da 24 milioni (12 mila euro) l'anno del St Stephen's di via Aventina 3, uno degli istituti più esclusivi della capitale, con tanto di campus interno, art studios, media center, laboratorio fotografico, sala svago, teatro, gite culturali (all inclusive) dall'Andalusia a Ponza, dal Marocco a Pompei, e weekend invernali sulla neve.

In base all'accordo stipulato a Washington nel 1950, ed esteso nel 1986 a tutto il personale in servizio alla Fao, i dipendenti dell'ente per combattere meglio la fame nel mondo hanno diritto al regime assoluto di duty free per l'acquisto dell'automobile (una ogni quattro anni), dell'arredamento per la casa, di una certa quantità – «ragionevole» (così sta scritto in «Gazzetta Ufficiale») – di cibo e di altri beni di consumo per uso personale. «In quanto necessari per l'esercizio delle missioni di servizio,» spiegava il testo della convenzione «i privilegi e le immunità sono conferiti nell'interesse della Fao e non nell'interesse personale degli individui.»

Ma certo, come no? È tutto nell'interesse della Fao, della lotta alla fame e soprattutto dei bambini del Terzo mondo. Anche lo champagne Cordon Rouge che si vende a prezzi politici ed esentasse nello spaccio interno dell'ente. Anche le borse griffate Coveri, Lancetti e Barocco, gli orologi Pierre Bonnet, i profumi e mascara Lancôme in offerta sotto costo per dipendenti e funzionari. Tutto nell'interesse della fame del mondo. Se ne accorge Francesco Ruggeri, che nel giugno del 2002 irrompe nella sede del Circo Massimo e scatta anche alcune foto, durante l'inchiesta a più puntate del quotidiano di Vittorio Feltri sulla medesima Fao. «Che ci fanno cassoni di champagne, capi firmati, introvabili prelibatezze o profumi *à la page* nei sotterranei del quartier generale, giusto in mezzo ai poster di esseri umani denutriti o morenti che sollecitano donazioni?» si chiede l'intruso prima di essere bloccato dalla Digos. Già: che ci fanno?

«Per agevolare la vita ai suoi impiegati» continua Ruggeri «la Fao ha addirittura creato un distributore interno alla sede centrale romana, dove chi esibisce la targa Cd [Corpo Diplomatico] paga la benzina appena 800-900 lire [50 centesimi di euro] il litro.» Per non parlare dei buoni taxi, che vengono distribuiti con generosità. E sempre che girovagare per la città abbia un senso, quando dentro alla bella sede del Circo Massimo ci sono nell'ordine: una banca con otto sportelli, edicole politically correct che espongono libri politically correct (persino Dacia Maraini), un ufficio postale, un'agenzia del Touring Club, due bar ristorante, un'agenzia di assicurazioni, uno sportello Aci, agenzie di viaggio con sconti particolari e un servizio di assistenza medica riservato.

Tutto compreso, ovviamente. E a che serve, allora, andare fuori dalla cittadella? Eh no, risponde il medesimo Ruggeri in un'altra puntata dell'inchiesta. Andare fuori serve eccome. Perché anche fuori dal loro nido scaldato, i dipendenti della Fao possono contare su una serie di agevolazioni mica da ridere: acquisto di auto di lusso, Volvo e Mercedes, installazione di antenne paraboliche, ottici, dentisti, psicoterapeuti (suonare «Corinne» in viale delle Montagne Rocciose), corsi d'inglese, ristoranti (Antica Hostaria e L'Antico Forno), case di riposo per anziani. Tutto in vendita a prezzi di saldo sotto la scritta «trattamento riservato dipendenti Fao». A leggere i bollettini interni sembra che i dirigenti dell'ente siano più impegnati nella cooperazione con i centri commerciali che nella cooperazione con i paesi in via di sviluppo: sono previste agevolazioni anche per chi vuole fare il lifting (collagene e acido jaluronico otto volte al mese, trattamenti di peeling da sei) e persino con il locale Taus, musica araba dal vivo con danza del ventre. Balla che ti passa, con l'odalisca. Naturalmente, per il bene del Terzo mondo.

Stucchi, ori, arazzi e appalti

La porta d'ingresso della sala Malaysia è decorata e cesellata. Quella dedicata all'Indonesia, addirittura, cesellata in oro. Nello spazio Gabon si possono trovare preziosi servizi da tè in argento, computer, televisore al plasma e pregiate sculture africane, tutto nel giro di qualche metro quadrato. Alle pareti, ovunque, arazzi di valore difficilmente stimabile. E poi soffitti intarsiati, balaustre ritoccate ad arte da maestri scultori, quadri di pittori che si rifanno alla scuola di Guttuso. Decoro, lusso e comfort: e perché il comfort non manchi mai, in tutto il palazzo sono stati installati non uno ma addirittura due impianti di aria condizionata. Così sì che stiamo freschi.

Entriamo alla Fao di Roma. Circo Massimo, accanto alle Terme di Caracalla, una delle zone più antiche e suggestive della città. La struttura è gigantesca, è facile perdersi: sei edifici, otto livelli. Per raggiungere un ufficio particolare bisogna avere almeno tre informazioni: la sezione (A, B, C, D, E o F), il piano e il numero di stanza. Poi inizia il viaggio fra corridoi lunghi come autostrade: in tutto 12 mila metri quadrati di superficie e splendore. Fra un edificio e l'altro un «disimpegno» con marmi veneti e sculture antiche. Si capisce: come si fa a occuparsi di fame nel mondo senza i disimpegni con marmi veneti e sculture antiche?

Lungo i corridoi si aprono le stanze che prendono il nome dai singoli paesi. C'è la Turkish room, una specie di reception sui generis tutta blu, la sala Iran, i marmi dell'Italia, la Queen Julian room dell'Olanda. L'Arabia Saudita ha appena rinnovato la superba stanza di re Feisal, ma questo (cioè il rinnovamento) non è una novità. Se c'è un difetto della struttura, infatti, in mezzo a tanta comodità è che i lavori sono sempre in corso, come racconta ancora «Libero». Sembra che la sede sia, infatti, un cantiere permanente: smettono di far calcinacci da una parte e tac, ricominciano dall'altra. Smettono qui e, zac, ricominciano dov'erano prima. Una specie di Duomo di Milano in versione laica (nota per il correttore di bozze: *laica* e non *laida*). A vincere gli appalti, naturalmente, sempre le stesse ditte che si possono fregiare del titolo di fornitori ufficiali.

Quello dei fornitori è un altro bel tema interessante, per chi ha a cuore davvero la fame dei bambini africani. Perché, si chiede per esempio il già citato Francesco Ruggeri, «la Fao, sempre pronta a lamentarsi dei pochi contributi che riceve, regala a destra e a manca 914 computer perfettamente funzionanti?». E perché sostituisce senza ragione un sistema informatico tra i più avanzati (Finsys/Persys) con un altro (Oracle) che non ha nessuna potenzialità in più? E, ancora, per quale motivo rivernicia e riadegua pavimenti, pareti, mense, negozi, sale conferenze e sistemi elettrici con cadenze paranoiche, costringendo i dipendenti a riaddestrarsi sotto costosissime tensostrutture (costo: 30 milioni al mese) montate nei cortili? Fra tante domande, sui conti dell'ente brilla una sola certezza. Ed è un paradosso: la famosa riforma di Diouf avrebbe dovuto ridurre l'importanza della sede centrale e aumentare quella dei progetti sul campo. «In realtà» conclude Ruggeri «l'unico vero effetto di quella riforma sono stati i 500 meeeting collettivi e i 900 meeting individuali organizzati dal medesimo Diouf per spiegare a tutti l'impatto di questo (mancato) decentramento.»

«La Fao serve a mantenere la fame nel mondo»

10 giugno 2002. Vertice della Fao. Si dice che «la fame nel mondo non si riduce. I progressi si sono praticamente

fermati. Ogni giorno muoiono 24 mila persone». Il direttore Diouf: «Abbiamo fallito». 15 ottobre 2002. Presentato il rapporto annuale della Fao. Si dice che «la fame nel mondo non si riduce. I progressi si sono praticamente fermati». Il direttore Diouf: «Non abbiamo scuse». Autocritica spietata.

E l'autocritica va bene. Ma resta la domanda: perché tanti lussi, benefit, agi, stipendi d'oro e privilegi? A che cosa servono? Di risultati l'organizzazione, come dimostrano le cifre, oltre che le sue stesse analisi, non ne dà, non ne ha mai dati. E forse non ne darà mai. Gli unici cui la Fao riesce a dar da mangiare con una certa regolarità non sono i bambini poveri, né i campesinos affamati, né gli indiani assetati. No: gli unici cui la Fao dà da mangiare con una certa regolarità sono i comitati. Sottocomitati. Commissioni. Ed enti inutili.

Al suo interno già ce n'è di ogni tipo, dalla Commissione per le risorse genetiche su cibo e agricoltura al Comitato referente sulla salute e la sicurezza occupazione (con il compito di analizzare e prevenire incidenti, malattie e morti dei medesimi funzionari Fao durante l'orario di servizio). C'è un organismo apposito che studia l'«ergonomica» delle postazioni di lavoro (cioè se la poltroncina è inclinata al punto giusto oppure no), la task force Staff Motivation (manco fosse il Club Méditerranée) e la Sezione investigativa per la molestia sessuale, i cui componenti, con mandato biennale, hanno il compito di trasformarsi in Sherlock Holmes della mano morta, piccoli 007 dei pizzicotti proibiti all'interno dell'ufficio.

Più che dei bambini senza pane, in effetti, sembra che la Fao si preoccupi dei suoi ben pasciuti dipendenti. La fame può aspettare, l'ergonomia della poltroncina nell'ufficio con le porte stuccate, invece, chiaramente no. Per rimediare, forse, a cotanta insensibilità nel 1998 è stata creata (chi l'avrebbe detto) una nuova commissione, con il supporto di un «panel» esterno: dovrebbe occuparsi di «etica nel cibo». Già arrivate, dicono i maligni, le prime domande: i maccheroni senza cacio sono un'offesa alla legge naturale? Bere il vino bianco con l'arrosto significa infrangere l'imperativo categorico? E, soprattutto, il pesto senz'aglio è un peccato mortale sì o no?

E come se non bastassero quelle interne, l'organizzazione che dovrebbe lottare contro la fame nel mondo genera anche altre commissioni, piccoli e meno piccoli parassiti burocratici che sopravvivono qua e là alle spalle dell'elefantiasi internazionale. Come il comitato di collegamento tra il governo italiano e la medesima Fao, istituito nel 1948 a Roma, presso il ministero dell'Agricoltura, e da allora tramandatosi tra una scartoffia e l'altra fino ai nostri giorni. Tre dipendenti fissi, una pianta organica che ne prevede fino a trenta, costo annuo (dal 1984) di 550 milioni di vecchie lire (quasi 10 miliardi in 17 anni), come ricorda Raffaele Costa nel suo libro *L'Italia dei privilegi*. Interventi degni di nota negli ultimi cinquant'anni: un contributo di 34 milioni girato alla «Giornata della donna rurale». E basta. Fantastico. Le donne rurali hanno avuto la loro parte, gli enti inutili pure.

E, ente inutile per ente inutile, qualcuno potrebbe gentilmente spiegare all'universo mondo (in special modo a quello che ha molta fame) a che diavolo serve una seconda Fao? Perché mai, dal momento che già la prima non funziona, si è pensato di replicare con una struttura esattamente identica, esattamente burocratica, esattamente inefficiente? Andatevi a leggere lo statuto del Wfp, World Food Programme, nato nel 1963 come organo interno alla Fao e poi diventato indipendente: stesso mandato, stessi compiti, in molti casi (almeno 65) pure stessi progetti da seguire. Solo ancor più personale (8 mila dipendenti) e sedi, se possibile, più lussuose. Tu chiamali, se vuoi, doppioni. Oppure, rima permettendo, spreconi.

Lotta alla fame, la macchina degli sprechi titola il «Corriere della Sera» nel giugno del 2002. «La Fao? Un elefante» dichiara un funzionario che da oltre quarant'anni ci lavora. E persino il fondatore di Emergency, Gino Superbuonista

Strada, ha sempre avuto parole dure per organizzazioni come questa: «Mi chiedo: da quanti anni sono operative? Che cosa hanno ottenuto? Quanti miliardi di dollari hanno speso? E non in aiuti, ma per far funzionare le loro strutture». Quindi la stoccata finale: «Comincio a pensare che la Fao sia l'organizzazione per mantenere la fame nel mondo...». Se lo dice lui...

Carestia? Ne parliamo dopo il corso yoga

Nel settembre del 2002 il segretario generale, Jacques Diouf, si siede davanti al Parlamento italiano. I deputati gli rivolgono amichevoli domande come: «È vero che per essere assunti alla Fao bisogna essere raccomandati?». Lui biascica, si perde. Bofonchia. «Gli stipendi? Vengono stabiliti da New York.» «Le assunzioni? Ci sono dei comitati, insomma dei sindacati...» «I dipendenti? Sono 3900.» Ma ci sono anche i consulenti... «Be', sì, insomma...»

Meno di un mese dopo, la Fao assume un nuovo consulente, anzi un testimonial di lusso: Luciano Pavarotti. Faccia bonaria, modi paciosi: è il volto giusto, pensano lassù negli uffici con arazzi e ori, per lanciare la nuova campagna di solidarietà denominata (che originalità) Telefood. Gli attivisti inglesi contro la fame nel mondo insorgono e protestano: «Scelta poco felice». La stazza del tenore e la sua fama di buona forchetta non solo fanno a pugni con il messaggio che si vuole trasmettere, ma rischiano di travisarlo. La polemica finisce sull'edizione domenicale del «Times» del 13 ottobre 2002. L'articolo è corredato da una vignetta. Ci sono due passanti, guardano la foto di Big Luciano che campeggia su un manifesto con la scritta «Per curare la fame nel mondo». E commentano: «Chissà, forse salterà il pranzo».

Umorismo inglese. Ma lì, nei palazzi del Circo Massimo dove tutto viene deciso, tra l'acquisto di una Volvo scontata e l'attesa del prossimo *foie gras*, questo non arriva, o al massimo arriva ovattato attraverso troppi velluti. «Alla fame nel mondo? Ci si pensa dopo lo yoga» scrive Andrea Marcenaro su «Panorama» nel settembre 2001. Ma anche dopo l'aromaterapia, gli esercizi di respirazione, il biofeedback, l'Alexander Technique, il tai-chi. «Ci sono lunghe file per iscriversi ai corsi» confessano con ironia al sindacato interno. «Così lunghe da far venire lo stress all'ufficio medico che deve firmare i permessi.» Si capisce, roba da rompersi la mano. Ma per rilassarsi, al limite, ci si può mettere ad ascoltare i concerti del Fao Philharmonic Choir, una delle poche note non stonate all'interno della lussuosa sede. Le sue esibizioni sono sempre un successo, ricorda Marcenaro, prima di concludere: «Insomma, non si vivacchia poi male, alla Fao. Fosse anche utile...».

Appunto, fosse utile. Ha scritto Renato Farina nel maggio del 2002:

> Un giorno del secolo scorso, era il gennaio 1984, dalle parti di Dori, in Burkina Faso, padre Lucine Bidaud, rosso come un peperone per il sole calcinante del Sahel, mi disse: «Guarda, arrivano gli avvoltoi». Alzò il dito verso un elicottero. «Mi fanno paura questi esperti. Ce n'è in buona fede. Vengono qui a progettare dighe, a studiare il terreno ma il lavoro che svolgono giova più a loro che a questi poveri. Tanti di questi nostri fratelli l'anno prossimo saranno morti. E quelli arriveranno con altri elicotteri» ... Père Bidaud morì nel deserto mentre cercava di portare sementi a una lontana tribù. Lo asciugò il sole, lo trovarono rinsecchito dopo settimane, eroe sconosciuto. L'elicottero era della Fao. Bidaud aveva contato in trecento giorni trecentoventicinque delegazioni in quel Paese ... Da allora chi scrive non sopporta più le delegazioni che vengono in elicottero a studiare le prossime dighe...

E allora forse viene da chiedersi a che cosa serva un'associazione che non fa altro che mandare delegazioni in elicottero a studiare prossime dighe (che non si faranno mai). E, nel frattempo, approfitta di ciò (degli elicotteri, cioè, e delle prossime dighe) per organizzare convegni che sembrano raduni da *gran gourmet*, Vissani, brasato e tre stelle Michelin. Con tutto il rispetto per il brasato e per Michelin, forse bisogna chiedersi a che cosa serva un'organizzazione mondiale che si riunisce nel 2002 soltanto per dire «sono confermati gli [inutili] obiettivi del 1996». In cui i 4300 dipendenti e 3600 consulenti si aggirano in stanze lussuose fra arazzi, porte cesellate e doppia aria condizionata per recitare di tanto in tanto il mea culpa («Abbiamo fallito»). In cui si parla di fame nel mondo tra un'aragosta e un *foie gras*, dimenticando, oltre alla lezione della storia, anche le regole più elementari del buon senso. Viene da chiedersi se la lotta titanica che doverosamente ci spetta, per rispetto a quei bambini affamati che passano e ripassano sulle nostre tv, si vince così: con queste organizzazioni, con queste idee, con questi buffet. O se non è il caso di cominciare a pensare a come abolirli.

X

(Af)fondo monetario

Quando la truffa è un'istituzione internazionale

Vuoi la scodella di riso? Dammi il tuo corpo. Sesso in cambio di cibo, abusi sui bambini per una scatola di medicine. Una ragazza della Liberia racconta: «Mi sono trovata in trappola: avevo fame, dovevo farlo». Una mamma ricorda: «Ho avuto rapporti con i funzionari per ottenere un po' di farina». Una giovane della Guinea è rimasta incinta: «Quando mio figlio è nato sono stata cacciata dal campo profughi». Un ragazzino in Sierra Leone candidamente riporta: «Volevano da noi amore per darci qualche centesimo di dollaro». In una delle tendopoli la regola era scritta: «Una razione di cibo per un momento di sesso». Gli operatori avevano stabilito un tariffario preciso: dieci centesimi per una ragazza della Liberia, cinque euro per una della Guinea. I rapporti avvenivano sempre senza uso di preservativi.

Lo scandalo scoppia il 27 febbraio 2002. Un rapporto dell'Agenzia per i rifugiati dell'Onu e dell'organizzazione britannica Save the Children rivela abusi e violenze commessi nei campi profughi dagli operatori delle principali istituzioni internazionali. Sono coinvolti circa quaranta enti e un centinaio di persone. Il segretario generale dell'Onu, Kofi Annan, Nobel per la pace fresco di nomina, trasecola e barcolla: «Sono sconvolto, turbato» dice. «Ho ordinato un'indagine immediata per trovare riscontri alle accuse e prendere energici provvedimenti.» Jane Gibril, responsabile di Save the Children in Liberia, conferma:

«Cibo, medicine, coperte, tende: tutte merci usate in cambio di prestazioni sessuali».

Nel dossier di 1500 pagine le pratiche dei peacekeeper sono descritte nei minimi particolari. Testimonianze, documenti, accuse. «La maggior parte degli sfruttatori» recita la nota ufficiale «faceva parte dello staff nazionale maschile. Speculavano su risorse e servizi di carattere umanitario per ottenere rapporti con ragazze sotto i diciotto anni. La pratica era accentuata in luoghi con programmi di aiuto significativi e consolidati. Il problema sembra essere grave soprattutto nei campi di rifugiati in Guinea e Liberia.»

Non si tratta, d'altra parte, del primo scandalo del genere. Casi di abusi sessuali da parte di funzionari dell'Onu sono stati denunciati in Eritrea, Etiopia, Angola e Mozambico. Nella primavera del 2001 per esempio erano finiti sotto inchiesta alcuni soldati del contingente olandese dell'Onu di stanza a Massaua: durante una missione di pace avrebbero «noleggiato» baby prostitute. Pochi mesi dopo, lo scandalo toccò anche alcuni soldati italiani. E così abbiamo scoperto che i festini a luci rosse coinvolgevano fino a 4000 caschi blu per volta: bambine di appena dieci o undici anni offerte dalle stesse famiglie ai militari in cambio di pochi soldi, le scene hard riprese in filmini a luci rosse. Le Nazioni Unite aprirono una commissione d'inchiesta. Poi tutto finì sepolto nel silenzio.

L'unica voce forte che si è levata fino all'ultimo per protestare è quella dell'Angesol, l'associazione dei genitori dei soldati in servizio di leva. «Si ripete quanto già accaduto in Mozambico, Somalia, Bosnia e pare anche in Kosovo» hanno scritto in una lettera aperta al presidente della Repubblica. «Che siano coinvolti proprio coloro che dovrebbero portare la cosiddetta pace e l'ordine è degradante. Non è tuttavia credibile che gli alti comandi militari fossero all'oscuro, perché quando vogliono sanno tutto di tutti: e come mai in questo caso non sono intervenuti? Non sono complici?»

Piani presentati: 54. Piani che funzionano: nessuno

Fao, o bella Fao, ma non solo Fao. Se l'agenzia per l'alimentazione del Terzo mondo è riuscita nell'impresa di diventare il simbolo del lusso applicato alla miseria, carestia nell'abbondanza, indigenza intrecciata all'opulenza, le altre grandi organizzazioni internazionali non sono da meno. Riescono sempre a dare scandalo. E non solo quando i loro funzionari girano il mondo con il segreto intento di molestare i bambini, pronti a mettere all'asta sacchi di riso e insieme dignità. Non solo.

La stessa struttura delle grandi organizzazioni internazionali è in discussione. Un documento confidenziale del maggio '99 della Banca Mondiale rivela: su 54 piani di risanamento finanziati per aiutare i paesi poveri solo 9 non si sono trasformati in una catastrofe ambientale. E, comunque, la stragrande maggioranza non ha avuto alcun effetto sulla riduzione della povertà. «Oggi la crisi del Terzo mondo è causata in buona parte dal Fondo Monetario Internazionale» sostiene Noam Chomsky, del Mit di Boston, intervistato da «Report». E Andrea Segré, docente universitario ed ex cooperatore internazionale, concorda: «Il sistema di aiuto internazionale allo sviluppo per ben che vada non è altro che una sorta di superorganismo che sostiene lo sviluppo di se stesso. Nella pratica, dunque, succede esattamente il contrario di quello che ci si dovrebbe attendere dalla teoria: cooperazione allo sviluppo, in realtà, vuol dire soltanto sviluppo della cooperazione».

È chiaro: l'importante non è aiutare. L'importante è aiutarsi. Mantenersi, arricchirsi, perpetuarsi. Viaggiare, scendere nei migliori hotel. Le organizzazioni internazionali contano valanghe di esperti, funzionari, dirigenti, consulenti strapagati. Arrivano in un paese e consigliano a tutti di tagliarsi lo stipendio. «Il massimo mensile deve essere tot» dicono. E pazienza se loro s'intascano regolarmente almeno dieci volte di più. Il volontario Marcon: «Hanno risultati e modo di lavorare imbarazzanti». Il cooperatore

Segré parla di un «circo», di «missioni mordi e fuggi, di incapacità di stabilire rapporti personali con gli indigeni, di totale ignoranza delle zone in cui si va a operare e degli argomenti da trattare».

Studiano la Somalia, dettano regole al Bangladesh

Certo, l'apparato è imponente. Fa scena. Nelle riunioni – anzi, meeting con coffee break – si parla di logical framework, bozze di budget, development report, preappraisal, aid memory. Se non sei in grado di esibire almeno un working paper non sei nessuno, se non hai lo «studio di fattibilità» puoi anche fare a meno di presentarti all'uscio. Ma poi, di tutta questa carta, che cosa resta? Marcon: «I consulenti e gli esperti scrivono, copiano, partecipano a riunioni, leggono i memorandum confidenziali; di tempo per visitare i luoghi dei progetti di cui si occupano, per parlare con un contadino o con un imprenditore locale ne rimane poco». E Joseph Stiglitz, vicepresidente della Banca Mondiale fino al 1999 e premio Nobel per l'economia nel 2001, ha rivelato: «Alcune équipe assegnate a un paese hanno scritto la bozza del loro rapporto prima di visitarlo. E mi hanno raccontato di una équipe che ha copiato buona parte del testo di un paese e lo ha usato così com'era per un altro paese».

Ma sì, che differenza fa? Scrivi una ricetta per l'Etiopia, vedrai che va bene anche per il Bangladesh. Hai studiato la Somalia? Sfrutta le tue nozioni: vanno benissimo per capire dove andrà a finire l'Ecuador. È un continente diverso? E che importa? Tu sei un funzionario Onu, un dirigente della Banca Mondiale. Sei un tecnico, un infallibile, irraggiungibile. Tu sei un benefattore. Nessuno ti potrà mai contestare. Puoi persino prenderti il lusso, come hanno fatto le Nazioni Unite nell'ottobre del 2002, di scegliere la Libia di Gheddafi per presiedere la Commissione Onu per i diritti umani. Ma certo: il democratico regime del colonnello Muammar è un vero esempio di rispetto dei diritti umani, anche se c'è un dittatore e chi osa contraddirlo di tanto in tanto sparisce nel nulla. Anche se dalle carceri di Tripoli si esce più facilmente per andare alla camera della tortura che in un'aula di tribunale. Che importa? L'Onu ha deciso: quel posto spetta alla Libia, e nessuno osi contraddire. Oh come sono tutelati, adesso, i diritti umani nel mondo.

Graham Hancock alcuni anni fa (1989) ha scritto un libro che è rimasto una pietra miliare nel genere. S'intitola *Lords of Poverty*, i signori della povertà. «In nome dei deboli e dei derelitti è stata creata una nuova classe di ricchi e privilegiati» ha scritto. «In questo club di parassiti ci sono i dipendenti delle Nazioni Unite, della World Bank, delle agenzie bilaterali.» Le organizzazioni internazionali vengono accusate di «arroganza e mendacità»; loro sarebbe la responsabilità di aver lasciato al governo dei paesi del Terzo mondo uomini incompetenti e avidi, loro hanno favorito il «prosperare delle caratteristiche di ignoranza e avarizia dei governi». E loro infine hanno consentito («e in qualche caso aiutato») i più consistenti e gravi abusi dei diritti umani mai esistiti al mondo.

Nel libro si citano alcuni fallimenti storici della Banca Mondiale, dal progetto «Popola» del Congo (che ha portato alla devastazione di 480 mila ettari di foresta nel cuore del parco nazionale Ndoki) alla deportazione forzata di liberi cittadini dall'isola di Giava a quella di Sumatra, che, dopo aver dilapidato circa 1000 miliardi delle vecchie lire, si è conclusa con il seguente risultato: in entrambe le comunità la povertà è aumentata.

Ma il caso più clamoroso resta quello di «Polonoreste». Nel 1981 furono infatti stanziati 445 milioni di dollari (quasi 900 miliardi delle vecchie lire) per il programma di sviluppo integrato del Nordest del Brasile. Gli obiettivi erano costruire oltre 1500 chilometri di strade percorribili nella remota regione di Rondonia, popolare la zona, abbattere la foresta e avviare coltivazioni intensive. Nel 1991, dieci anni dopo, il risultato appariva devastante: le popolazioni indigene erano state sterminate dalle malattie, in qualche villaggio il tasso di mortalità raggiunse la percentuale stratosferica del 50 per cento, oltre 250 mila persone contrassero la malaria. La Banca Mondiale ammise: «Questo è un esempio di progetto sbagliato». «Polonoreste» venne così abbandonato. O meglio, sostituito con un nuovo programma, «Planaforo». Purtroppo non ha avuto un destino migliore.

Quando l'Undcp se l'intendeva con i talebani

Autunno '97. Pino Arlacchi, noto sociologo con doppia laurea, all'Università di Trento e nel collegio del Mugello, lascia il suo posto senatoriale ad Antonio Di Pietro e viene inviato al palazzo dell'Onu come vicesegretario dell'organizzazione e direttore dell'Undcp, che non è un codice fiscale ma la sigla dell'United Nations Office for Drug Control and Crime Prevention, cioè l'ufficio delle Nazioni Unite titolare della lotta contro la droga.

Molto amico di Caselli e di Violante, Arlacchi comincia subito a pensare in grande. E il primo impegno che si prende è una cosa da nulla: un programma di aiuti all'Afghanistan per estirpare da quel paese la coltivazione dell'oppio. Pronti via, il sociologo non fa in tempo a sedersi nel suo ufficio di New York e già è sbarcato a Kabul. Tratta con i talebani (sì, proprio con loro: i talebani che mozzano la testa alle donne senza burqa e fanno saltare le statue di Buddha) e raggiunge l'accordo, che è il fiore all'occhiello della sua politica umanitaria: un contributo di 250 milioni di dollari (circa 500 miliardi delle vecchie lire) in cambio della certezza che al posto dei papaveri compariranno come per magia grano e ortaggi.

«Ma che succede?» racconta Geronimo nel suo informatissimo *Dietro le quinte*.

> Con l'alta protezione di Allah, che probabilmente deve avere qualche antenato napoletano, gli afghani trasferiscono in altre zone del paese la coltivazione di oppio, facendo poi credere agli ispetto-

ri di Arlacchi che essa è stata davvero eliminata e sostituita con abbondanti semine di ortaggi. Risultato: continuano a coltivare e vendere droga come prima, ma in più incassano i finanziamenti. E usano quei soldi per dichiarare la guerra santa ai medesimi paesi che, mediante l'Onu, glieli avevano dati. Meglio del Bingo, insomma: si deve a questa geniale operazione se da allora molti paesi hanno cominciato a rifiutare di finanziare i programmi dell'Onu per la lotta contro le droghe.

Pochi mesi dopo questa figuraccia Arlacchi ha lasciato l'incarico. Mestamente.

«Dai una mano ai poveri, migliora la razza Nudama»

Di progetti pensati dalle istituzioni e miseramente falliti, d'altra parte, ne sappiamo qualcosa. L'Italia ha dato lezioni al mondo intero in fatto di scandali&cooperazione: ho più volte denunciato la follia, ma siccome lo scandalo continua a ripetersi, mi ripeto anch'io. I miei lettori più fedeli perdonino il bis (Enzo Biagi docet) e passino al prossimo capitoletto.

Abbiamo speso 3 miliardi di lire (1,5 milioni di euro) per la «caratterizzazione epidemiologica della patologia biliare» del Perú, 5 miliardi e mezzo (2,7 milioni di euro) per i pascoli della steppa siriana, 20 milioni (10 mila euro) per il Centro della pace e del disarmo di Katmandu (Nepal), 4 miliardi (2 milioni di euro) per l'Istituto di disegno industriale e comunicazione visiva dell'Uruguay, 3 milioni (1500 euro) per la prevenzione del cancro digestivo in Cile, quasi 7 miliardi (3,5 milioni di euro) per il progetto di acquicoltura intensiva di Nozha Lake in Egitto e 6 miliardi (3 milioni di euro) per il miglioramento della razza Nudama di Boké in Guinea. Al Sahara Occidentale sono andati 882 milioni di lire (455 mila euro) per un progetto che ha il suo punto forte nella «lotta alle mosche».

Quattordici miliardi, 229 milioni e 545 mila di lire (circa 7 milioni di euro) sono stati spesi per i giardini di Maputo in Mozambico. Due miliardi e 411 milioni di lire (1,2 milioni di euro) per l'insegnamento della lingua italiana in Algeria. Diciannove miliardi e 434 milioni di lire (quasi 10 milioni di euro) sono stati utilizzati per incrementare la pioppicoltura in Anatolia. Otto miliardi e 674 milioni di lire (4,3 milioni di euro) per le biotecnologie in Indonesia. Un miliardo e 110 milioni di lire (oltre 500 mila euro) per il potenziamento dell'Istituto di tecnologia degli alimenti in Colombia. E un miliardo e 172 milioni di lire (circa 600 mila euro) per il programma di formazione professionale nel settore del restauro di mosaici di Madara in Giordania.

La cooperazione non serve al Terzo mondo, è il Terzo mondo che serve alla cooperazione. Il 14 novembre 1989 in Algeria, nella regione del Tiaret, si comincia a costruire la nuova fabbrica voluta dalla Fiat. Gran cerimonia alla presenza di tutte le autorità. Cesare Romiti, allora capo supremo dell'azienda torinese, posa la fatidica pietra numero uno e promette: la prima Fiat uscirà da questo stabilimento nel '92. In realtà, nel '92, la prima Fiat non esce. E non esce nemmeno nel '95 né nel '98. Nel '98, in compenso, è Romiti a uscire dalla Fiat. Nel deserto del Tiaret la fabbrica è terminata. Per costruirla sono stati spesi 72 miliardi di lire (31 milioni di euro) di denaro pubblico, quello della cooperazione, arrivato da Roma per finanziare un impianto che mai lavorerà. Per la verità c'è tutto l'occorrente: le mura, i servizi, le fogne, l'elettricità. Ma dei 1400 operai nemmeno l'ombra. Quella fabbrica, con buona pace dei 72 miliardi, ora alla Fiat non interessa più.

«Che senso c'era» si chiede Gian Antonio Stella «nel mandare 1725 tonnellate di buste di cibo liofilizzato, pagato 36 mila lire al chilo, a paesi africani piagati dalla desertificazione al punto che i poveretti non avevano l'acqua per far rinvenire il minestrone disidratato? E nell'invio all'Angola di un'enorme quantità di prodotti (1000 tonnellate di pasta, 850 di concentrato di pomodoro, 200 di sardine in scatola, 40 di marmellata, 400 ettolitri di succhi di frutta) buoni per la dieta mediterranea, ma praticamente ignoti alle masse angolane?»

A voler essere precisi, per la verità un senso in tutto questo ci sarebbe anche. Ed è in un numero: 97. Anzi: 97 per cento. Eh sì, perché il 97 per cento dei fondi destinati al Terzo mondo è finito per anni, quasi sempre con appalti assegnati a trattativa privata, ad aziende italiane. Quattro miliardi per i collegamenti digitali a microonde in Cina? Incassa la Siemens Italia. Nove miliardi per un sistema di controllo del traffico aereo in Bolivia? Incassa la Ote. Un miliardo e 300 milioni per la fornitura di 34 computer con stampanti all'Università Moy in Kenya? Incassa la Olivetti. Tredici miliardi per la conceria (mai aperta) di Mogadiscio? Incassa la Giza di Parma. Tredici miliardi per 3000 motori fuoribordo per i pescatori del Senegal (motori inutilizzabili perché erano così pesanti da rovesciare le piroghe)? Incassa la Ruggerini S.p.A.

Business e scialo, scialo e business. E così sia. Regalate al Mozambico 15 mila tonnellate di mais ammuffito, donate allo Zambia 1500 tonnellate di grano inquinato con nitrato di ammonio, al Pakistan burro in scatola rancido, alla Tunisia grassi alimentari con «consistenti tracce» di escrementi, al Perú 3200 tonnellate di farina con il marchio «avariata». I miliardi finiscono sepolti sotto terra come il buon senso, il buon gusto e anche le buone maniere. Prendiamo per esempio la questione dei diritti civili: la Birmania con il suo regime militare può servire per far inorridire qualche anima bella (vedi Veltroni), però solo a patto che non interrompa gli affari dell'Eni. In questo caso, invece, il regime militare va benissimo. Abbiamo concesso per anni contributi per lo sviluppo dell'energia alla Corea del Nord, paese noto per affamare i bambini e ingrassare i campi di concentramento. Ma perché stupirsi? Non siamo noi quelli che hanno finanziato regolarmente, nella loro gloriosa storia, galantuomini come Siad Barre e Menghistu, e paesi come la Siria, l'Uganda e il Guatemala in grigioverde? Alla Cina sono stati distribuiti miliardi di lire con la stessa facilità con cui la Cina medesima schierava carri armati in piazza Tien An Men: 3 (1 milione e mezzo di euro circa) per un centro di formazione professionale, 1 e mezzo (700 mila euro circa) per l'ufficio di cooperazione, idem per lo «sviluppo educativo del villaggio di Dzam Thog», 2 (un milione di euro circa) per l'Università di Pechino, e pazienza se lì ogni tanto gli studenti vengono scambiati per asfalto dai cingoli dei tank. Ancora di recente sono stati elargiti altri denari, sempre all'Università di Pechino. Motivo ufficiale: acquisto di computer. Ma certo: spalancheranno agli scolari cinesi le porte di Internet. O, più probabilmente, alle nostre imprese le porte della Cina.

Ue: si scrive aiuti, si legge truffa

Se poi dall'Italia si passa all'Europa, il quadro non cambia. Bruxelles è il maggior distributore di finanziamenti a pioggia di tutto l'universo. Il buon samaritano del pianeta: avanti, chiedete e vi sarà dato, bussate e vi sarà aperto, nessuno rimarrà scontento. Nel gran bazar comunitario c'è un programma per ogni esigenza: ce n'è uno per aiutare chi vuole girare un film ai Caraibi e ce n'è un altro per aiutare chi vuole girare un film alle Hawaii. Poi ci sono gli aiuti per Kiribati, Tonga, Tuvalu, Belize, Papua Nuova Guinea e per gli altri 70 paesi della convenzione di Lomé (43 mila miliardi di lire in cinque anni, 22 miliardi di euro circa). C'è il programma per l'integrazione dei giovani rom ungheresi, quello per la convivenza sociale a Budapest, quello per la sicurezza alimentare in Malawi e quello per la sicurezza alimentare in Madagascar.

Al termine degli anni Ottanta la corte dei conti analizza gli aiuti forniti dalla Comunità al Terzo mondo: pochi e sprecati, è la sentenza. In fatto di cooperazione internazionale Bruxelles riesce persino a fare peggio dei singoli Stati membri, che pure in quegli anni stanno portando a compimento un'incommensurabile opera di sfacelo. «Ora vi dimostreremo un nuovo senso di responsabilità» dichiara nella primavera del 1999 il vicepresidente della Commissione europea Neil Kinnock. Ma in realtà cambia poco o nulla. Meno di un anno dopo, infatti, il «Sunday Telegraph» rivela un nuovo scandalo sugli aiuti alla Costa d'Avorio: 54 miliardi di lire buttati in uno sballato progetto di aiuto sanitario in cui le attrezzature mediche sono state pagate fino a 37 volte il loro prezzo di mercato. Nell'interesse degli africani o di qualche industria europea? Il rapporto del settimanale inglese è impietoso: «Bilance del valore di 60 mila lire sono state comprate per 400 mila lire. Culle da 150 mila lire sono state comprate per 810 mila. Uno stetoscopio da 25 mila lire è stato pagato oltre 500 mila lire. Per le panche delle sale d'attesa sono stati sborsati 45 milioni mentre sarebbe stato possibile acquistarle in qualsiasi mobilificio con meno di 4 milioni». Persino sulla cancellata hanno fatto la cresta, pagandola quattro volte di più.

Gli sprechi europei sono così numerosi, combinati e complicati che persino un glorioso professionista della trasparenza come il piemontese Raffaele Costa è costretto ad alzare bandiera bianca. «La commissione per il controllo dei bilanci mi ha nominato relatore del programma Meda destinato a sostenere lo sviluppo dei paesi che si affacciano sul Mediterraneo» confessa al suo «Duemila Europa». «Un programma che ha preso il via nel 1996 e che non ha dato, fino a oggi, molti frutti.» Come sono stati spesi i soldi? Difficile da sapere: «Ho chiesto ufficialmente i conti, per tutta risposta ho avuto la visita di alcuni funzionari che mi hanno raccontato un sacco di favole» e allora «sono andato, a mie spese, al Cairo», ma «mi hanno fornito soltanto dei patinatissimi dépliant». Dei bilanci veri, nemmeno l'ombra: «Solo un dubbio su 550 miliardi che non si trovano più». Come hanno fatto a perdere 550 miliardi di lire (quasi 300 milioni di euro)? Semplice, rispondono i funzionari: «Non si contano le spese minori». Spese minori. Appunto. 550 miliardi (quasi 300 milioni di euro).

«Il programma di aiuti dell'Ue è il peggiore del mondo» insiste il «Sunday Telegraph» nell'agosto del 2000. E denuncia tempi d'attesa da premio Lumachina d'Oro: «In media ci vogliono quattro anni e due mesi perché i soldi stanziati arrivino alle vittime dei disastri cui sono destinati». Nel 2000, due anni dopo che l'uragano Mitch aveva sconvolto il Centro America provocando almeno 7 mila vittime, neppure una lira dei 544 miliardi (circa 280 milioni di euro) era arrivata ai sopravvissuti. Nel 1991 il governo cinese chiese all'Ue un intervento in sostegno dei contadini del Tibet, la Ue lo concesse (16 miliardi di lire, 8 milioni di euro), ma fino al 1998 non una lira era giunta a destinazione. A Gaza è stato costruito un ospedale (51 miliardi di lire, circa 26 milioni di euro) che poi è rimasto inutilizzato oltre un anno perché non erano stati previsti i fondi per le medicine e gli infermieri. «Ci vogliono almeno 40 diverse firme per avviare un programma di rapido intervento» scrive il «Sunday Telegraph». E meno male che è rapido. In Kosovo, per esempio, lo stanziamento di 643 miliardi di lire (332 milioni di euro) è rimasto paralizzato per mesi in attesa di tradurre tutti i contratti nelle undici lingue ufficiali.

E poi, ammesso che arrivino, come vengono spesi i soldi dei progetti finanziati dall'Ue? Ecco un esempio a cura del già citato cooperatore Segré. Titolo: «Progetto ambientale volto a sviluppare la cooperazione internazionale in materia di qualità delle acque nell'area transfrontaliera fra la Bielorussia e la Polonia». (Già il nome sarebbe sufficiente a farlo rientrare nel capitolo errori.) Soldi stanziati in totale: 3 miliardi e 700 milioni (poco meno di 2 milioni di euro). Così divisi: 2 miliardi e 727 milioni (il 73,7 per cento) per l'assistenza tecnica, cioè per pagare i consulenti internazionali; 585 milioni (cioè il 15,8 per cento) per la formazione, ovviamente affidata a esperti internazionali; i restanti 388 milioni (cioè il 10,5 per cento) per le attrezzature, da acquistare naturalmente nei paesi finanziatori. Il risultato è evidente a tutti: su 100 euro che vengono messi a bilancio sotto la voce «bontà», 90 vanno ad arricchire gli esperti della bontà, 10 vanno ad arricchire le imprese della bontà e il resto (cioè niente) va agli unici che davvero dovrebbero ricevere tutta questa bontà.

«Con i soldi dell'Unicef si è comprato gli sci»

Il quadro è completo: quando i governi nazionali fanno cooperazione in genere regalano burro rancido. Quando ci si mette l'Europa fa la cresta sugli stetoscopi. Che cosa resta? Le grandi organizzazioni internazionali, appunto, quelle che già nel nome sono buone, senza tema né possibilità di smentita. Quelle che già sui banchi delle elementari cominciamo ad associare a pensieri positivi, piccoli fioretti per far crescere l'innata voglia di essere generosi che abbiamo dentro noi. Per esempio, l'Unicef.

Ma che delusione, allora, scoprire che anche l'Unicef, persino l'Unicef, che ci commuove già soltanto con la sua sigla, che è amata, benedetta e riverita, che assolda nomi famosi come testimonial planetari, non è così immune da macchie. Per esempio, rivela Milena Gabanelli in un suo bellissimo «Report» (Raitre, 22 ottobre 2002) intitolato *Organismi non governabili*, il 75 per cento del bilancio dell'Unicef viene speso per mantenere l'Unicef stessa. Cioè i suoi dipendenti, le sue strutture, i suoi funzionari che girano per il mondo. «Ogni 100 lire che vengono offerte, solo 25 arrivano davvero al bambino» conferma un missionario saveriano, padre Chema Caballero.

«Forte di un marchio universalmente riconosciuto» scrive Roberto Rocca Rey «l'Unicef di fatto non produce nulla se non le ricche prebende dei suoi funzionari. La raccolta fondi? Va spesa quasi tutta nel mantenere l'organizzazione. Anche qui i flussi di denaro sono di fatto incontrollabili. Il sito dell'Unicef, infatti, elenca sì le entrate, ma quanto alle uscite si limita a dire quali cifre sono state spese in quali paesi. Ma come?»

Nel suo libro sull'Italia dei privilegi, Raffaele Costa rivela che solo per l'Unicef Italia ci sono 58 dipendenti più 10 part time che costano in stipendi 3 miliardi e 200 milioni di lire l'anno (1,6 milioni di euro). A questo bisogna aggiungere le spese di organizzazione. E non mancano nemmeno, anche qui, i soliti furbi che se ne approfittano: nel luglio del '99 il tribunale di Torino ha inflitto due anni di reclusione all'ex presidente del comitato piemontese dell'Unicef, il pediatra Gianfranco Chiappo. Suo suocero (che era anche suo ex socio) lo ha accusato di aver sottratto 400 milioni di lire (circa 200 mila euro) destinati ai bambini affamati e di averli utilizzati, sotto la voce ufficiale «spese di rappresentanza», per acquistare «foulard, cravatte, biancheria intima, gioielli, una lavatrice e persino due paia di sci», oltre che per pagare «conti d'albergo, conti al ristorante, taxi, un abbonamento per due a un circolo di tennis». «Non è vero,» si è difeso Chiappo «utilizzavo i soldi soltanto per organizzare iniziative a favore dell'associazione.» In effetti ne organizzava un po' troppe: 82 l'anno, più 14 maxicongressi. Tutti assai costosi, a quanto pare.

Vuoi diventare profugo? Paga 2 mila dollari

Alla tv si vede una massa di gente davanti all'agenzia Onu per i rifugiati di Conakry, in Guinea. Uno dice: «Abbiamo fame, abbiamo bisogno di aiuto, per favore...». Un altro: «Siamo così stanchi, non abbiamo più niente». Un altro ancora: «Devo spiegarti io: siamo noi che conosciamo il problema...». E infine: «Ci prendono in giro, continuano a ripeterci menzogne...».

Ancora «Report», Raitre. L'inviato di Milena Gabanelli spiega: «È un sistema un po' marcio». Quale sarebbe il sistema un po' marcio? Quello dell'agenzia Onu per i rifugiati. Un missionario saveriano, padre Piero Lazzaroni, racconta: «I profughi non vengono trattati da esseri umani, non vengono considerati, nessuno rivolge loro la parola. Vanno là, fanno domanda, vengono guardati dall'alto in basso. Li ho visti io stesso, perché tante volte sono andato per parlare con il commissario e questa gente era seduta sotto il sole cocente per ore e ore, da mattina a sera, per tutti i giorni».

Ottobre 2002. Pochi mesi prima è esploso lo scandalo degli abusi sessuali nelle strutture dell'Onu. Prima ancora sono finiti sotto inchiesta alcuni funzionari di Nairobi. Ora una nuova denuncia: per avere lo status di profugo bisogna pagare una tangente (in natura o in denaro). Eppure l'Acnur (Alto commissariato dell'Onu per i rifugiati) è per tutti un simbolo, quasi come l'Unicef: il simbolo della pietà verso chi fugge da un disastro, dalla guerra, dalla catastrofe, dal massacro. Il simbolo di chi aiuta quelli che rimangono senza nulla. Un simbolo riverito, stimato, apprezzato. Un simbolo cui tutti i paesi contribuiscono (il suo bilancio annuale equivale alla somma del prodotto interno lordo di Ruanda e Burundi). Un simbolo, però, che ormai ha troppe macchie.

Perché? «Le disfunzioni sono un'eccezione e non la regola» dice la portavoce dell'Acnur, Laura Boldrini. «Ogni volta che ci sono state queste situazioni c'è sempre un'indagine o un'inchiesta e le persone sono state adeguatamente punite, hanno pagato per questo.» L'inviato di «Report» va dal responsabile del campo di Conakry in Guinea con il signor Sanko, un perseguitato che da quattro anni chiede asilo politico. E domanda: «Come mai il signor Sanko non ha mai ricevuto risposta? Le pare normale?». Normalissimo, replica pacifico il funzionario. «Ci sono persone che aspettano dieci anni.» Dieci anni? Il signor Sanko annuisce. «Ogni giorno vado là, riempio moduli, compilo questionari, li consegno, continuo ad andare, ricomincio tutto daccapo, scrivo lettere, le consegno, provo nuovi canali. La risposta è sempre picche: ti mettono in lista d'attesa e non ti fanno mai entrare nell'ufficio. Perché? Perché non ho pagato, semplice.» «Ma te li hanno chiesti chiaramente i soldi?» chiede il giornalista. «Sì, certo. Quel tipo per esempio, il signor Bangali, portavoce del funzionario, mi ha detto che dovevo dare 2 mila dollari.» Duemila dollari per avere lo status di profugo dall'agenzia delle Nazioni Unite? «Esatto.» Esatto: saranno pure eccezioni, casuali disfunzioni che poi verranno adeguatamente punite, come dicono all'Acnur. Ma quando il giornalista di «Report» chiede se ci sono inchieste sul campo profughi di Conakry, in Guinea, la risposta è secca: no, non ce ne sono. Forse la piaga è più vasta di quel che si pensi, sicuramente è più vasta di quel che si sappia. Alla faccia di Sanko che da quattro anni attende lo status di profugo. E continua a chiedersi: «Duemila dollari? E dove li trovo?».

XI

Ong: Organizzazioni non garantite

Quando la truffa è nel volontariato internazionale

Il dossier viene compilato nel gennaio 2000 e spedito al governo italiano, a quello albanese e a Bruxelles. Dentro c'è l'elenco delle irregolarità commesse durante la missione umanitaria in Kosovo. Quasi tutte riguardano le organizzazioni non governative. «In connivenza con le ambasciate gestivano traffici illegali e anche di armi» denuncia Milena Gabanelli, nella già citata puntata di «Report» del 22 ottobre 2002. «Be', quella fu una della cose più sorprendenti che trovammo in quel documento» conferma l'ex ministro delle Finanze Vincenzo Visco. «A un certo punto si scoprì che erano state costituite parecchie Ong che in realtà poi facevano capo ai boss albanesi.»

L'autrice del dossier si chiama Natalina Cea. È una funzionaria del ministero delle Finanze italiano. Nel 1999 viene nominata responsabile di una commissione europea incaricata di mettere ordine nelle dogane del Kosovo. Il settore, tutti lo sanno, è dominato dalla malavita. Appena inizia l'indagine, la funzionaria si accorge che ci sono quintali di merci che non pagano dazio perché transitano come «spedizione umanitaria», con il marchio delle organizzazioni non governative (Ong). Cerca di vederci più chiaro. E da quel momento è costretta a vivere sotto scorta e sotto minaccia.

Nell'aprile del '99, dopo pochi mesi di lavoro, denuncia al Tg1: «Prima dell'inizio della guerra erano registrate circa 300 organizzazioni umanitarie; dopo la guerra siamo arrivati quasi a 1000. Ci siamo accorti che molte avevano già trasferito la loro attività in Kosovo il giorno successivo alla fine del conflitto». Una fretta davvero sospetta. E, in effetti, al primo controllo risulta che su 100 Ong registrate solo 35 sono in regola, altre 57 sono irregolari e 8 sono inesistenti. Il 4 maggio con un fax inviato al ministro Visco, ed esibito nel già citato «Report», Natalina Cea informa il ministero della situazione. E aggiunge: c'è una «consegna di armi all'Uck in Kosovo che si svolge regolarmente attraverso l'Adriatico, gestita dalla mafia italo-albanese con la copertura di diverse organizzazioni non governative».

Com'è possibile? È possibile. E, per quanto strano possa sembrare, tutto finisce lì. Tutto viene messo a tacere. Quel documento che scotta, in effetti, giace sepolto negli archivi. E non lo si può vedere. «È riservato» rispondono a Bruxelles. «È riservato» rispondono a Tirana. «È riservato» confermano a Roma. La signora Cea, dopo averlo consegnato, si è ritirata nel suo ufficio al ministero delle Finanze. Continua a lavorare lì, senza avere il diritto di incontrare i giornalisti. E di parlare con loro. Non ha più avuto incarichi internazionali. I due funzionari albanesi che hanno collaborato con lei hanno avuto seri problemi. Le Ong, invece, continuano a prosperare. Tutto regolare. Evviva i buoni (con o senza armi nei container).

«Qui Sierra Leone: i volontari si sollazzano in spiaggia»

Le organizzazioni non governative nascono quasi tutte negli anni Settanta. Alla base ci sono la cultura internazionalista del movimento studentesco (formatasi sulla guerra in Vietnam), alcune spinte della cultura marxista (la mobilitazione per Cuba, l'Angola e il Mozambico) e alcuni spunti della cultura cattolica (la teologia della liberazione). In origine esse sono un'espressione della società civile, vanno a occupare gli spazi lasciati vuoti dallo Stato, tanto che la loro stessa definizione è «in negativo» (non governative). Per la verità oggi di «non governativo» è rimasto ben poco: le organizzazioni sono ormai dei veri colossi paragovernativi. E nelle loro mani passa il 65 per cento di tutto l'aiuto umanitario mondiale.

Nel 1979 le Ong in Italia erano appena 40. Oggi sono oltre 180. Centosessantasette sono quelle riunite nell'Associazione delle Ong, che è una specie di «parlamentino nazionale». Molte di loro sono radunate poi in federazioni (quasi dei sottogruppi). I principali sono Cocis (Coordinamento delle Organizzazioni non Governative per la Cooperazione Internazionale allo Sviluppo, 27 associati), Cipsi (Comitato di Iniziative Popolari di Solidarietà Internazionale, 30 associati) e Focsiv (Federazione Organismi Cristiani Servizio Internazionale Volontariato, 56 associati).

Le 167 organizzazioni impegnano oltre 3 mila volontari in 80 paesi in via di sviluppo. A questi si aggiungono i 5 mila volontari che operano in Italia, i 200 mila soci e gli innumerevoli donatori che ogni anno versano nelle casse della Aiuti Umanitari Italia S.p.A. la bellezza di 100 milioni di euro, cioè circa 200 miliardi di vecchie lire. Perlopiù vengono girati in Africa (circa 60 miliardi l'anno), ma ultimamente tira molto anche l'Asia, grazie alla ripresa dell'Afghanistan.

Non sempre, per la verità, i soldi consegnati alle Ong vengono spesi nell'interesse dei poveri, come denuncia Andree Katter, parroco di Lungi, in Sierra Leone: «La gente qui vede i membri delle Ong che se ne vanno in spiaggia a sollazzarsi negli orari di ufficio e per buona parte del tempo scorrazzano di qua e di là a bordo delle loro Toyota. E allora mi chiedo: se spendi tutti quei soldi in automobili, che cosa rimane per la gente? Perché se sei al servizio della gente comune devi tenere uno standard che tenti almeno un po' di avvicinarsi a quello di coloro con cui interagisci. Se vieni qui vantando grandi progetti altruisti e poi sprechi denaro utile a realizzarli per vivere nel lusso... allora hai fallito l'obiettivo».

Ma la denuncia, trasmessa anch'essa durante la puntata di «Report» del 22 ottobre 2002, non piace al «parlamentino delle organizzazioni non governative». «Le Ong si sono viste trascinate in illazioni e allusioni che danneggiano l'immagine, le motivazioni e la professionalità dei singoli organismi, delle persone che vi lavorano e della comunità non governativa nel suo insieme» scrive il portavoce dell'associazione in una lettera aperta all'allora presidente della Rai Antonio Baldassarre. «Purtroppo» risponde la Gabanelli «ci sono argomenti ancora intoccabili in questo paese. Ma se un vescovo prende i soldi per fare un ospedale e poi ci costruisce una cattedrale o se un'organizzazione chiede fondi per occuparsi di migliaia di bambini-soldato che non ci sono più, mi sembra giusto denunciarlo.»

Sprechi 1: più convegni che pane

Ma certo che è giusto. Ha ragione Milena Gabanelli: bisogna denunciare, senza tabù, quando c'è da denunciare. E per fortuna non siamo i soli a pensarla così: «Troppi soldi vengono utilizzati non per dare un pesce a chi ha fame né per dargli una canna da pesca, ma per approfondire le tematiche del pesce e della canna in fluviali convegni» scrive Gian Antonio Stella nel suo *Lo spreco*. E cita poi alcuni degli aiuti girati dai fondi italiani per la cooperazione internazionale alle associazioni di volontari: 148 milioni di lire (76 mila euro) per studiare «le tecniche del gioco di ruolo nella sensibilizzazione antirazzista»; 90 milioni di lire (46 mila euro) per la pubblicazione di una rubrica mensile di lotta al razzismo e per il lancio di un concorso nazionale su periodici giovani; 137 milioni di lire (70 mila euro) per il progetto «Il nero del bianco: immagini dei neri e dei meticci nella cultura popolare occidentale»; 123 milioni di lire (63 mila euro) per il progetto «Donne mediterranee»; 61 milioni di lire (31 mila euro) per il progetto «Conoscere i curdi: la realtà del Nord Iraq e i suoi protagonisti»; 54 milioni (27 mila euro) per «Roma / quarta circoscrizione: quartiere del mondo»; e infine 29 milioni di lire (15 mila euro) per un appassionante dibattito sul tema «Modelli familiari multietnici a confronto nella realtà marchigiana» (cui ci auguriamo siano seguiti – ma di ciò non esiste riscontro negli archivi – altrettanto appassionanti dibattiti su «Modelli familiari multietnici a confronto nella realtà abruzzese» e su «Modelli familiari multietnici a confronto nella realtà valdostana»).

«Oltre ai generatori dell'Ansaldo, alle partite di scarponi numero 46 per i piccoli campesinos boliviani, alle tecnologie del mattatoio di Mogadiscio costato 12 miliardi di oggi e mai aperto perché era tutto troppo sofisticato per la manutenzione locale» scrive Stella «abbiamo infatti sempre esportato immense quantità di parole. Soprattutto attraverso un gruppetto di soggetti che, vista la torta, si sono fatti avanti per averne una fetta.» Inutile dire che questi soggetti sono, in primis, le Ong: 2 miliardi e 900 milioni di lire (circa 1 milione e mezzo di euro) per formare sindacalisti brasiliani, 3 miliardi e 794 milioni (circa 2 milioni di euro) per creare in Tunisia un «osservatorio sul mercato del lavoro che fornisca costantemente indirizzi per l'impiego e la stessa attività di riqualificazione dei quadri», addirittura 103 miliardi di lire (53 milioni di euro) per studiare l'alternanza delle piene nel corso millenario del Fiume Giallo e ancora 3 miliardi e 373 milioni (poco meno di 2 milioni di euro) per «l'avviamento del sistema informativo del processo decisionale in Perú». Un titolo che, a dirla tutta, già di per sé sembra uno spreco.

Sprechi 2: il latte? Fa venire la diarrea

Un bel giorno quelli buoni s'inventano di aiutare gli abitanti dell'Amazzonia peruviana. L'idea è geniale: un caseificio a Isquitos. Arrivano i soldi, arriva la tenuta, la stalla, le mungitrici, impianti ultimo modello e 180 bufale inviate dagli Appennini alle Ande via aereo. Costo totale: 8 miliardi di lire (circa 4 milioni di euro). Praticamente un gioiellino. «Solo che» racconta sempre Stella «gli autori della pensata non hanno calcolato due dettagli. Il primo è la salute dei bovini che, incapaci di adattarsi al nuovo clima, muoiono uno dopo l'altro. Il secondo è la distanza esistente fra la stalla e il caseificio: 38 chilometri di strada sterrata in pessime condizioni che, percorsi dai fuoristrada tra mille sussulti, fanno impennare l'acidità del latte trasportato. Risultato: un disastro.» Come rimediare? Semplice, vendendo il latte penserete voi. Ma il latte è straniero e la popolazione locale così disabituata a quel tipo di prodotto che in pochi giorni dilaga la diarrea. Centinaia di bambini ricoverati in ospedale fino alla morte dell'ultima bufala.

Non è un caso isolato, purtroppo. Le organizzazioni non governative hanno costruito un ospedale in Cina con macchinari fantastici che nessuno riusciva a usare. Motivo? Le istruzioni non erano scritte in cinese. In Sudan e Somalia hanno eretto 2360 silos senza il minimo accorgimento per impedire al mastice delle giunture di sciogliersi al sole prevedibilmente assai caldo in quelle zone. E (per di più) senza le pompe di aspirazione per estrarre le granaglie riposte. («Come possiamo fare?» hanno chiesto i somali. «Fate entrare un bambino dall'oblò» hanno risposto tranquillamente i tecnici.) Una Ong ha iniziato piena di entusiasmo un progetto «per lo sviluppo dell'attività tessile femminile nei quartieri marginali di Lima». Pochi mesi dopo, il progetto si è fermato: «Ci mancano i soldi». Quanti ne avete avuti? «Un miliardo e 150 milioni». Strano, risponde la corte dei conti: a Roma erano stati stanziati 3 miliardi e 140 milioni. Che fine hanno fatto gli altri 2 miliardi?

Sempre nei pressi di Lima, ad Ancón, un'altra organizzazione ha inventato il progetto «Dos pueblos jovenes» per dare lavoro ai giovani. L'opera si conclude con i seguenti risultati: la fabbrica di mattoni non funziona (manca l'energia); il laboratorio di pannelli isotermici non funziona (mancano le materie prime); il laboratorio di oreficeria non funziona (nessuno compra gli oggetti). Resta il progetto della pesca, per cui sono state approntate barche, ami e reti, ma neppure quello funziona: è stata scelta la zona sbagliata. Ad Ancón non c'è nemmeno un pesciolino rosso.

Sprechi 3: tanti esperti e profumate parcelle

La cooperazione è un po' come la Fao: raramente riesce davvero a dar da mangiare agli affamati. In compenso riesce a dar da mangiare a moltissimi esperti. E pure ben pagati. Un operatore al primo impiego guadagna 3 mila euro al mese, che però possono diventare anche 10 mila. I consulenti hanno stipendi da 400 euro al giorno. Una volontaria appassionata e ostinata, Silva Montecchi, scrive da Bujumbura, Burundi: «Qui c'è una marea di occidentali che scorrazza tra un locale e l'altro, tra un festino e l'altro. Gente che in Italia sarebbe disoccupata, qui fa una vita da nababbo». Poi cita i loro stipendi, sconvolta dal fatto che il responsabile della cooperazione italiana guadagni 9 mila euro (18 milioni di lire) al mese.

«L'organizzazione italiana, francese o americana» dice a «Report» Ebenezer King, funzionario africano di una Ong, «porta qua il suo personale e lo paga bene. Se prendessero un professionista locale per lo stesso lavoro lo pagherebbero dieci volte meno. Questo significa che per ogni espatriato puoi pagare dieci stipendi a gente del posto. Questa è cooperazione. Invece gli occidentali usano i soldi per sistemare la loro occupazione… non la nostra.»

Di esperti, in effetti, le organizzazioni non governative non se ne fanno mai mancare, come rileva Raffaele Costa nel suo *L'Italia dei privilegi*: 100 milioni di lire (50 mila euro) per due persone inviate in Macedonia a «studiare gli interventi di emergenza a favore dei gruppi vulnerabili per la supervisione e il monitoraggio sia dei programmi di gestione diretta che di quelli affidati alle agenzie internazionali»; 441 milioni (220 mila euro) per un gruppo di persone inviate in Perú a «studiare lo sviluppo delle attività artigianali nei settori della ceramica, pelletteria e oreficeria»; 200 milioni (100 mila euro) «perché nella fase di identificazione dell'iniziativa "realizzazione della strada Debrework-Kombolcha [Etiopia]" è sorta la necessità di inviare esperti in loco per l'attività di assistenza tecnica a sostegno delle fasi di identificazione e successiva formulazione della citata iniziativa»; 200 milioni (100 mila euro) per la «costituzione di un fondo per l'invio in brevi o lunghe missioni di esperti nella regione dei Grandi Laghi»; e infine la selezione di tecnici per il «rafforzamento del servizio statistico del ministero dell'Agricoltura di Capo Verde» con prima «missione di identificazione», cui segue «missione di formulazione» ed «elaborazione bozza di documento». Valore di quest'ultima iniziativa al servizio statistico di Capo Verde: inestimabile.

L'abbondante uso di esperti e il pagamento di profumate parcelle, d'altra parte, non riesce a preservare le organizzazioni dedite al bene nemmeno dai rischi del mestiere. Se è vero, come è vero, che in soli tre anni, fra il 1997 e il 2000, sono stati spesi 100 miliardi di lire (50 milioni di euro) per danni legati ai progetti di cooperazione mal condotti o contestati: 1 miliardo e mezzo di lire per controversie insorte con la ditta appaltatrice per la realizzazione di un programma di sviluppo rurale in Senegal, 437 milioni per una lite con un'impresa che ha costruito un ospedale in Somalia, 1 miliardo e 100 milioni per il «funzionamento del collegio arbitrale nominato per dirimere questioni con un'impresa» che ha lavorato a un progetto per la valorizzazione delle risorse idriche della Mauritania...

A che serve mandare in giro per il mondo tanti superesperti se poi i progetti non funzionano, s'interrompono, sprecano soldi, finiscono in un tribunale attraverso liti senza fine? A che serve? Durante la già citata trasmissione di Raitre, «Report», il responsabile di una di queste Ong, Giacomo Franceschini, program manager della Coopi (sì, proprio così: program manager), risponde all'obiezione riguardo agli elevati costi dei progetti, con un pizzico di vanità: «Bisogna dire che dietro c'è un intervento altamente professionale che ha visto impegnati diversi esperti con alto profilo professionale, come psicologi...». Ma un missionario saveriano lo stronca subito: «A che serve portare qui psicologi francesi che nemmeno sanno parlare ai bambini nella loro lingua?».

Alla popolazione da aiutare? Resta meno del 20 per cento

«Come insegnare il recupero dei rifiuti a Tunisi e a Fès.» Il progetto è ambizioso e anche un po' folle, spiega l'ex di Lotta Continua, Guido Viale, nel suo libro *A casa*. «Se si tratta di insegnare l'arte del recupero, era evidente fin dall'inizio che avremmo dovuto imparare noi dalla gente del Marocco e non viceversa.» Fatto sta che l'idea, per quanto stramba, è stata finanziata e quindi «dobbiamo darci da fare».

In effetti, si danno tutti da fare. E producono come d'incanto un software, un coloratissimo e tecnicamente evoluto programma per personal computer, che virtualmente collega tra loro cassonetti immaginari collocati in punti immaginari delle immaginarie città africane in cui sarebbe finita carta immaginaria da raccogliere con camion immaginari. Il progetto (costo: 1 miliardo) finisce lì. L'unica cosa non immaginaria è un fascicolo a stampa quadricroma che però appare evidentemente di scarsa utilità a Tunisi, a Fès, al Marocco, alla raccolta dei rifiuti, all'Africa e al Terzo mondo in generale. Com'è possibile spendere 1 miliardo per qualche inutile fascicolo di carta colorata? E com'è possibile far rientrare tutto questo in qualche bilancio di ente pubblico (nel caso: l'Unione Europea) sotto la voce «aiuti ai paesi sottosviluppati»? Com'è possibile far credere ai contribuenti che questo è il modo giusto di soccorrere chi ha fame? Se lo chiede anche Viale, mentre va a Bruxelles per tirare le conclusioni del lavoro. Con un po' di vergogna, confessa.

Sempre nella stessa puntata di «Report» si parla di una Ong, la Afmal, che in Sierra Leone affitta uffici da 12 metri quadrati a 400 dollari al mese, manco fosse piazza di Spagna - Trinità dei Monti. «Nel loro parco macchine [costato 41 mila dollari] figurano tre moto nuove e mai usate e una jeep fiammante non ancora immatricolata. E siamo a fine progetto.» Poi si citano alcuni funzionari disonesti di altre organizzazioni che sottraendo i soldi destinati ai bambini affamati avrebbero «compiuto speculazioni immobiliari a titolo personale». «Qui in Sierra Leone hanno corrotto anche il Padreterno» dice un costruttore italiano che conosce bene l'Africa. «Danno dei soldi a tutti e fanno quello che vogliono.»

«La corruzione è un'usanza e, sommata ad altri fattori, provoca una perdita che ammonta almeno al 30 per cento del denaro versato per gli aiuti» dichiara Mohammed Passim Saffer, direttore dei programmi in Afghanistan della Ong inglese British Charity Children. Dopo i bombardamenti americani il numero delle associazioni umanitarie a Kabul è aumentato in modo esponenziale: ne sono arrivate quasi 1000 (circa 130 milioni di euro, 250 miliardi di lire soltanto per pagare gli stipendi). «Progetti dai costi gonfiati e spese stellari per residenze» denuncia sul «Giornale» Fausto Biloslavo, uno che sull'Afghanistan sa sempre tutto. E i politici locali, come il vicecapo dello Stato Abdul Karim Khalili, accusano gli operatori umanitari di guadagnare troppo e di «vivere nello splendore».

Il risultato finale sembra assai simile a quello denunciato in Kosovo da Franco Bernabè, ex presidente dell'Eni, uomo assai vicino alla Fiat e coordinatore degli aiuti nell'area balcanica, dove l'Europa ha investito 33 mila miliardi di lire (circa 17 miliardi di euro): «Qui ci sono 230 organizzazioni internazionali di solidarietà. Si tratta di strutture, spesso di dubbia efficacia, che comportano costi elevati: circa il 30 per cento delle somme erogate per gli aiuti viene sprecata così. Un altro 20 per cento viene disperso. Una parte finisce nei conti svizzeri dei burocrati locali. Che cosa resta alla popolazione che doveva essere aiutata? Meno del 20 per cento».

«L'anima propria degli aiuti sta cambiando: la valenza "solidarietà" è sempre più sottile, la valenza "autoperpetuazione delle agenzie umanitarie" è sempre più pesante» denuncia il mensile dei comboniani «Nigrizia». E in effetti per le Ong si può registrare lo stesso cammino già ampiamente percorso dall'assai più grande arcipelago delle associazioni no profit (di cui le Ong perlopiù costituiscono un sottoinsieme): sempre più specializzazione, sempre più professionalità. Sempre più soldi da gestire. Sempre più attenzione a se stessi. Sempre meno attenzione al prossimo che ha bisogno.

I più avveduti all'interno del movimento se ne sono accorti. E parlano di «trasformazione professionistica e imprenditoriale, dipendenza dalle istituzioni, perdita di radicamento nella società civile, residualità e subalternità» delle organizzazioni non governative. Alcune, scrive per esempio Giulio Marcon, «si sono vendute l'anima, a volte senza saperlo. Sopravvivono stancamente a se stesse tra un finanziamento e l'altro. Per molte di esse il problema è solo come far campare la struttura...». E la sua conclusione è piuttosto amara: «Se la cosiddetta idoneità avesse un senso, buona parte delle Ong potrebbe essere invitata a rifare l'esame per il patentino».

D'altra parte, se il problema è solo quello di tirare a campare, tutto diventa lecito. E allora avanti, in nome dei poveri, avanti con il marketing più spinto, tutte le tecniche commerciali del disprezzato capitalismo funzionano a meraviglia se ci si appiccica su il marchietto della bontà. Avanti con la lobbying e con l'advocacy, avanti con i dépliant che spiegano come praticarle, avanti con la global governance, l'e-government, conflict affected, decision point, esperti di solidarietà creativa e program manager degli affetti. Avanti tutti in Bosnia, se i giornali parlano di Bosnia; poi in Kosovo, se le tv parlano del Kosovo; e poi in Afghanistan, se giornali e tv parlano d'Afghanistan. E pazienza se il resto del mondo bisognoso non ha nemmeno un decision point: bisogna correre dove i riflettori chiamano.

«Temo» dice a «Report» don Albino Bizzotto dell'associazione Beati i Costruttori di Pace «che anche in Afghanistan accada come in Bosnia e come in Kosovo, dove c'è stato un moltiplicarsi di Ong che poi sono svanite improvvisamente appena si sono chiusi i rubinetti.» Ma che importa? Vorrai mica sminare l'Angola senza neanche il teleobiettivo della Cnn? E infatti: appena capìta l'aria che tirava in Afghanistan, in poche settimane l'Angola è rimasto deserto. Sminare per sminare, tanto vale correre nei dintorni di Kabul. Se a Luanda un bambino salta su una mina chi se ne accorge, ormai? Vuoi mettere l'effetto della stessa esplosione a Kabul?

Un funzionario abbronzantissimo degli uffici umanitari di Ginevra non esita a spiegare a Giulio Marcon: «Al Mozambico colpito dall'alluvione è servita più l'immagine della televisione con la donna che partoriva su un albero circondato dall'acqua che tanti documenti debitamente compilati sulla reale situazione». Cioè: serve la spettacolarizzazione del dolore. Così si raccolgono i soldi. Così proliferano le Ong.

E allora avanti, avanti anche con gli spot. Ma sì: gli odiati spot che interrompono le emozioni ma riempiono il portafoglio. Perché avere ritegno? Un'agenzia delle Nazioni Unite pur di far cassa non si vergogna di coniare uno slogan come questo: «In Zaire la vita non vale più niente. Diamole un prezzo». (Certo: compriamola, o magari mettiamola all'asta.) Giobbe Covatta compare sul piccolo schermo circondato da bimbetti dalla pelle scura e propone: «Versate soldi all'Amref, anche voi vi sentirete un po' meglio». (Quasi come il Fernet dopo pranzo.) «L'obiettivo di questi messaggi» ha detto Michael Maren, operatore umanitario di saggezza ed esperienza, «non è di farci pensare alla fame o alla povertà. Al contrario: è sollevarci dal fardello di doverci pensare.» E probabilmente si è autosollevata dal fardello di dover pensare anche l'associazione francese Equilibre, che è arrivata a mandare in onda uno spot così: «Volevamo mostrarvi gli occhi imploranti di un bambino ruandese, ma è sempre più difficile trovarne uno vivo». E meno male che si chiama Equilibre.

E nei camion dei viveri c'erano bazooka e lanciarazzi

Le organizzazioni non governative, quasi sempre nate «da impulsi genuinamente altruistici e scevri da ogni interesse privato», come scrive Alberto Indelicato sul «Giornale», hanno dato vita a un vero e proprio paradosso: in origine dovevano sostituire lo Stato in alcune attività, di fatto sono diventate un pezzetto di Stato, con gli stessi difetti e la stessa burocrazia (solo in minima parte composta da volontari). Come lo Stato hanno aggiunto all'attività umanitaria vera e propria altre funzioni e come lo Stato affrontano abitualmente problemi di ordine politico e diplomatico. Come lo Stato, infine, agiscono utilizzando perlopiù soldi non provenienti dalle offerte ma dalle tasse dei contribuenti. La differenza? Sono assai meno controllabili dello Stato. Marcon le chiama «Gongo»: organizzazioni non governative assai governative (o paragovernative).

E, alla fine, queste Gongo chi aiutano davvero (oltre a se stesse)? I poveri del mondo? I bambini africani? I ragazzi di Kabul che correndo rischiano di saltare su una mina? Gli alluvionati del Bangladesh? I contadini del Perú? O invece (alcune volte, molte volte, spesso, abbastanza spesso, chi lo sa?) le associazioni non governative finiscono per coprire interessi altrimenti inconfessabili? L'Organizzazione Mondiale della Sanità ha denunciato che il 45 per cento dei medicinali spediti nella ex Iugoslavia durante gli anni della guerra era scaduto o inservibile: «È evidente che il sistema degli aiuti serve per smaltire eccedenze e per distribuire vantaggi fiscali o entrate dirette alle imprese». In Francia e negli Stati Uniti alcune multinazionali avrebbero creato direttamente le loro Ong proprio per garantirsi i servigi che solo le medesime Ong possono garantire.

E che servigi: «Portare qualche sacco di cibo in Sudan negli anni Ottanta equivaleva di fatto a fornire un kalashnikov» ha raccontato un testimone oculare, Jean Pomfret. «Dalla Bosnia a Brazzaville i signori della guerra manipolano le agenzie umanitarie come non era mai accaduto, usando gli aiuti umanitari per dar da mangiare alle proprie truppe, il carburante per rifornire gli aerei e le infrastrutture logistiche per conquistare e occupare vasti territori». In Italia fu scoperto il caso piuttosto ambiguo del Cics, Centro Internazionale Cooperazione Sviluppo, che si dedicava agli aiuti umanitari ai paesi sudamericani ma stranamente condivideva sede (stessa città, stessa via, stesso palazzo, stesso alloggio) e presidente (Emidio Totaro) con la Data Engineering, specializzata in «commercializzazione di sistemi di difesa» («cosa che le malelingue intendevano come traffico di armi» annota Gian Antonio Stella nel suo *Lo spreco*). E, del resto, ancor prima che Natalina Cea presentasse il suo rapporto sugli strani traffici di aiuti umanitari tra Italia e Kosovo, avevano fatto scalpore alcuni camion fermati il 12 aprile 1999 al porto di Ancona. Sopra avevano il marchio Caritas, ufficialmente portavano cibo per i profughi di Scutari. I finanzieri ci trovarono: mortai, lanciarazzi, bazooka, missili filoguidati, cannoni senza rinculo, munizionamento vario. Armi da guerra, insomma, altro che pane.

Ong al servizio dei servizi (segreti)

Di servigi in servizi, c'è chi di tanto in tanto ha addirittura ipotizzato la connivenza tra alcune Ong e gli 007. Sembra un romanzo di Le Carré, è vero. Ma due membri di un'importante agenzia umanitaria anglosassone, Care, durante la guerra del Kosovo sono stati davvero arrestati a Belgrado con l'accusa di spionaggio. E nel già citato (e peraltro contestatissimo dalle Ong) «Report» di Milena Gabanelli il sottosegretario agli Esteri con delega sulla cooperazione allo sviluppo, Alfredo Mantica, si è lasciato scappare: «... se poi vuole aggiungere, c'è anche qualche Ong che risponde al Deuxième Bureau o al Mi5, perché chi meglio di un'organizzazione...». Per Deuxième Bureau – ricordiamolo – s'intendono i servizi segreti francesi, per Mi5 i servizi segreti inglesi. («Ma lei sta registrando?» ha chiesto il sottosegretario. «Sì.» «No, questo lo tagliamo...» La Gabanelli, ovviamente, non ha tagliato nulla.)

Forse è solo fantasia, ma non possiamo dimenticare che i corsi di integralismo dei talebani a Kandahar furono finanziati come «azioni umanitarie» da una fondazione americana legata all'Università del Nebraska. Così come numerose organizzazioni umanitarie sono state centro di reclutamento e finanziamento per Osama bin Laden. La più importante è l'Organizzazione di Soccorso Islamico Internazionale, fondata a Gidda, in Arabia Saudita, nel 1978, presente in 128 paesi, sostenuta da tutte le principali famiglie saudite, una sede a Oxford, in Gran Bretagna, uffici in Francia, Svizzera, Germania, Olanda, Svezia: formalmente si occupa di mutuo soccorso. Di fatto è uno degli strumenti operativi dell'Islam militante. Sfruttato, come conferma la Cia, dal medesimo bin Laden.

Non c'è da stupirsi. Alla fine di aprile del 2002 la polizia federale americana arresta Enaam Arnaout, 39 anni, americano di origini siriane, presidente dell'ente benefico Benevolence International Foundation. Si scopre che, Benevolence per Benevolence, la sua associazione ha rapporti con al Qaeda fin dai primi anni Ottanta. E ha supportato i terroristi girando loro centinaia di migliaia di dollari. D'altra parte alcune Ong che operano in Israele sono state accusate di coprire i kamikaze palestinesi. «Le organizzazioni caritative o a vocazione umanitaria» scrivono Charles Brisard e Guillame Dasquié nel loro *La verità negata* «offrono il vantaggio di essere molto meno controllate.»

Ecco, appunto: in fondo, tutto quello che abbiamo scritto finora, in questo capitolo e anche nei precedenti, si può riassumere così. Con questa frase: le organizzazioni caritative o a vocazione umanitaria sono molto meno controllate. E perciò, essendo meno controllabili, attraverso le loro larghe maglie («chiudiamo un occhio», «è a fin di bene», «c'è gente che ha bisogno», «loro li aiutano», «non vorrete mica opporvi, criticare e far la figura dei cattivi?») finisce per passare di tutto. Ma proprio di tutto. Persino il peggio. Bisognerà pure cominciare a stare attenti, prima o poi.

Attenti ai buoni, soprattutto.

XII

Per carità, non fate la carità

Quando ci si dichiara solidali con un altro per prendergli qualcosa

> Moltissimi danno denaro ai mendicanti per la stessa ragione per cui pagano il callista: poter camminare in pace.
>
> BERNARD DE MANDEVILLE, *Commento alla favola delle api*, 1705

Questo capitolo esiste per un solo motivo: me l'ha chiesto l'editore. E siccome io scrivo i libri, ma l'editore scrive i contratti, è ovvio che in nome dell'indipendenza dell'autore mi adeguo (e aspetto il relativo cedolino). L'editore, a me rappresentatosi nella soave figura di Nicoletta (al quinto lavoro che facciamo insieme finalmente sono riuscito a citarti: non oso immaginare che cosa accadrà con il sesto), dice che è molto preoccupato perché un libro come questo: a) non se lo compra nessuno e allora abbiamo buttato via tempo e denari; b) se lo comprano molti e allora se ne evince che spesso buttiamo via tempo e denari (e la chiamiamo beneficenza). La seconda ipotesi sembra per il momento angosciare più della prima il mio editore che evidentemente deve avere qualche buona azione sparsa qua e là, cioè non soltanto in Borsa.

Devo confessare che, sulle prime, questa obiezione mondadoriana mi ha lasciato un po' perplesso. «Che ve ne importa se la beneficenza ne esce con le ossa rotte?» ho cominciato a domandare, incalzante e persino impertinente. «Avete forse in mente di vendere pure voi penne biro davanti agli ospedali? Siete ridotti così male? Costretti a raccogliere stracci casa per casa? Non vi resta che l'elemosina? Vanno così a rotoli i vostri bilanci?» E, a quest'ultima domanda, il libro era praticamente morto ancor prima di nascere. Attenti ai buoni, continuavo a ripetere di notte mentre sognavo il contrattino che volava via sbattendo le aluc-ce. Ma per fortuna in Mondadori non sono affatto buoni ed è perciò che ci si lavora da Dio. Mi ha richiamato un'altra vocina ancor più preoccupata di quella di Nicoletta, e ha provato a spiegarmi tutto daccapo («Non dobbiamo spaventare, non dobbiamo allontanare la gente dal bene, non dobbiamo scoraggiare il volontariato ecc.»), sopravvalutando fra l'altro in modo evidente le possibilità mie e delle mie paginette.

Purtroppo le mie paginette sono assai meno potenti, ma non ho osato contraddire la Mondadori su questo punto, avendo parecchio da obiettare invece sul successivo: le percentuali sulle vendite. Quindi mi sono fatto avanti entusiasta: «Se il problema è quello lo risolvo in un amen». E qui mi è scappata la promessa: «Farò un capitolo finale dove sgombrerò il campo da ogni equivoco» ho sbruffoneggiato. «Farò venire a tutti la voglia di diventare ancor più generosi.»

Questo sarebbe, appunto, il suddetto capitolo finale. Abbiate ancora un po' di pazienza, se ne avete avuta finora, ma qualcosa mi devo pur inventare. Alla Mondadori, pur non essendo buoni, ci tengono molto a fare del bene (come hanno dimostrato del resto facendo del bene a me: hanno cresciuto i miei figli a Plasmon e diritti d'autore).

La prima cosa che mi è venuta in mente per trascinarmi fuori dall'impiccio è stata una citazione. Come insegna il maestro Enzo Biagi: quando non hai più nulla da dire, cita, cita, cita (guai a chi dice Tarzan). Così è saltato fuori Bernard de Mandeville, riportato non a caso in testa a questo sciagurato capitolo che dalla parte sua ha un unico merito: è l'ultimo (non vorrei essere frainteso: l'ultimo è il capitolo, non Bernard). Mandeville, un medico dei matti, forse matto un po' anche lui, non è per nulla l'ultimo. Anzi, è stato il primo nel 1705 a scrivere il poemetto in versi (consigliabile: si legge in dieci minuti e vi permette di fare un figurone in società) intitolato *La favola delle api*, sottotitolo *Vizi privati, pubbliche virtù*. Il senso può essere riassunto in questo breve stralcio: «Era questa la vera fortuna: milioni di api si davano da fare per soddisfare vanità senza freni, mille ambizioni di altri milioni. Ogni parte dell'alveare era quindi stracolma di vizi. L'insieme, però, un paradiso».

Ora qui da noi non è molto conosciuta, ma a suo tempo la favola ebbe una gran popolarità. Veniva venduta nelle strade, recitata, declamata, contestata. Soprattutto contestata. Per via delle api, il vecchio Bernard fu accusato di «pubblico danno», di usare cioè «artifici e pretesti per attaccare la religione e la virtù come dannose per la società e nocive allo Stato; e per raccomandare il lusso, l'avarizia, l'orgoglio e ogni tipo di vizio come necessari al benessere pubblico». Per questo lo processarono.

Riuscì a salvarsi, ma se la vide brutta. Povero Mandeville, apicoltore per finta e per divertimento. In tribunale gliene dissero di tutti i colori. Giocando sul suo nome, arrivarono a chiamarlo Man of Devil, uomo del demonio. A un passo dal rogo, in pratica: fosse stata ancora la stagione giusta lo avrebbero abbrustolito come uno stregone. Ma lui, niente. Appena uscito dai guai ricominciò a distribuire il suo volumetto a destra e a manca. E ai tanti che gli imbastivano il predicozzo rispondeva secco con la frase che ho avuto l'alzata d'ingegno di anticiparvi poc'anzi: «Moltissimi danno denaro ai mendicanti per la stessa ragione per cui pagano il callista: poter camminare in pace». Diciamocelo pure: un mito.

Ora voi direte: perché questa pippa sulle api e soprattutto sull'apologo (nel senso di «esperto di api»)? A parte il fatto che questo capitolo devo riempirlo per contratto (e quindi non posso andare troppo per il sottile: un'arnia vale l'altra, insomma), a parte questo, ho pensato che Mandeville avrebbe potuto trasformarsi, povero lui, in un ottimo schermo dietro cui riparare la mia modesta figura: tre secoli fa lo accusavano di «attaccare la virtù come nociva allo Stato», ora stampiamo i suoi libri; tre secoli fa lo chiamavano «uomo del diavolo» e ora lo consideriamo un grande pensatore. «Se qualcuno osa criticarmi» pensavo tra me e me «gli rispondo: ci vediamo fra trecento anni.» Chissà se funziona.

Al vecchio Bernard, poi, potrei aggiungere tutta una sfilza di nomi in grado di mettere in soggezione qualsiasi critico: da Vilfredo Pareto («Quando ci si dichiara solidali con altri è generalmente per prendergli qualcosa») a Ennio Flaiano («Attenti, tutti quelli che rubano devono far mostra di amare i bambini e di temere Iddio»). «Che ciascuno faccia come me e parli secondo i suoi interessi. Peste sia del prossimo» diceva l'abate Galiani (niente a che vedere con il Milan). «Raramente fu dato un bacio che non fosse un bacio di Giuda» ha aggiunto assai più tardi Gesualdo Bufalino. Per non dire dell'attore premio Oscar della bevuta John Barrymore, che viene ricordato per la sua miglior battuta: «I buoni muoiono giovani perché capiscono che non ha senso vivere se devi essere buono». O dell'immancabile G.B. Shaw: «I ricchi fanno la beneficenza. Ma anche la beneficenza fa i ricchi» (sì, lo so che questa l'ho già citata in un altro capitolo, ma è così azzeccata che merita il bis. Anzi, adesso che ci penso, quasi quasi la metto pure in quarta di copertina).

Un grande economista sosteneva, a proposito dei filantropi: «Quando si occupano della felicità altrui mi ricordano l'aneddoto di quella madre alla quale si faceva notare che i suoi figli avevano l'aria triste. E lei rispondeva: avete ragione, e pensare che li picchio tutti i giorni per cercare di fargliela perdere. E non ci riesco». Il Partito Comunista Italiano (gente seria) nel 1953 insegnava ai suoi amministratori di cellula: «Dobbiamo stroncare la mania delle questue». Mino Maccari dettava: «Se ti accorgi di possedere un granello di bontà, chiudilo in cassaforte e nascondi la chiave». Anche se insuperabile maestro di cattiveria resta senza dubbio il comico Milton Berle: «Sono appena tornato da un viaggio di piacere» disse. «Ho accompagnato mia suocera all'aeroporto.»

Scherzi a parte, si potrebbe persino scrivere un serio trattatello filosofico o perlomeno antimoralistico sulle virtù dell'egoismo. A partire dal saggio di Ayn Rand che ha proprio questo titolo: *La virtù dell'egoismo*. «Ciò che ci interessa è il fallimento dell'altruismo» scrive. «Dall'etica altruista derivano infatti la spaventosa immoralità, l'ingiustizia cronica, il grottesco doppio metro, i conflitti e le contraddizioni insolubili.» In modo ancor più semplice il grande maestro Adam Smith spiegava che è proprio dall'egoismo altrui, non dalla sua benevolenza, che dobbiamo attenderci il bene: «A noi consumatori non interessa che il macellaio o il fornaio ci amino; ci interessa che ci servano bene. E loro ci servono bene se la concorrenza di mercato li obbliga a servirci bene per guadagnare un profitto». Proprio come le api di Bernard.

Un pilastro della cultura antibuonista (a parte l'esistenza di Veltroni) sono poi gli scritti sempre illuminanti del professor Sergio Ricossa: *I pericoli della solidarietà* s'intitola un suo volumetto pubblicato per una casa editrice concorrente e che perciò non citerò (mica sono un buono). E «Il pericolo delle buone intenzioni» è il titolo di una veloce ma intelligente conferenza tenuta ormai dieci anni or sono dal medesimo Ricossa al Cidas, un circolo di persone che fanno di tutto per non apparire buone quali in realtà sono. Sempre al Cidas anche un altro professorone indiscutibile, Vittorio Mathieu, si è dilettato su un titolo che è già un programma *Per amor del cielo non parlateci di virtù*.

Questa divagazione quasi mi appassiona, ma mi rendo conto che: a) forse appassiona solo me; b) non risponde alle obiezioni della Mondadori. Se fosse solo per il punto a) potrei anche passarci sopra, ma al punto b), come vi ho spiegato, è legato il mio contratto. E quindi abbandono le mie care letture che mi fan sentire tanto colto e un po' birichino, e ritorno alle questioni fondamentali. Anche perché, mentre scrivevo, mi è passato davanti agli occhi come un lampo un altro incubo: le presentazioni del libro.

Sapete quelle sale piene, gente in piedi, in genere fa sempre molto caldo anche se fuori ci sono sette gradi sotto zero, un oratore che introduce la serata e tutti che guardano l'orologio aspettando il momento magico del buffet? Ecco, quelle sono le presentazioni di libri: io, con la minaccia di divorzio che pure incombe sulla mia latitanza familiare, cerco di farne più che posso. Un po' masochisticamente, mi piacciono. Il pubblico sta lì, generoso, ascolta, prende appunti, guarda, osserva, magari ridacchia se la sparo proprio grossa, sorride, sbadiglia, dà di gomito al vicino («Ué, ma tu ci credi a quel che dice il Giordano?»). Alla fine, se costretto, applaude. Comunque in genere compra il libro: se si è divertito, lo acquista per leggerlo. Se si è annoiato, invece, lo prende per regalarlo alla moglie o al marito («Così impara il Giovanbattista a rimanere a casa a guardare la partita in tv»). Ebbene, in questi appuntamenti che sono uno dei momenti più interessanti della mia vita (si incontrano i lettori, si vedono posti nuovi, si tocca con mano un pezzo della realtà umida e sudata che non passa dalla casa del «Grande Fratello»), c'è sempre, ma dico sempre, e intendo proprio sempre sempre, uno che a un certo punto si alza e fa: «Interessante quello che dice. Ma ora proponga una soluzione: che cosa dobbiamo fare?».

A parte il fatto che io non ho soluzioni nemmeno per pulire gli occhiali, figurarsi per i problemi del mondo, devo ammettere che la domanda mi spaventa sempre di più. «Che cosa dobbiamo fare?» Tutte le volte ribadisco che sono già abbastanza presuntuoso a voler scrivere un libro che cerca di raccontare ciò che succede, senza dover pensare di scriverne uno per raccontare ciò che deve succedere. Ma le domande cruciali sul tema in oggetto già le sento: allora dobbiamo smettere di dare i soldi ai mendicanti? Allora dobbiamo smettere di versare i contributi a Telethon? Allora dobbiamo diventare cattivi? «Ci dica, Giordano, che cosa dobbiamo fare?»

Io non so cosa risponderò in quelle sale umide e affollate. Ma qui, chiuso nel mio ufficio, alla giusta temperatura interna ed esterna, mi viene da rispondere con una dedica che avevo già scritto (quando si dice il risparmio). Per la verità, ci crediate o no, adesso sono sincero: queste sono le prime parole che mi sono venute in mente quando ho pensato al libro. E le piazzo qui sotto, a conclusione, dopo un po' di spazio che separa le ragioni del cervello da quelle del cuore, con la segreta speranza di riuscire ad accontentare in un sol colpo le esigenze del mio contratto, quelle della Mondadori e soprattutto quelle di chi, come voi, ha avuto la bontà di leggermi fin qui.

Questo libro è dedicato a mia mamma.

Mia mamma, voi la dovreste conoscere: ha una faccia dura, spigolosa, ti rifila di soppiatto frasi, risposte e sentenze che sono come lame taglienti. Se tu le dici bianco, lei si diverte a dire nero («Se no, che gusto c'è?»), ama scatenare litigarelli e se ne vanta. Se c'è una cosa che ti dà fastidio, puoi star sicuro: lei la fa. Per anni al mattino, per esempio, sapendo che odio sentir parlare appena sveglio, faceva irruzione nella mia camera, chiacchierando ininterrottamente riguardo alla situazione meteorologica dell'Occidente da Numa Pompilio in poi e sul colore dei calzini del suo attore preferito nell'ultimo film (del quale peraltro non ricordava più la trama).

Ora qualcuno potrà dirmi: «E a noi che ce ne importa della tua mamma, delle sue chiacchiere, dei calzini dell'attore e soprattutto dei tuoi risvegli?». Non saprei come dargli torto. Però, ecco, quello che volevo dirvi, e per cui vi chiedo ancora un paio di minuti di pazienza, è che, per quanto strano vi sembri, dopo la descrizione che ne ho fatto, mia mamma con quello sguardo duro, con quella lingua tagliente, con quel modo di fare scontroso di sangue contadino, mia mamma che litiga, che si irrita, che fa scintille, mia mamma che quand'ero bambino mi metteva persin paura («Papà buono, mamma cattiva» ripetevo a cantilena), ebbene mia mamma, questa mamma, a differenza di tanti buoni, è davvero buona.

E non lo dico così, per la proprietà transitiva dello scarrafone (se ogni scarrafone è bello a mamma sua, ogni mamma scarrafona è bella al figlio suo). Lo dico perché mia mamma non ha mai partecipato a un convegno sull'accoglienza, ma non ha esitato un attimo a praticare l'accoglienza (con la piccola Maria, dall'infanzia rovinata) ai limiti della resistenza fisica. Io l'ho vista. Mia mamma non ha mai preparato nemmeno una cartella stampa, però ha preparato tante volte la cartella mia, quella di mio fratello e anche quella della piccola Jessica, che prima di allora aveva avuto come scuola soltanto la strada. Io l'ho vista. E poi la vedo ora, che è in pensione e potrebbe pretendere solo cure e riconoscenza, magari tra una briscola al circolo e una cena da amici, la vedo, invece, che si sbatte per un'anziana che è rimasta sola e malata, per un cugino che non s'è mai fatto vedere in vita sua «ma adesso ha bisogno d'aiuto e ci si dimentica tutto», per una prozia che manco sapevamo di avere ma che «non si può mica lasciare lì in difficoltà». E di corsa, dovreste vederla pure voi, perché il martedì c'è la coda degli immigrati che chiedono vestiti, mercoledì la bancarella per raccogliere fondi in parrocchia, il giovedì bisogna preparare i lavoretti da vendere in fiera, e poi naturalmente i nipoti, «se avete bisogno vi do una mano».

Questo libro è dedicato a mia mamma perché tutte le volte che in questi anni, e soprattutto in questi mesi, ho sentito parlare di partite del cuore, concerti di solidarietà, megaeventi per l'Africa, Pavarotti&Friends, l'asta con le mutande di Madonna, la solidarietà del Billionaire, cocktail, lustrini, paillette e lusso esibito «afindibeneperò», l'Onu, l'Unicef, la Fao, i pranzi per la fame del mondo a base di aragosta e champagne, la beneficenza come marketing, il prossimo usato come categoria del business, affari e buoni sentimenti, lacrime e soldi, spot a buon mercato sulla pelle (nera) dei poveri, carrozzoni che dovrebbero portare nel mondo il bene e invece si riempiono di convegni, coffee break, sontuosi buffet e altre ipocrisie, sfruttamenti, veleni, amore universale e meschine questioni di bottega, ecco tutte le volte che leggevo una notizia di queste, tutte le volte che scrivevo una riga di questo libro, mi è sempre venuta in mente mia mamma. La sua faccia dura, il suo cuore grande.

È per quelli come lei, che per fortuna sono la maggioranza, che ho scritto questo libro. Anche se molti di loro, leggendolo, si arrabbieranno. Forse si arrabbierà anche mia mamma, ma non importa. Era giusto farlo: nessuno deve più permettersi di infangare in questo modo, nel modo che avete letto in queste pagine, la loro quotidiana e silenziosa generosità. Continuate, cari amici che avete avuto la forza di leggere fin qui, continuate ad aiutarli. E lasciate che io m'illuda che anche aprire gli occhi, conoscere e denunciare, in fondo, possa essere un modo (il mio modo) per aiutare loro, che non si prestano e mai si presteranno a rubare la bontà.

Appendice

(Che bello, è la prima volta
che faccio un'appendice al mio libro)

Sempre per rispondere a quel signore che si alza a ogni presentazione del libro per chiedermi: «Ma allora che cosa dobbiamo fare?», e a uso e consumo dell'ufficio stampa Mondadori che così ha qualcosa da proporre ai giornali senza dover leggere tutto il libro, ho pensato di comporre un piccolo

DECALOGO DELLA BENEFICENZA

1) *No logo.* Non fidarti dei nomi noti: ci sono piccole e sconosciute organizzazioni che funzionano benissimo, ben radicate sul territorio, con bilanci trasparenti; e ci sono sigle notissime che invece falliscono con una certa frequenza (vedi al capitolo «Spariamo sulla Croce Rossa»).

2) *Privato è bello.* Non fidarti delle istituzioni pubbliche: in genere sono le meno efficienti (vedi ai capitoli «E poi venne l'Arcobaleno» e «O bella Fao»).

3) *Interrompi un'emozione.* Non fidarti delle campagne basate sull'emozione del momento: raccolgono più soldi di quelli che sono necessari e spesso non sanno come utilizzarli (a che cosa serviranno 102 raccolte per il terremoto in Molise? Perché tutte le Ong vanno in Afghanistan e l'Angola viene abbandonato?).

4) *L'obolo non è un callo.* Non fidarti di chi ti chiede soldi agli angoli della strada e ricordati sempre la massima di Bernard de Mandeville: «Moltissimi danno denaro ai mendicanti per la stessa ragione per cui pagano il callista:

poter camminare in pace» (vedi al capitolo «Sulla strada (sbagliata)»).

5) *Il bene non fa politica*. Non fidarti di chi si nasconde dietro sigle benefiche per attività politiche. Ricordati sempre la massima di Renato Farina: «C'è un uso orribile della bontà, ed è l'adoperarla come strumento di propaganda».

6) *Le buone azioni non sono quelle di Wall Street*. Non fidarti di chi si nasconde dietro un linguaggio da broker. Ricordati sempre la massima di G.B. Shaw: «I ricchi fanno la beneficenza, ma anche la beneficenza fa i ricchi» (vedi al capitolo «Quanti profitti con il no profit»).

7) *Meglio una parola di meno*. Non fidarti di quelli che, quando vedono un affamato, invece di dargli il pane o di insegnargli come farlo, organizzano un convegno per approfondire le tematiche della panificazione (vedi al capitolo «(Af)fondo monetario»).

8) *Meno piatti, più fatti*. Non fidarti di quelli che quando vedono un affamato lo lasciano affamato e nel frattempo si organizzano un buffet con aragosta e *foie gras* (vedi ancora al capitolo «O bella Fao»).

9) *No carità? No party*. Non fidarti di quelli che quando vedono un affamato organizzano un party per far sfilare l'ultimo capo di Dolce&Gabbana (vedi al capitolo «United colors of beneficenza»).

10) *Attento ai buoni*. Non fidarti comunque e sempre di chi ti appare troppo buono. Ricordati della massima di Ennio Flaiano: «Attenti, tutti quelli che rubano devono far mostra di amare i bambini e di temere Iddio».

Grazie

A parte mia mamma, cui ho già dedicato abbastanza spazio, dovrei ringraziare sei donne senza le quali questo libro non sarebbe mai uscito:

Nicoletta, che ci ha creduto fin dall'inizio;
Paoletta, che mi ha aiutato a recuperare il materiale;
Evita ed Elena (Furio), che mi hanno aiutato a non perdere il materiale (e la testa);
Anna, che ha riletto le bozze e che ha sopportato per mesi il mio nervosismo in redazione;
mia moglie, che ha avuto tanta pazienza e che ha sopportato per mesi il mio nervosismo a casa.

Mi sono chiesto a lungo perché queste sei splendide persone (insieme a tanti altri che qui non posso citare) abbiano deciso di aiutarmi. Mi viene un sospetto: forse anche loro sono buone. E io non ho ancora capito dov'è che mi fregano.

Bibliografia

AAVV, *Contro il gatto e la volpe*, «Terre di mezzo», aprile 1996;
AAVV, *Fermiamo le bocce*, «Terre di mezzo», settembre 1999;
AAVV, *Il gatto & la volpe ancora in giro*, «Terre di mezzo», maggio 1996;
AAVV, *Piazzisti di bontà nelle strade d'Italia*, «Terre di mezzo», aprile 1996;
Aiuti umanitari nel Casertano: cinque indagati, «La Nazione.it», 6 ottobre 1999;
Al gran ballo si è visto di tutto (fotoservizio), «Gente», 9 luglio 2002;
Areddia Ketty, *Il derby del cuore: il comune rifiuta fondi per tragedia di Linate*, «Il nuovo.it», 1° ottobre 2002;
Barnard, Paolo, *Un debito senza fondo*, «Report», Raitre, 8 dicembre 1999;
Barrucci, Tiziana e Liberti, Stefano, *Se Lorizzonte è cupo*, «Il manifesto», 20 luglio 2002;
Benvenuti, Andrea, *Volontari nella bufera*, «L'Espresso», 31 ottobre 2002;
Biasin, Mameli, *Fondi comuni: Banca Etica ci prova*, «Microfinanza Web Site», 26 giugno 2001;
Biloslavo, Fausto, *Kabul: aiuti umanitari a braccetto con la corruzione*, «il Giornale», 9 settembre 2002;
Bittau Marco, *Le briciole dei banchetti vip non le vogliamo*, «La Nuova Sardegna», citato in «www.Dagospia.com», 18 luglio 2002;
Blondet, Maurizio, *Un gigantesco spot*, «Avvenire», 2 settembre 1999;
Bonacina, Riccardo, *100 milioni alla prova*, «Vita», 15 novembre 2002;
Bosetti, Ugo, *I professionisti della solidarietà*, «Questotrentino.it», 5 dicembre 1999;
Brisard, Jean-Charles e Dasquié, Guillaume, *La verità negata*, Milano, Marco Tropea, 2002;

Burba, Elisabetta, *Bilancio (con luci e ombre) dei nostri soldi donati al Kosovo*, «Panorama», 2 settembre 1999;
–, *Saccheggio. Missione Arcobaleno: le prove della razzia*, «Panorama», 30 settembre 1999;
Caimi, Jean-Marc, *Bono. Il futuro del mondo e degli U2*, «Rockstar», ottobre 2002;
Caritas diocesana (a cura di), *Olio e vino*, Torino, 1992;
Casadei, Rodolfo, *Chi globalizza riduce la povertà*, «Tempi», 6 dicembre 2001;
–, *La fame è nera, lo snob è bianco*, «Tempi», 24 ottobre 2002;
Censis, *34° Rapporto*, Roma 2001;
–, *35° Rapporto*, Roma, 2002;
Coman, Julian, *Brussels wastes £ 18 million in Ivory Coast aid fraud*, «Sunday Telegraph», 23 gennaio 2000;
Costa, Raffaele, *Europa, dammi il resoconto di come hai speso i soldi del programma Meda*, «Duemila Europa», 15 maggio 2000;
–, *L'Italia dei privilegi*, Milano, Mondadori, 2002;
Croce Rossa americana sotto accusa per i fondi dell'11 settembre, Cnn Italia.it, 8 novembre 2001;
C.Z., *La partita di beneficenza per Sarno? Un autogol*, «Il Venerdì di Repubblica», 1° novembre 2002;
Dallaglio, Vittorio, *Bernabè sui Balcani: duemila miliardi per la ricostruzione*, «Il Giorno», 10 ottobre 1999;
D'Alema, Massimo, *Perché ha funzionato la missione Arcobaleno*, «la Repubblica», 1° settembre 1999;
Degidi, Andrea, *Nicoletta è indignata: più fai, più ti attaccano*, «Il Giorno», 30 maggio 2001;
Del Buono, Oreste, *La mia ignoranza è brevettata*, «La Stampa», 17 gennaio 2000;
Del Debbio, Paolo, *Global*, Milano, Mondadori, 2002;
Dematteis, Maurizio e Rodino, Marcella, *Soldi puliti*, Dossier di «Volontari per lo sviluppo», maggio 2001;
Deriou, Marco et al., *L'illusione umanitaria. La trappola degli aiuti e le prospettive della solidarietà internazionale*, Bologna, Emi, 2001;
Diamanti, Ilvo, *In Italia crescono i volontari di Stato*, «la Repubblica», 30 giugno 2002;
Estefania, J., *Dietro il Nobel per l'economia*, «Internazionale», 408, ottobre 2001;
Farina, Renato, *Gino Strada: se la bontà fa il gioco dei cattivi*, «Libero», 10 novembre 2001;
–, *Elicotteri e sobrietà*, «Libero», 31 maggio 2002;
–, *Gino Strada e i suoi sono come quelli che si piegarono a Hitler*, «Libero», 12 settembre 2002;

Farruggia, Alessandro, *Un container di würstel*, «Il Giorno», 2 settembre 1999;
Fedi, Daniela, *Bulgari e Callas, beneficenza in laguna*, «il Giornale», 6 settembre 2002;
Ferrignolo, Alberto, *Il sentiero delle tentazioni*, «Diario», 25 aprile 2000;
Filippi, Pierpaolo, *La coscienza si lava sul web*, «L'Espresso on line», 8 luglio 2002;
Finzi, Enrico, *Meno 15%. E i motivi non sono un segreto*, «Vita», 21 giugno 2002;
Folda Francesca, *Missione Arcobaleno. Lo scandalo degli aiuti annunciati. E mai arrivati*, «Panorama», 26 agosto 1999;
–, *E ora si spendono milioni per gli aiuti andati a male*, «Panorama», 9 settembre 1999;
France, David et al., *Periscope*, «Newsweek», 10 dicembre 2001;
Franco, Massimo, *Quanti pericoli se scoppia la pace*, «Panorama», 20 dicembre 2001;
Gabanelli, Milena, *Organismi non governabili*, «Report», Raitre, 22 ottobre 2002;
Gaggi, Massimo, *Quando crolla la burocrazia*, «Corriere della Sera», 6 novembre 2002;
Gaino, Alberto, *Falsa beneficenza, un'industria*, «La Stampa», 25 febbraio 2002;
Gandola, Giorgio, *Grillo e Mister Spot, doppia vita di un comico*, «il Giornale», 14 giugno 2002;
Geronimo, *Dietro le quinte*, Milano, Mondadori, 2002;
Gheddo, Piero e Beretta, Roberto, *Davide e Golia. I cattolici e la sfida della globalizzazione*, Milano, San Paolo, 2001;
Ginori, Anais, *Il Grande speculatore sta coi no global*, «Il Venerdì di Repubblica», 26 luglio 2002;
Giorgi, Carlo, *Falsa solidarietà*, «Terre di mezzo», maggio 1998;
Giorgi, Carlo e Pochettino, Silvia, *Quando la carità è ridotta a uno straccio*, «Terre di mezzo», settembre 1998;
Gramellini, Massimo, *Nudi per carità*, «La Stampa», 17 dicembre 1999;
Grasso, Giovanni, *Volontari vecchi e... retribuiti*, «Avvenire», 26 giugno 2002;
Grignetti, Francesco, *Star nella rete dei truffatori*, «La Stampa», 12 maggio 1996;
Guarino, Mario, *I mercanti del Vaticano*, Milano, Kaos, 1998;
Hancock, Graham, *Lords of Poverty*, Atlantic Monthly Press, 1989;
Indelicato, Alberto, *Quei volontari delle Ong che dettano legge*, «il Giornale», 2 settembre 2002;

Iovene, Bernardo, *Il sottofondo della Siae*, «Report», Raitre, 4 ottobre 2001;
Istat, *Primo censimento delle istituzioni private e delle imprese no profit*, Roma 2001;
Jesi, Carlotta, *Il volontariato è un tesoro e il mercato non lo sa*, «Vita», 26 maggio 2000;
Kerney, A.T., *Global Business Policy Council*, «Globalization Ledger», Alexandria (Virginia) 2001
«Le iene», Italia Uno, 10 novembre 2002;
Longo, Maria Grazia, *La Nazionale cantanti ci ha truffato*, «La Stampa», 7 febbraio 1996;
Lorenzetto, Stefano, *L'addio alle armi del medico di guerra*, «il Giornale», 30 novembre 2002;
Lottieri, Carlo e Piombini, Guglielmo, *Privatizziamo il chiaro di luna: le ragioni dell'economia di mercato*, Bergamo, Facco, 1996;
Mainiero, Mattias, *Lo shopping milionario dei delegati Fao*, «Libero», 11 giugno 2002;
Marcenaro, Andrea, *O bella Fao*, «Panorama», 13 settembre 2001;
Marcon, Giulio, *Le ambiguità degli aiuti umanitari. Indagine critica sul Terzo Settore*, Milano, Feltrinelli, 2002;
Martini, Daniele, *Scusate, ma sulla Croce Rossa io sparo*, «Panorama», 30 marzo 2000;
Mathieu, Vittorio, *Per l'amor del cielo non parlateci di virtù*, Torino, Ciad, 1993;
Megale, Lucia Maria, *Attenti ai falsi benefattori*, «Donna moderna», 8 luglio 1998;
Meroni, Gabriella, *Arcobaleno: i colpevoli in presidenza*, «Vita», 6 ottobre 2000;
–, *Volontario dove sei?*, «Vita», 21 giugno 2002;
Messina, Sebastiano, *Se la tragedia viene confusa con il varietà*, «la Repubblica», 15 luglio 2002;
–, *Cantare, cantare. Morandi vince con il cuore*, «la Repubblica», 4 novembre 2002;
Mezzanotte, L., *Dallo sviluppo all'emergenza*, «Nigrizia. Dossier aiuto», luglio-agosto 2000;
Milone, Fulvio, *Dietro la beneficenza c'era una truffa*, «La Stampa», 21 gennaio 1999;
Monastra, Gianluca e Parise, Lello, *Terremotati: scoppia il caso aiuti*, «la Repubblica», 9 novembre 2002;
Montecchi, Silvia, *Lettere dall'Africa*, Piacenza;
Montefoschi, Giovanni, *Arazzi, leoni e doppia aria condizionata*, «Libero», 31 maggio 2002;

Musso, Davide, *Commercio equo, il tempo del registro*, «Altreconono-mia», n. 28, maggio 2002;
Novazio, Emanuele, *Un giorno per strada e diventi barbone doc*, La Stampa, 11 agosto 1998;
O'Reilly, Bill, *The 9/11 Charities Mess*, «Fox News», 13 giugno 2002
Orizio, Riccardo, *«Ci sono bambini che fabbricano prodotti Benetton»*, «Corriere della Sera», 12 ottobre 1998;
–, *Ho dodici anni, cucivo cinture in nero*, «Corriere della Sera», 12 aprile 1999;
Oscar di bilancio non profit, «Vita», 23 novembre 2001;
Ostellino, Piero, *Pace e democrazia secondo Gino Strada*, «Corriere della Sera», 16 novembre 2002;
Paladini, Jerry, *L'infanzia, alibi per una truffa*, «La Stampa», 27 ottobre 1996;
Pisu, Renata, *Gli angeli del Terzo Settore, ma non è solo volontariato*, «la Repubblica», 10 gennaio 1999;
–, *Così i nuovi lavori producono un bene chiamato solidarietà*, «la Repubblica», 22 gennaio 1999;
Pizzi, Umberto, *Cafonal-Benevenuti alla società della Maleficenza*, «www.Dagospia.com», 25 giugno 2001;
Pollo, Paola, *Ballo della Croce Rossa senza Stephanie e Charlotte*, «Corriere della Sera», 3 agosto 2002;
Pomfret, Jean, *A chi vanno gli aiuti umanitari*, «Internazionale», 206, 7 novembre 1997;
R.C.R.I., *Le star prendevano soldi per partecipare alle partite*, «La Stampa», 14 maggio 1996;
R.R., *Aiutopoli, ecco le prime ammissioni*, «Il Giorno», 14 settembre 1999;
Rand Any, *La virtù dell'egoismo*, Macerata, Liberilibri, 1999;
Regoli, Luciano, *Al ballo di «Chi» con la Croce Rossa*, «Chi», 9 luglio 2002;
Ricossa, Sergio, *I pericoli della solidarietà*, Milano, Rizzoli, 1993;
Riotta, Gianni, *I ragazzi, la rete e l'astuzia dei guro*, «Cds», 11 novembre 2002;
Rocca Rey, Roberto, *No Profit?*, «D», 26 ottobre 2002;
Roncone, Fabrizio, *Tirana, aiuti rivenduti al mercato nero*, «Corriere della Sera», 5 settembre 2001;
Ruggeri, Francesco, *Alla Fao champagne e lussi con sconto*, «Libero», 30 maggio 2002;
–, *Fao, per i dipendenti Mercedes con sconto*, «Libero», 6 giugno 2002;
–, *La sede Fao? Un cantiere mangiasoldi*, «Libero», 4 giugno 2002;
Russo, Paolo Emilio, *L'Autogol di Alex Del Piero*, «Libero», 14 gennaio 2001;

Salticchioli, Maurizio, *E la bande si contendono gli incroci*, «Il Messaggero», 25 ottobre 2002;
Salvato, Monica, *I finanziamenti privati al nonprofit in Italia*, Venezia, 1996;
Scalfari, Eugenio, *La verità sulla missione Arcobaleno*, «la Repubblica», 31 agosto 1999;
Scognamiglio, Carlo, *La guerra del Kosovo*, Milano, Rizzoli, 2002;
Segre Andrea, *I signori della transizione*, Roma, Stampa Alternativa, 1999;
Sequi, Mario, *Il racket ambientale*, Milano, XXI secolo, 1998;
Sergi, Pantaleone, *Bari, due mesi per sbloccare gli aiuti*, «la Repubblica», 31 agosto 1999;
Socci, Antonio, *I veri nemici dei poveri*, «il Giornale», 15 agosto 2001;
Sofri, Adriano, *Cari pacifisti, anche le armi possono fermare i massacri*, «la Repubblica», 15 ottobre 2002;
Stajano, Corrado, *Gino Strada a Kabul, un pacifista in prima linea*, «Corriere della Sera», 13 ottobre 2002;
Stella, Gian Antonio, *Lo spreco*, Milano, Baldini&Castoldi, 1998;
Stiffoni, Piergiorgio, *Ho visto fare spese folli ai delegati*, Agenzia Ansa, 12 giugno 2002;
«Striscia la notizia», Canale 5, 23 settembre 2002;
–, 29 ottobre 2002;
«Studio aperto», 31 ottobre 2002;
Sun, H. Lena, *Much of September 11 Charity Remains to be Disbursed*, «Washington Post», 11 giugno 2002;
Teodori, Massimo, *L'imbroglio della pace*, «il Giornale», 13 novembre 2002;
Tornielli, Andrea, *Intrigo miliardario nel nome del Vaticano*, «Il Giornale», 2 luglio 1999;
Vaux, Tony, *L'altrui egoista*, Torino, Gruppo Abele, 2002;
Verrini, Benedetta, *Adozioni, fallimento italiano*, «Vita», 10 novembre 2001;
–, *L'Italia chiude le adozioni. Far West Ucraina*, «Vita», 25 luglio 2002;
Viale, Guido, *A casa. Una storia irritante*, Napoli, L'Ancora del Mediterraneo, 2001;
Vitale, Marco, *Il non profit mascherato*, «Corriere della Sera», inserto «Lombardia», 6 ottobre 2002;
World Bank, *Globalization, Growth and Poverty*, Washington, World Bank, 2001.

Volumi pubblicati
nella collezione «Frecce»

M. Giordano, *Silenzio, si ruba*
Le troppe verità che ci nascondono per continuare a svuotarci le tasche

L. Violante, *L'Italia dopo il 1999*
La sfida alla stabilità

R. Costa, *L'Italia degli sprechi*
Enciclopedia delle spese assurde a carico del contribuente

E. Bernabei - G. Dell'Arti, *L'uomo di fiducia*
I retroscena del potere raccontati da un testimone rimasto dietro le quinte per cinquant'anni

S. Lodato, *«Ho ucciso Giovanni Falcone»*
La confessione di Giovanni Brusca

E. N. Luttwak, *La dittatura del capitalismo*
Dove ci porteranno il liberismo selvaggio e gli eccessi della globalizzazione

T. Pellizzari, *Trenta senza lode*
Autodifesa di una generazione disprezzata

M. Giordano, *Waterloo! Il disastro italiano*
Ultime notizie dall'Italia che non funziona

T. Buscetta, *La mafia ha vinto*
Intervista di Saverio Lodato

G. Greer, *La donna intera*

L. Jannuzzi, *Il processo del secolo*
Come e perché è stato assolto Andreotti

G. Galli, *La fabbrica dei soldi*
La Borsa e i suoi segreti dalla febbre dei tulipani a Internet

A. Galdo, *Guai a chi li tocca*
L'Italia delle corporazioni: dai medici ai ferrovieri, dai gondolieri ai magistrati

G.A. Stella, *Chic*
Viaggio tra gli italiani che hanno fatto i soldi

Geronimo, *Strettamente riservato*
Le memorie di un superministro della Prima Repubblica

E.N. Luttwak - S. Creperio Verratti, *Il libro delle libertà*
Il cittadino e lo Stato: regole, diritti e doveri in una democrazia

E. Sogno - A. Cazzullo, *Testamento di un anticomunista*
Dalla resistenza al «golpe bianco»

O. Tambosi, *Perché il marxismo ha fallito*
Lucio Colletti e la storia di una grande illusione

S. Lodato - P. Grasso, *La mafia invisibile*
La nuova strategia di Cosa Nostra

G. Montefoschi - F. Nirenstein, *Un solo Dio, tre verità*
Arabi, ebrei e cristiani: l'enigma della fede

G.A. Stella, *Tribù*
Foto di gruppo con Cavaliere

P. Del Debbio, *Global*
Perché la globalizzazione ci fa bene

R. Costa, *L'Italia dei privilegi*
Dalla a alla z, dizionario delle persone e delle categorie trattate meglio dei comuni cittadini

M. Teodori, *Maledetti americani*
Destra, sinistra e cattolici: storia del pregiudizio antiamericano

C. Carr, *Terrorismo*
Perché ha sempre fallito e fallirà ancora

Geronimo, *Dietro le quinte*
La crisi della politica nella Seconda Repubblica

A. Sofri, *Altri hotel*
Il mondo visto da dentro (1997-2002)

M. D'Alema, *Oltre la paura*
La sinistra, il futuro, l'Europa

M. Allam, *Bin Laden in Italia*
Viaggio nell'islam radicale

AAVV, *Non basta dire no*

L. Jannuzzi, *Lettere di un condannato*
Storie esemplari di ingiustizia italiana

R. Kagan, *Paradiso e potere*
America ed Europa nel nuovo ordine mondiale

M. Teodori, *Benedetti americani*
Italia e Stati Uniti dal Patto Atlantico alla Guerra al terrorismo

«Attenti ai buoni»
di Mario Giordano
Collezione Frecce

Arnoldo Mondadori Editore S.p.A.

Questo volume è stato impresso
nel mese di aprile dell'anno 2003
presso Mondadori Printing S.p.A.
Stabilimento NMS *- Cles (*TN*)*

Stampato in Italia - Printed in Italy